KB238265

NVIDIA
DNA

엔비디아 DNA

ⓒ 유웅준

초판 1쇄 인쇄 2026년 2월 2일

지은이 유웅준
기 획 조영훈
편 집 조영훈
디자인 김지혜
마케팅 정호윤, 김민지, 송유경, 김은주, 최서환
펴낸곳 모티브
이메일 motive@billionairecorp.com

ISBN 979-11-94600-88-6 (03190)

파본은 구입하신 서점에서 교환해 드립니다.
이 책은 저작권법에 의해 보호 받는 저작물이기에 무단 전재와 복제를 금합니다.

NVIDIA
DNA

엔비디아 DNA

유응준 지음

엔비디아 코리아 전 대표가 기록한

젠슨 황의 30년 집착과 승리의 법칙

모티브

나는 1조 달러 클럽의
문이 열리는 것을 직접 보았다

2016년 5월, 나는 엔비디아 코리아의 대표로 부임했다. 당시 엔비디아는 게임 분야에서 1등을 유지하고 있었고, 한국에서도 '그래픽 기술이 강한 글로벌 반도체 회사' 정도로 알려져 있었다. 그러나 지금 우리가 알고 있는, 전 세계 시가총액 최상위권의 인공지능 플랫폼 기업이라는 모습과는 거리가 멀었다. 주가는 1달러가 되지 않는 0.9달러 수준이었고, GPU는 여전히 "게임용 그래픽 칩"이라는 좁은 인식 속에 갇혀 있었다.

하지만 부임 첫날부터 나는 이 회사가 다른 글로벌 기업들과는 전혀 다른 방향을 보고 있다는 것을 감지했다.

엔비디아는 기술을 다루는 방식이 달랐다. 단순히 더 좋은 제품을 만드는 회사가 아니라, **계산 구조 자체를 다시 설계하려는 회사**였다. 그리고 그 변화가 언젠가는 산업 전체를 흔들 것이라는 확신을, 놀라울 만큼 담담하게 공유하고 있었다. 겉으로는 조용했지만, 안쪽에서는 분명한 '태풍의 전조'가 형성되고 있었다.

처음 글로벌 경영진으로부터 받은 브리핑에는 일반적인 재무 전망이나 시장 점유율 그래프보다, 오히려 이런 질문이 더 많이 등장했다.

"AI는 세상을 어떻게 바꿀 것인가?"

"우리는 왜 가속컴퓨팅에 베팅하는가?"

"이 기술이 성숙하면 산업의 언어와 사고방식은 어떻게 바뀔 것인가?"

GPU를 단순한 칩이 아니라, 새로운 컴퓨팅 패러다임의 핵심 엔진으로 바라보고 있었고, 그 패러다임 전환이 단순한 성능 개선이 아니라 **산업 구조의 재편으로 이어질 것**이라고 이야기하고 있었다. 당시에는 다소 과장처럼 들릴 수도 있었지만, 시간이 흐르면서 나는 그것이 단순한 비전이 아니라, 아주 치밀하게 계산된 **첫 원리**First Principles **기반의 전략**이라는 것을 이해하게 되었다.

엔비디아의 사고방식은 일관되었다.

유행을 따르지 않았고, 소문을 근거로 투자하지도 않았다.

오직 "왜 이 구조가 맞는가", "왜 이 방식이 필연적인가"를 끝없이 따졌다. 그리고 그 전제가 흔들리면, 과거의 성공 경험조차 가차 없이 다시 의심했다. 이 회사는 늘 스스로에게 질문했다.

"우리가 믿는 전제가 아직도 유효한가?"

그리고 더 중요한 점이 하나 있었다.

엔비디아는 기술만 발명하는 회사가 아니었다.

기술을 제품으로 만들고, 그 제품을 시장에 안착시키는 전략을 만들고, 더 나아가 그 제품이 작동할 수밖에 없는 생태계 자체를 설계하는 회사였다. 발명가는 많다. 하지만 발명을 산업으로 바꾸는 기업은 많지 않다. 엔비디아는 그 어려운 일을 집요하게 반복해 온 회사였다.

7년 후, 2023년 4월 내가 회사를 떠날 무렵, 엔비디아의 주가는 약 30달러에 도달해 있었다.

0.9달러에서 30달러까지.

이 수치는 단순한 주가 상승이 아니었다. 기업의 정체성과 산업의 구조가 함께 이동한 결과였다. 지난 7년 동안 한국에서의 AI 관련 매출은 150배 이상 성장했고, 엔비디아는 더 이상 'GPU 회사'가 아니라 **AI 혁신의 심장을 설계하는 플랫폼 기업**이 되었다.

그리고 나는 그 변화의 한가운데에서, 이 회사가 어디로 가고 있었는지, 무엇을 향해 달리고 있었는지를 가장 가까운 자리에서 지켜본 사람 중 한 명이었다.

매출 150배 성장의 태풍 속에서 본 것들

엔비디아의 성장은 숫자의 문제가 아니었다. 그것은 전이Phase Transition에 가까운 변화였다. 2012년, AlexNet이 ImageNet 대회대규모 이미지 데이터셋 ImageNet을 기반으로, 컴퓨터가 이미지를 얼마나 잘 인식·분류·검출하는지 겨루던 세계 최고 권위의 컴퓨터 비전 대회에서 우승했을 때, 그리고 2013년 젠슨 황이 "엔비디아는 더 이상 게임 회사가 아니라 AI 회사다"라고 선언했을 때, 이미 방향은 정해져 있었다. 이후 전 세계에서 AI 인재들이 모여들었고, 2016년 이세돌과 알파고의 대국은 AI를 연구자의 실험실에서 대중의 일상으로 끌어냈다.

그 이후 AI는 매 분기, 매 해, 새로운 산업을 열었다. Perception AI**AI가 세상을 '보고·듣고·느끼는' 단계를 담당하는 기술**에서 시작된 흐름은 데이터센터, 클라우드, 금융, 제조, 반도체, 의료, 자동차, 로보틱스까지 확산되었다. 그리고 전혀 예상하지 못했던 산업들까지 GPU 기반 AI를 요구하기 시작했다. 한국도 예외가 아니었다. 처음에는 대학과 연구소, 그다음에는 클라우드와 대기업, 그리고 전 산업으로 확산되었다. 모든 기업이 결국 같은 질문을 하기 시작했다. "AI가 우리 회사의 경쟁력을 어떻게 바꿀 것인가?"

내가 맡은 역할은 단순한 영업이나 시장 확대가 아니라 **AI 생태계를 구축하는 일**이었다. 개념조차 낯설던 시절, 수많은 기업 고객에게 GPU 기반 컴퓨팅의 가치와 AI의 구조적 의미를 설명해야 했다. 본사의 전략을 기반으로 몇몇 기업과 함께 시범 프로젝트를 시작했고, 기업들은 비용을 걱정했고, 실패를 두려워했고, 조직 변화에 부담을 느꼈다.

그러나 내가 믿었던 것은 단 하나였다.

"우리는 기존 컴퓨터로는 풀 수 없는 문제를 풀기 위해 존재한다. AI 시대는 엔비디아의 GPU를 통해 열린다. GPU는 새로운 산업의 엔진이다."

시간이 길수록 이 믿음은 확신이 되었다. 파일럿 프로젝트가 성공으로 이어지고, 스타트업이 성장하고, 대기업이 AI 전략을 전사적으로 전환하는 순간들을 수없이 목격했다. 그리고 국가 차원의 AI 경쟁력이 엔비디아 플랫폼 위에 쌓여가는 과정을 체감했다.

특히 한국은 엔비디아 글로벌 전체에서도 가장 빠르게 성숙한 AI 생태계 중 하나로 성장했다. 고객의 질문은 "AI를 도입해야 할까요?"에서 "AI를 조직 전체 프로세스에 어떻게 내재화할까요?"로 바뀌었다. AI는 선택이 아니라 생존의 문제가 되었다. 그 변화의 중심에, 나는 서 있었다.

분기마다 젠슨 황을 만난다는 의미

엔비디아에서 내가 가장 깊이 배운 것은, **리더십의 방향성이 회사의 속도를 결정**한다는 사실이었다.

나는 매 분기 QBIQuarterly Business Innovation 회의에서 젠슨 황을 직접 만났다. 그 자리는 단순한 실적 보고 회의가 아니라, 전 세계 리더들이 함께 엔비디아의 다음 10년을 설계하는 전략실에 가까웠다. 회의는 늘 조용한 긴장감 속에서 시작되었고, 젠슨은 거의 같은 질문으로 토론을 열었다.

"우리가 지금 만들고 있는 컴퓨터로, 고객의 어떤 문제를 해결하고 있는가?" "그리고 그 해결 방식이 산업을 어떻게 다시 정의하는가?"

그는 스펙이나 점유율을 먼저 묻지 않았다. 기술 구조, 고객의 근본적인 문제, 그리고 산업의 진화 방향을 동시에 바라보고 있었다. 놀라운 점은 그가 한국을 매우 잘 알고 있었다는 사실이다. 삼성, 현대, 반도체, 제조 생태계까지 세세하게 이해하고 있었고, 나는 한국을 언급할 때마다 더 큰 책임감을 느꼈다.

QBI에서 논의된 방향은 곧바로 다음 분기의 실행 전략으로 이어졌고, 실행은 다시 새로운 혁신으로 연결되었다.

엔비디아가 30년 넘게 수차례의 기술 패러다임 전환 속에서도 살아남고, 오히려 더 강해질 수 있었던 이유를 나는 그 자리에서 배웠다.

그리고 또 하나, 매우 중요한 것은 엔비디아의 힘은 몇몇 천재 개인에게서 나오지 않는다는 것이었다.

이 회사의 진짜 경쟁력은, **함께 고통을 통과하는 조직의 캐릭터**, 즉 기업의 성격에 있었다.

양산 직전의 위기, 기술적 난관, 시장의 회의적 시선 속에서도 조직은 쉽게 무너지지 않았다. 사람을 탓하기보다 구조를 고치고, 책임을 묻기보다 해결에 집중했다.

그 캐릭터가 회사를 지탱했고, 그 캐릭터가 혁신을 가능하게 했다.

나는 그 문화 속에서, 엔비디아가 왜 단기 성과가 아니라 장기 구조에 집착하는 회사인지, 왜 기술·제품·전략·시장까지 한 번에 설계하려 하는지, 그리고 왜 그 방식이 결국 승리할 수밖에 없는지를 몸으로 이해하게 되었다.

그래서 이 책은 엔비디아의 성공을 하나의 '이야기'로 소비하는 데서 멈추지 않는다. QBI에서 오간 대화 속에는 엔비디아가 수십 년간 조직 전체에 새겨온 한 가지 원칙이 반복해서 드러난다. "**SOL**, *Speed of Light*." 가능한 한 가장 빠른 속도로 판단하고, 결정하고, 실행하는 태도다. 이는 단순한 구호가 아니라 엔비디아가 위기의 순간마다 선택해온 작동 방식이자, 조직의 기본 리듬이었다.

이 책을 통해 여러분이 엔비디아의 철학을 이해하는 데서 한 발 더 나아가, 그 사고방식과 실행의 속도를 삶의 **DNA**로 심어가길 바란다. 생각과 행동 사이의 간격이 짧아질수록 기회는 더 자주 포착될 것이고, 삶은 분명히 더 나은 방향으로 움직일 것이다. 엔비디아를 만든 힘이 바로 이것이었다. 이 속도가 여러분의 삶 또한 더 나은 곳으로 이끌어 줄 것이다.

CONTENTS

PART 1
DNA: 야생마들은 어떻게 5조 달러 클럽이 되었나

1장 | 젠슨 황의 뇌 구조: 승부사는 무엇을 보고 베팅하는가?
Founder's DNA

PART 3
WAR: 총성 없는 전쟁, 칩 워(Chip War)

7장 | 지정학적 전쟁: 칩 워(Chip War)와 엔비디아의 줄타기
Geopolitics

8장 | 패권 경쟁의 지형: AI 동맹과 한국의 생존 전략
Alliance

9장 | 한국 기업의 생존 로드맵: 우리는 무엇을 준비해야 하는가?
Korea Strategy

PART 4

LEADERSHIP: AI 시대, 리더의 자격

DNA:

야생마들은 어떻게
5조 달러 클럽이 되었나

창업자의 철학이 조직 문화를 만들고,
그 문화가 결국 강력한 기술 해자를
구축했다는 흐름

젠슨 황의 뇌 구조

승부사는 무엇을 보고
베팅하는가?

FOUNDER'S
DNA

1
남들이 가지 않는 곳에 깃발을 꽂아라: 리더의 통찰력

1993년 초, 캘리포니아 산호세 베리에사 로드에 있는 데니스 식당은 그날도 평소와 다르지 않았다. 번듯한 회의실도 없었고, 스타트업의 미래를 논할 만한 분위기도 아니었다. 기름 냄새와 값싼 커피 향이 섞인 테이블 위에서, 젠슨 황은 냅킨을 펴고 펜으로 무언가를 그리고 있었다. 그 위에는 회로도 같은 선들이 빠르게 얽혀 갔다. 함께 앉아 있던 두 명의 동료에게 그 식당은 단순한 식당이 아니었다. 아무도 주목하지 않는 공간, 아무도 관심 갖지 않는 아이디어를 마음껏 꺼낼 수 있는 장소였다. 세 사람은 그곳에서 회사를 만들기로 했다. 그리고 그 회사가 훗날 AI 시대의 중심에 서게 될 것이라고는, 그 누구도 상상하지 못했다.

그 시절 실리콘밸리의 질서는 분명했다. 인텔의 CPU가 컴퓨팅의 중심이었고, 다른 모든 기업은 그 질서 안에서 더 빠른 부품, 더 효율적인 보조 장치를 만드는 데 몰두하고 있었다. 경쟁의 룰은 이미 정해져 있었고, 대부분의 리더는 그 룰 안에서 어떻게 하면 조금이라도 더 빨리 달릴 수 있을지를 고민했다. 시장은 이미 만들어져 있었고, 검증된 길을 얼마나 잘 달리느냐가 승부를 가른다고 믿었다.

하지만 젠슨 황은 다른 질문을 던졌다. 모두가 달리고 있는 길 말고, 아무도 보지 않는 방향에 미래가 있다면 어떨까. 경쟁자가 없는 곳, 아직 시장이 보이지 않는 곳에 먼저 깃발을 꽂아 두면, 언젠가 그곳이 중심이 되지 않을까. 그는 시장이 아니라 기술의 구조를 보고 있었다. 그리고 그 구조가 가리키는 방향은 CPU가 아니라 병렬 연산이었다.

그가 주목한 것은 하나의 똑똑한 칩이 모든 일을 순서대로 처리하는 방식이 아니라, 수많은 단순한 연산 유닛이 동시에 문제를 푸는 방식이었다. 당시 업계의 시선에서 이 접근은 비효율적이고, 범용성이 떨어지며, 특정 영역에만 쓰일 기술처럼 보였다. 하지만 젠슨 황은 그래픽과 시각적 컴퓨팅의 본질을 보고 있었다. 복잡한 화면, 수많은 픽셀, 그리고 앞으로 폭발적으로 늘어날 데이터는 직렬 처리로는 감당할 수 없다는 사실이었다. 그는 계산이 점점 병렬화될 수밖에 없다는 물리적 필연성을 보고 있었고, 그 필연성 위에 회사를 세우기로 했다. 그것은 시장의 중심이 아니라, 가장자리에 깃발을 꽂는 선택이었다.

리더의 통찰력은 바로 이 지점에서 갈린다. 많은 리더는 시장이 이미 보이는 곳으로 간다. 데이터가 충분하고, 경쟁 구도가 명확하며, 투자자에게 설명하기 쉬운 방향을 선택한다. 반면 진짜 통찰을 가진 리더는 시장이 아직 보이지 않는 곳으로 간다. 그곳에는 숫자도, 사례도, 확신도 없다. 대신 기술의 방향성과 구조적 필연성만 존재한다. 젠슨 황은 늘 이 필연성에 베팅해 왔다.

나는 2016년 5월부터 2023년 4월까지 엔비디아 코리아 대표로 일하며, 이 통찰이 어떻게 현실이 되는지를 현장에서 지켜봤다. 부임 당시와 비교해 퇴임 시점의 한국 매출은 약 150배 성장했다. 이 성장은 단기간의 영업 전략이나 특정 산업의 일시적 호황으로 설명할 수 있는 결과가 아니었다. 그것은 수십 년 전, 남들이 외면하던 영역에 조용히 꽂아 두었던 깃발들이 시간이 지나며 하나 둘 황금으로 변한 결과였다.

그 흐름이 한국에서 극적으로 드러난 순간이 있었다. 2016년 3월, 서울에서 열린 이세돌과 알파고의 대국이다. 그것은 단순한 바둑 경기가 아니었다. 인간 지능의 상징과 기계 지능의 가능성이 정면으로 충돌한 사건이었다. 전 세계의 시선이 한국으로 모였고, 사람들은 처음으로 기계가 인간의 사고 영역에 들어올 수 있다는 사실을 목격했다. 그 충격은 기술 뉴스의 차원을 넘어 사회적 사건에 가까웠다.

그 대국 이후 나는 AI를 바라보는 질문 자체가 바뀌었다. "AI가 가능한가"라는 질문은 더 이상 의미가 없었다. 대신 "AI는 얼마나 빠르게 성장할 것인가"라는 질문이 남았다. 그리고 그 순간, 젠슨 황이 수십 년간 집착해 온 병렬 연산, GPU, 그리고 CUDA의 의미가 비로소 선명해졌다. 알파고의 승리는 단순한 알고리즘의 성과가 아니었다. 그것은 GPU 기반 병렬 컴퓨팅이 만들어낸 구조적 승리였다. 즉, 데니스 식당에서 냅킨 위에 그려졌던 그 회로도의 철학이, 수십 년 뒤 전 세계의 무대 위에서 증명된 순간이었다.

엔비디아는 어느 날 갑자기 등장한 승자가 아니었다. 이미 오래전부터 아무도 가지 않던 길을 혼자 걸으며 생태계를 만들어온 회사였다. 1999년 GPGPU**CPU가 처리하던 연산 작업을 GPU에서도 수행할 수 있도록 하여, 전체적인 연산 속도를 향상시키는 기술**라는 개념을 제시했고, 2006년에는 수많은 우려와 반대에도 불구하고 CUDA**Compute Unified Device Architecture - NVIDIA가 만든 GPGPU 플랫폼 및 API 모델**라는 프로그래밍 플랫폼을 만들었다. 당시에는 시장도 없었고, 수익도 불투명했다. 하지만 모든 선택은 하나의 방향을 향하고 있었다. 미래의 애플리케이션이 필요로 할 계산 구조를 미리 준비하는 일이었다.

리더십에서 가장 어려운 결정은 언제나 혼자 가는 선택이다. 조직 안팎에서는 늘 같은 질문이 쏟아진다. 정말 시장이 있는지, 왜 경쟁사들은 하지 않는지, 조금 더 기다리면 안 되는지. 통찰을 가진 리더는 이런 질문에 숫자로 답하지 않는다. 방향으로 답한다. 그리고 그 방향을 믿고 조직이 버틸 수 있게 만든다. 이것이 통찰이 리더십으로 전환되는 순간이다.

젠슨 황이 반복해서 보여준 또 하나의 특징은 지적 정직함이다. 그는 초기 제품의 실패를 숨기지 않았고, 자신의 판단을 빠르게 수정했다. 틀렸음을 인정하는 속도가 곧 학습의 속도라는 사실을 그는 알

엔비디아 DNA

고 있었다. 남들이 가지 않는 길을 갈 때 가장 위험한 것은 틀린 방향을 끝까지 고집하는 것이다. 통찰과 집착의 차이는, 현실을 받아들이는 태도에서 갈린다.

결국 남들이 가지 않는 곳에 깃발을 꽂는다는 것은 무모함을 뜻하지 않는다. 그것은 유행을 따르지 말라는 말도 아니다. 기술의 본질을 이해하고, 시간이 지나도 변하지 않을 구조를 보고, 그 위에 조용히 깃발을 세우는 일이다. 그리고 세상이 그 방향으로 올 때까지 묵묵히 기다리는 인내다. 리더의 통찰력은 미래를 맞히는 능력이 아니다. **미래가 올 방향을 스스로 정의하는 힘이다.**

2016년 봄, 한국에서 벌어진 그 한 판의 바둑은 이 사실을 전 세계에 보여주었다. 그리고 젠슨 황은 이미 오래전부터 그 결말을 알고 있었다. 아니, 알고 있었다기보다 그 결말이 올 수밖에 없도록 구조를 만들어 놓고 있었던 것이다. 데니스 식당의 작은 테이블에서 시작된 그 선택은, 그렇게 세계 컴퓨팅의 방향을 바꾸는 깃발이 되었다.

2
0조 원 시장에 올인하라
(Zero-Billion Dollar Market: 미래의 수요를 창조하는 법)

젠슨 황의 경영 철학을 한 문장으로 요약하면 이것이다. 그는 이미 존재하는 시장을 쫓지 않는다. 아직 숫자로 존재하지 않는 시장, 다시 말해 '0조 원 시장'에 올인한다. 대부분의 기업이 시장조사 보고서를 펼쳐 놓고 TAM**Total Addressable Market - 전체잠재시장**이 얼마인지, 성장률이 몇 퍼센트인지, 경쟁 구도가 어떤지부터 확인할 때, 그는 오히려 숫자가 없는 곳을 먼저 바라본다. 보고서에 찍히지 않는 영역, 아직 시장이라는 이름조차 붙지 않은 공간에 회사의 미래를 건다. 그는 이미 존재하는 시장은 경쟁으로 가득 찬 레드오션이고, 진짜 기회는 아직 아무도 정의하지 않은 곳에 있다고 믿어왔다.

이 철학은 구호가 아니라 실제 경영 판단의 기준이었다. GPU, 병렬 컴퓨팅, CUDA, 그리고 딥러닝 가속까지. 지금은 모두 당연한 기술처럼 보이지만, 처음 등장했을 때 이 모든 영역은 시장 규모가 '0'이었다. 고객도 없었고, 예산도 없었고, 명확한 수요도 존재하지 않았다. 그럼에도 젠슨 황은 미래의 애플리케이션이 무엇이 될지를 먼저 정의했고, 그 애플리케이션이 필요로 할 컴퓨팅 구조를 선제적으로 만들어갔다. 그는 시장을 따라간 것이 아니라, 시장이 따라오게 만들었다.

이 사고방식을 가장 상징적으로 보여주는 장면이 있다. 2025년 10월 31일 밤, 서울 삼성동의 한 치킨집에서 젠슨 황은 이재용 삼성전자 회장, 정의선 현대차그룹 회장과 치맥을 하며 시간을 보냈다. 겉으로 보면 편안한 친목 자리였지만, 그날 밤의 대화는 단순한 만남이 아니었다. 젠슨 황이 왜 한국을 '영혼의 파트너'라고 부르는지, 그 이유가 자연스럽게 드러난 자리였다.

그는 그 자리에서 약 30년 동안 마음속에 간직해온 이야기를 꺼냈다. 1996년 무렵, 인터넷이 지금처럼 일상이 되기 훨씬 전, 실리콘밸리의 작은 벤처기업가였던 자신에게 한국의 이건희 회장이 직접 쓴 손편지 한 통이 전달됐다는 이야기였다. 그 편지에는 세 가지 메시지가 담겨 있었다고 한다. 첫째, 한국의 인터넷 인프라를 국가 전략으로 키우겠다는 약속. 둘째, 인터넷 시대의 핵심 애플리케이션은 비디오 게임이 될 것이라는 예견. 당시만 해도 게임은 단순한 오락으로 여겨졌지만, 그는 게임을 기술과 문화, 산업이 만나는 중심축으로 보고 있었다. 셋째, 전 세계 게임인들이 모이는 일종의 '게임 올림픽'을 한국에서 열고 싶으니, 젠슨 네가 그 길을 함께 만들어달라는 요청이었다.

젊은 창업가였던 젠슨 황은 이 편지를 받고 깊은 감동을 받았다고 한다. 자신의 비주얼 컴퓨팅 철학을 이렇게 정확히 이해하고, 아직 존재하지 않는 수요를 함께 상상해주는 국가와 리더가 있다는 사실이 그에게는 큰 용기였기 때문이다. 이 편지는 단순한 격려가 아니라, '0조 원 시장'에 대한 확신을 서로 공유한 증표였다.

이건희 회장의 예견대로 한국은 세계에서 가장 역동적인 게임 시장 중 하나로 성장했다. 그리고 젠슨 황은 한국의 게이머와 개발자들이 GPU 성능을 극한까지 밀어붙이는 과정을 지켜보며 또 하나의 확신에 도달한다. 이 칩은 단순히 그래픽을 위한 부품이 아니라, 모든 계산을 가속하는 범용 엔진이 될 수 있다는 확신이었다. 게임이라는 가장 까다로운 환경이, GPU를 범용 컴퓨팅으로 진화시키는 실험장이 된 것이다.

내가 2016년 5월부터 2023년 4월까지 7년 동안 엔비디아 코리아 대표로 재임하며 경험한 약 150배의 성장은 바로 이 흐름 위에서 가능했다. 한국은 젠슨 황이 꽂아둔 '0조 원 시장'의 깃발이 가장 먼저 황금으로 변한 땅이었다. 게임 산업에서 형성된 기술적 요구와 개발자 생태계, 그리고 축적된 자본은 엔비디아가 CUDA라는, 당시 내부에서도 "미친 프로젝트"라고 불리던 시도에 10년 넘게 막대한 투자를 지속할 수 있는 기반이 되었다.

CUDA는 단순한 개발 도구가 아니었다. 그것은 미래의 애플리케이션을 미리 불러오는 플랫폼이었다. 아직 딥러닝이라는 단어조차 대

엔비디아 DNA

중화되기 전부터, GPU를 범용 병렬 컴퓨팅 장치로 쓰는 생태계를 만들어놓았다는 사실이, 훗날 AI 폭발의 결정적인 차이를 만들었다. 시장이 열렸을 때 준비된 회사와 준비되지 않은 회사의 격차는 절대 단기간에 좁혀질 수 없다. 젠슨 황은 그 격차를 수십 년에 걸쳐 미리 만들어 두고 있었던 셈이다.

그래서 2025년 10월 말, 삼성동의 그 치맥 자리는 단순한 친목의 자리가 아니었다. 아무도 엔비디아를 주목하지 않던 시절 손을 내밀어준 삼성 이건희 전 회장에 대한 보은이었고, 그 비전을 함께 현실로 만든 한국 산업 전반에 대한 감사의 자리였다. 젠슨 황은 한국이 없었다면 오늘의 AI 혁명도 없었을 것이라고 말했다. 게임이라는 '0조 원의 영토'에서 함께 쌓아 올린 기술적 해자가 있었기에, 인공지능 시대의 중심에 설 수 있었다는 고백이었다.

결국 리더란 보이지 않는 연결고리를 믿는 사람이다. 아직 시장으로 증명되지 않은 가능성, 아직 수익으로 환산되지 않은 비전, 그리고 그 비전을 함께 믿어줄 파트너를 신뢰하는 사람이다. 젠슨 황의 승부는 언제나 거기서 시작됐다. 시장은 발견하는 대상이 아니라, 뜻을 같이하는 사람들과 함께 만들어가는 결과이기 때문이다. 그리고 그 믿음이 축적될 때, '0조 원 시장'은 어느 순간 거대한 산업이 되어 눈앞에 나타난다.

3
고통을 씹어 먹는 힘
(Pain & Suffering:
실패를 대하는 엔비디아만의 독특한 정서)

지금의 엔비디아를 보면 사람들은 흔히 혁신이나 천재성을 떠올린다. 하지만 엔비디아를 오늘의 자리로 끌어올린 힘을 한 단어로 요약한다면, 그것은 기술이 아니라 태도다. 더 정확히 말하면, 고통을 대하는 태도다. 지금은 시가총액 세계 1위를 다투는 기업이지만, 엔비디아의 출발점은 언제나 벼랑 끝이었다. 그리고 그 벼랑 끝에서 젠슨 황이 선택한 방식은 도망이 아니라 정면 돌파였다.

젠슨 황이 자주 떠올리는 장면이 있다. NV1과 NV2가 연이어 실패한 직후, 회사 계좌의 잔고가 거의 바닥을 드러냈던 시기였다. 야심차게 내놓은 초기 제품들은 시장에서 외면 받았고, 투자자들의 신뢰도 빠르게 식어가고 있었다. 어느 날 그는 전 직원을 한자리에 모았다. 그리고 조용한 목소리로 이렇게 말했다.

"우리 회사가 버틸 수 있는 시간은 이제 딱 30일이다."

이 말은 공포를 조장하기 위한 선언이 아니었다. 오히려 그는 이 절박함을 조직 전체와 정확히 공유하고 싶어 했다. 생존이라는 본질 앞에서 더 이상 애매한 희망이나 불필요한 논쟁은 의미가 없었기 때문이다. 그는 위기를 숨기지 않았고, 고통을 포장하지도 않았다. 대신 모두가 같은 현실을 똑바로 바라보게 만들었다. 죽음이 가까워질수록 사고가 또렷해지듯, 그는 고통을 혼란이 아니라 명확함으로 바꾸는 법을 알고 있었다.

젠슨 황에게 실패는 재앙이 아니었다. 실패는 반드시 씹어 삼켜야 할 음식이었다. 삼키지 못한 고통은 조직을 병들게 하지만, 씹어 먹은 고통은 다음 단계를 설계하는 에너지가 된다. 그는 늘 고통을 회피하지 않았고, 조직이 그 고통을 정면으로 마주하도록 만들었다. 그래서 엔비디아에는 실패를 숨기는 문화보다, 실패를 분석하는 문화가 먼저 자리 잡았다.

이 철학은 그의 한 문장에 압축돼 있다. 젠슨 황은 스탠퍼드대 강연에서 학생들에게 이렇게 말했다.

"나는 여러분이 충분히 고통받기를 바란다."

오해를 부르기 쉬운 말이지만, 그의 의도는 분명했다. 성공은 지능이나 운에서 오지 않는다. 진짜 차이는 회복 탄력성에서 나온다. 그리고 회복 탄력성은 고통과 실패를 통과하지 않고는 만들어지지 않는다. 쉽게 얻은 성취는 쉽게 무너진다. 끝까지 남는 것은 고통을 견디며 배운 것뿐이다.

이 철학이 가장 극명하게 드러난 사례가 CUDA다. 2006년 CUDA가 세상에 나왔을 때, 그것은 수익을 만드는 제품이 아니었다. 오히려 6~7년 동안 엔비디아의 재무제표를 갉아먹는 '돈 먹는 하마'에 가까웠다. 주주들은 불만을 쏟아냈고, 내부에서도 회의적인 목소리가 커졌다. 게임 칩 회사가 왜 이런 쓸모없는 범용 컴퓨팅 기능에 집착하느냐는 비판이 끊이지 않았다.

그러나 젠슨 황은 흔들리지 않았다. 그는 이 고통을 실패의 신호로 보지 않았다. 오히려 이 정도 고통이 없다면, 그건 진짜 베팅이 아니라는 확신에 가까웠다. 그는 고통을, 참고 버티는 것이 아니라, 성공을 위해 당연히 지불해야 할 비용으로 받아들였다. 남들이 포기하는 지점에서 한 발 더 버티는 것, 그 시간이 결국 격차를 만든다고 믿었다.

그리고 그 긴 터널 끝에서 처음으로 빛이 보인 순간이 찾아왔다. 2012년, 이미지 인식 대회 이미지넷에서 토론토대 제프리 힌튼 팀이 만든 알렉스넷이 압도적인 성적으로 우승했다. 이 모델은 수억 개의 파라미터를 계산하기 위해 엔비디아 GPU와 CUDA를 사용했다. 기존 방식이라면 수개월이 걸렸을 연산을 병렬 컴퓨팅으로 단 며칠 만에 끝내버린 사건이었다.

이 순간은 단순한 대회 우승이 아니었다. 젠슨 황이 10년 넘게 고통을 씹어 먹으며 지켜온 '가속 컴퓨팅'이라는 신념이 처음으로 세상 앞에서 증명된 순간이었다. 그리고 이 반전은 내가 엔비디아 코리아 대표로 부임하기 몇 년 전에 일어났다. 아마 이 사건이 없었다면, 엔비디아가 B2B 엔터프라이즈 시장에 본격적으로 뛰어들 결단도, 글로벌 차원에서 산업 전문가를 적극 채용하는 전략도 훨씬 늦어졌을 것이다. 그리고 나 역시 그 흐름 속에서 엔비디아 코리아 대표직을 맡을 기회를 얻지 못했을 가능성이 크다.

이후 7년간 한국에서 경험한 약 150배의 성장은 사실 이 한 장면에서 이미 방향이 정해져 있었다. 시장은 갑자기 열린 것처럼 보였지만, 실제로는 오랜 시간 축적된 고통의 결과가 한꺼번에 폭발한 것이었다.

내가 한국 지사를 이끌며 겪은 시간 역시 고통의 연속이었다. 급격한 성장은 늘 성장통을 동반한다. 조직을 새로 구성해야 했고, 파트너를 다시 선발해야 했으며, 핵심 고객을 새롭게 만들어야 했다. 내부의 저항과도 싸워야 했고, 고객의 요구는 점점 더 가혹해졌다. 하지만 그 과정에서 내가 젠슨 황에게서 배운 가장 큰 교훈은, 고통을 피하지 않는 태도였다.

우리는 힘든 순간마다 스스로에게 물었다. "지금 겪는 이 고통이 우리를 더 강하게 만들고 있는가?" 젠슨 황이 파산 직전의 30일을 견뎌냈듯, 나를 포함한 엔비디아 코리아 엔터프라이즈 팀도 시장의 불확실성과 압박을 집요한 학습과 실행으로 정면 돌파했다. 고통을 회피하는 조직은 안전해 보이지만, 결국 평범함에 머문다. 반대로 고통을 씹어 먹는 조직은 시간이 지날수록 누구도 넘볼 수 없는 우위를 갖는다.

젠슨 황에게 고통은 위험 신호가 아니다. 오히려 성장의 지표에 가깝다. 그는 남들이 가장 고통스러워 포기하는 지점에서 진짜 승부가 시작된다고 믿는다. 그래서 그의 베팅은 언제나 크고, 오래가며, 고통을 전제로 한다. 쉽게 얻는 성공에는 오래가는 전략이 없기 때문이다.

그래서 지금 당신이 고통받고 있다면, 그것은 실패의 증거가 아닐지도 모른다. 오히려 남들이 가지 않는 길을 가고 있다는 가장 확실한 신호일 수 있다. 30일치 자금만 남았던 절박함에서 시작해, 알렉스넷의 반전으로 이어진 엔비디아의 서사는, 고통을 견디는 자만이 결국 미래를 소유할 자격이 있다고 분명하게 말해준다.

4
가족 경영인 듯, 군대인 듯: 젠슨 황의 리더십 스타일

젠슨 황의 리더십은 전형적인 실리콘밸리 CEO의 모습과는 확연히 다르다. 자유와 창의, 수평과 자율을 강조하는 실리콘밸리식 리더십과 달리, 그의 조직에는 묘한 긴장감과 동시에 강한 결속력이 공존한다. 겉으로 보면 가족 같은 분위기인데, 막상 중요한 순간이 오면 군대처럼 정확히 정렬된다. 이 두 가지가 동시에 유지되는 조직은 흔치 않다. 그런데 엔비디아에서는 이것이 일상처럼 작동한다.

그 뿌리는 젠슨 황의 성장 배경에 있다. 그는 대만에서 태어나 미국으로 이주한 이민자였고, 어린 시절부터 살아남는 법을 먼저 배워야 했다. 언어도, 문화도, 인맥도 없는 환경에서 선택지는 많지 않았다. 잘하거나, 버티거나, 아니면 사라지는 것뿐이었다. 그에게 학습은 미덕이 아니라 생존 기술이었고, 노력은 선택이 아니라 기본값이었다. 이 경험은 훗날 수천 명의 천재 엔지니어가 모인 엔비디아를 이끄는 방식에도 그대로 스며들었다.

그래서 젠슨은 회사를 단순한 직장이 아니라 공동 운명체로 만든다. 사람들에게 "여기서 일한다"가 아니라 "여기에 속한다"는 감각을 심는다. 평소에는 따뜻하고 인간적인 관계를 중시하지만, 방향이 정해지는 순간에는 누구보다 단호하다. 그는 스티브 잡스처럼 직관 하나로 조직을 밀어붙이지도 않고, 일론 머스크처럼 극단적인 압박으로 사람을 소모시키지도 않는다. 젠슨 리더십의 핵심은 끊임없이 학습하는 집요함이다. 리더 자신이 가장 먼저 배우고, 가장 먼저 업데이트되며, 가장 먼저 질문을 던진다. 그리고 그 질문의 방향으로 조직 전체가 자연스럽게 정렬되도록 만든다.

이 철학은 엔비디아의 보상 체계에서 가장 분명하게 드러난다. 엔비디아에는 "우리 지사가 잘했으니 우리만 더 받는다"는 구조가 없다. 글로벌 기업인 엔비디아에서 한국은 수많은 지사 중 하나일 수 있지만, 성과의 무게는 결코 가볍지 않았다. 내가 대표로 재임하던 시절, 한국 지사는 APAC 지역에서 중국을 제외하면 매출 1위를 기록했고, 7년간 약 150배의 성장을 이뤄냈다. 수치만 놓고 보면 전 세계 지사 중에서도 손에 꼽히는 성과였다.

하지만 인센티브는 철저히 전사 기준이었다. 한국 지사가 목표를 크게 초과 달성했다고 해서 한국 직원만 더 많은 보상을 받는 구조는 아니었다. 처음에는 솔직히 낯설었고, 내부에서도 불만이 나왔다. "우리가 이렇게 잘했는데 왜 보상은 똑같은가"라는 질문이 자연스럽게 나왔다. 대표로서 나 역시 그 감정을 모른 척할 수는 없었다.

그래서 나는 젠슨이 그리고 있는 그림을 그대로 설명해야 했다. 지사 간 경쟁이 아니라 전사적 정렬이 목표라는 점, 지사별 보상이 강화되면 단기 성과 경쟁은 치열해질 수 있지만 그 대가로 정보는 고립되고 조직은 사일로에 빠진다는 점, 각 지사가 본사의 전략보다 눈앞의 숫자에 매달리게 된다는 점을 솔직하게 이야기했다. 젠슨은 한국 지사의 성과가 한국 팀의 역량 때문만은 아니라는 사실을 숨기지 않았다. 본사가 만들어낸 GPU와 CUDA 생태계, 그리고 전 세계 고객과 파트너가 함께 성장한 결과가 한국의 성과로 이어졌다는 구조를 분명히 했다.

시간이 지나면서 조직의 인식도 바뀌기 시작했다. 우리는 점점 '한국 지사의 영업사원'이 아니라 '엔비디아라는 배를 함께 젓는 선원'이라는 정체성을 갖게 됐다. 본사가 성장하면 주식 가치가 오르고, 그 성장은 결국 개인의 보상과도 연결된다는 구조를 이해하기 시작했다. 이 공동 운명체 의식이야말로 한국 지사가 폭발적으로 성장할 수 있었던 가장 깊은 동력이었다.

젠슨 황의 리더십이 특히 강력한 이유는 속도에 있다. 그는 수십 명의 임원에게 직접 보고받는 수평 구조를 유지한다. 중간 단계를 최소화해 정보가 왜곡되거나 지연되는 것을 막기 위해서다. 놀라운 것은 그가 한국 지사의 상황까지 매우 구체적으로 파악하고 있다는 점이었다. 물론 그 핵심 도구가 바로 'Top 5 Things'였다. 단순히 숫자를 아는 것이 아니라, 왜 그런 숫자가 나왔는지, 그 배경의 기술적 맥락까지 이해하려고 끊임없이 학습했다.

그의 리더십은 명령이 아니라 이해를 통한 동기부여다. 그는 "이걸 해라"보다 "우리가 왜 이 시장에 가야 하는가"를 묻는다. 조직이 기술의 본질에 도달할 때까지 질문을 멈추지 않는다. 잡스가 디자인과 직관으로 세상을 바꿨다면, 젠슨은 집요한 기술 학습과 조직 정렬로 세상을 가속 컴퓨팅의 시대로 끌어당겼다.

이 모든 것을 떠받치는 또 하나의 축이 바로 지적 정직함이다. 엔비디아의 회의실에서는 종종 낯선 장면이 펼쳐진다. 젠슨은 직급을 가리지 않고, 잘못된 논리나 오류를 발견하면 공개적인 자리에서 즉시 지적한다. 내가 엔비디아 코리아 대표로 재임하던 초기에도 이 방식에 당황하는 직원들이 있었다. 왜 굳이 공개적으로 말하느냐는 오해도 있었다.

하지만 나는 시간이 지나며 깨달았다. 그것은 인격적 비난이 아니라 조직의 뼈대를 세우는 행위였다. 젠슨은 실수를 감추는 데 에너지를 쓰는 조직은 결코 빠르게 진화할 수 없다고 믿는다. 공개 지적의 목적은 망신이 아니라, 문제를 숨기지 않고 정면으로 마주하는 문화를 모두가 직접 목격하게 만드는 데 있었다.

이 태도는 그의 초기 실패 경험에서 비롯됐다. NV1과 NV2 제품 발표 당시, 젠슨은 자신의 판단이 틀렸음을 깨달았을 때 변명하지 않았다. 그는 "우리가 틀렸다"고 공개적으로 인정했고, 그 정직함 위에서 전략을 전면 수정했다. 이 선택이 회사를 살렸다. 지적 정직함은 엔비디아가 관료주의에 빠지지 않게 만드는 가장 강력한 방패였다.

엔비디아 DNA

틀렸음을 인정하는 순간, 조직은 책임 전가를 멈추고 학습에 집중할 수 있다.

엔비디아 코리아가 7년 만에 150배 성장하고, 세계 최초로 DGX SuperPOD를 한국에 판매할 수 있었던 배경에도 이 문화가 있었다. 우리는 문제가 보이면 숨기지 않고 바로 꺼냈고, 감정은 회의실 밖에 두고 데이터와 논리로만 토론하는 훈련을 반복했다. 지적은 상처가 아니라 정답에 가까워지는 과정이라는 공감대가 조직에 자리 잡았다.

젠슨은 말한다. 혁신은 우리가 틀렸음을 인정하는 바로 그 순간에 시작된다고. 지적 정직함이 문화로 자리 잡으면 조직은 실패를 덜 두려워하고 더 대담해진다. 틀리면 인정하고, 배우고, 다시 시도하면 된다는 믿음이 생기기 때문이다. 이 정직한 피드백 루프가 엔비디아를 세계에서 가장 빠르게 학습하는 거대 조직으로 만들었다.

결국 젠슨 황의 리더십은 화합된 군대에 가깝다. 강한 신뢰를 바탕으로 하나의 방향으로 정렬된 조직, 작은 이익을 내려놓고 더 큰 승리를 선택할 수 있게 만드는 대의, 그리고 그 대의를 위해 기꺼이 서로를 지탱하는 구조. 리더는 보상을 나눠주는 사람이 아니라, 사람들이 스스로 하나의 깃발 아래 모이게 만드는 사람이다. 젠슨이 이끄는 엔비디아는 지금 이 순간에도, 그런 방식으로 전 세계에 조용히, 그러나 확실하게 승리의 깃발을 꽂고 있다.

5
지적 정직함(Intellectual Honesty):
틀렸음을 인정하는 순간
혁신이 시작된다

조직이 무너지는 순간은 실패했을 때가 아니다. 실패했는데도, 아무도 틀렸다고 말하지 않을 때다. 숫자가 나빠도 회의실에서는 애써 이유를 찾고, 외부 환경을 탓하고, 조금만 더 버티면 된다고 스스로를 설득한다. 그렇게 조직은 천천히 현실과 멀어진다. 혁신은 그 지점에서 멈춘다. 엔비디아가 다른 길을 걸을 수 있었던 이유는, 젠슨 황이 바로 이 순간을 누구보다 싫어했기 때문이다. 엔비디아의 혁신은 언제나 성공에서 시작된 것이 아니었다. 오히려 결정적인 변화의 순간은 늘 실패 이후에 찾아왔다. 그리고 그 실패를 어떻게 해석하느냐가, 회사의 다음 10년을 결정했다.

1990년대 중반, 젠슨 황과 그의 팀은 그래픽의 미래를 진지하게 고민하고 있었다. 당시 대부분의 그래픽 칩은 삼각형을 쌓아 올려 화면을 그리는 방식에 의존하고 있었지만, 젠슨은 그것이 인간의 시각을 제대로 표현하지 못한다고 보았다. 그는 곡면 기반의 렌더링, 더 부드럽고 더 연속적인 수학적 모델이 결국 현실 세계를 더 정확히 표현할 것이라 믿었다. 그래서 엔비디아의 첫 제품인 NV1은 업계 표준과는 다른 길을 택했다. 삼각형이 아니라 곡면, Direct3D가 아니라 자체 기술. 기술적으로는 대담했고, 이론적으로는 미래지향적이었다.

문제는 시장이 그 미래를 기다려주지 않았다는 데 있었다. 게임 개발자들은 이미 Direct3D와 OpenGL 위에서 개발하고 있었고, 콘솔 시장 역시 표준 API를 중심으로 움직이고 있었다. 아무리 기술이 아름다워도, 생태계와 연결되지 않으면 제품은 외톨이가 된다. NV1은 바로 그 벽에 부딪혔다. 성능 문제가 아니라 방향의 문제였다. 기술이 틀렸다기보다, 시장을 읽는 판단이 틀렸던 것이다.

뒤이어 나온 NV2 역시 큰 반전을 만들지는 못했다. 두 번의 연속된 실패는 단순한 제품 부진이 아니라, 회사의 존립을 위협하는 수준의 위기였다. 이 시점에서 많은 기업이라면 외부 환경을 탓했을 것이다. 시장이 아직 준비되지 않았다고, 개발자들이 보수적이라고, 마케팅이 부족했다고 설명했을 것이다. 그러나 젠슨은 그렇게 하지 않았다. 그는 실패의 원인을 외부가 아니라 내부의 판단 구조에서 찾았다.

그가 던진 질문은 단순했다. "우리가 더 똑똑했는데 졌다면, 그건 우리가 틀렸다는 뜻 아닌가."

이 질문이 중요했던 이유는, 그것이 개인의 책임을 묻기 위한 질문이 아니라 조직 전체의 사고방식을 바꾸기 위한 질문이었기 때문이다. 젠슨은 기술적 자존심을 지키는 대신, 시장 앞에서의 겸손을 택했다. 그리고 이 선택은 곧바로 제품 전략의 전환으로 이어졌다. 다음 제품인 RIVA 128에서 엔비디아는 과감하게 방향을 틀었다. 자체 기술을 버리고 표준 API를 전면 수용했다. 더 이상 "우리가 옳은 기술을 만든다"가 아니라, "개발자들이 쓰는 환경 위에서 최고의 성능을 낸다"는 전략으로 이동한 것이다. 이 결정은 기술 철학의 후퇴가 아니라, 사고 구조의 진화였다. 중요한 것은 어떤 기술이 더 우아한가가 아니라, 어떤 구조가 산업을 움직이는가라는 사실을 받아들인 것이다. 그리고 이때부터 엔비디아 내부에는 하나의 원칙이 자리 잡기 시작했다. 아이디어가 아무리 좋아 보여도, 시장의 신호 앞에서는 언제든 틀릴 수 있다는 전제. 그리고 그 틀림을 숨기지 않고 조직 전체가 공유해야 한다는 규율이었다.

이 문화는 이후에도 반복해서 시험대에 오른다. 2000년대 초반, 엔비디아는 GeForce FX라는 제품으로 다시 한번 큰 실패를 경험한다. DirectX 9 대응에 실패했고, 성능과 전력, 발열 모든 면에서 경쟁사에 뒤처졌다. 언론과 게이머 커뮤니티의 평가는 혹독했다. 이때도 젠슨은 변명하지 않았다. 내부 회의에서 그는 "이 칩은 좋지 않다"고 직접 말했다고 알려져 있다. 기술적 한계를 인정했고, 구조 자체를 다시 설계하라는 결정을 내렸다. 그리고 그 결과가, 이후 GeForce 6 시리즈에서의 반전을 가져왔다.

여기서 중요한 것은, 실패를 숨기지 않는 태도가 곧 조직 학습의 속도가 된다는 점이다. 틀렸다는 사실을 인정하지 않으면, 수정도 지연된다. 책임을 전가하면 구조는 바뀌지 않는다. 그러나 엔비디아에 서는 실패가 발생하면 그것이 개인의 평가가 아니라 설계 철학과 시스템의 문제로 해석된다. 그래서 수정의 대상이 사람보다 구조가 된다. 이 구조 중심의 반성이 바로 지적 정직함의 실질적인 작동 방식이다.

이 태도는 기술 영역을 넘어 사업 전략에서도 반복된다. 2010년대 초반, 엔비디아는 Tegra를 앞세워 스마트폰 AP 시장에 도전했지만, 퀄컴 중심의 생태계를 넘어서지 못했다. 모뎀 기술, 전력 효율, 통합 플랫폼 측면에서 구조적인 한계가 있었다. 이 시장에서 더 버틴다면 언젠가는 이길 수 있다고 믿을 수도 있었지만, 젠슨은 그렇게 하지 않았다. 그는 스마트폰 시장에서의 패배를 인정했고, Tegra의 활용처를 자동차와 로봇, 엣지 AI로 재배치하는 결정을 내렸다. 이 역시 "잘 지는 법"을 아는 조직의 모습이었다.

그리고 AI 전환 역시 같은 맥락에서 이해할 수 있다. 엔비디아는 오랫동안 세계 최고의 그래픽 회사였다. 그 정체성 자체가 회사의 자부심이었다. 그러나 CUDA 이후, 그리고 딥러닝의 부상과 함께, 젠슨은 공개적으로 말하기 시작한다. 우리는 그래픽 회사가 아니라 컴퓨팅 회사라고. 이 말은 단순한 마케팅 문구가 아니라, 스스로의 정체성을 부정하는 선언에 가까웠다. 가장 잘하던 영역조차 버릴 준비가 되어 있을 때만, 다음 패러다임으로 이동할 수 있다는 판단이었다.

이 모든 사례를 관통하는 하나의 공통점이 있다. 엔비디아는 실패를 두려워하지 않아서가 아니라, 실패를 왜곡하지 않기 때문에 강해졌다. 실패를 인정하는 순간이 가장 아프지만, 그 순간이 가장 빠르게 다음 단계로 이동할 수 있는 출발점이 된다는 사실을 조직 전체가 학습한 것이다. 그래서, 엔비디아의 혁신은 천재 엔지니어 몇 명의 영감에서 비롯된 것이 아니라, 틀렸다는 신호를 조직이 얼마나 빨리 받아들이고 구조를 수정할 수 있는가라는 시스템의 문제로 이해해야 한다. 지적 정직함은 윤리적 미덕이 아니라, 경쟁 전략이다. 시장에서 오래 살아남기 위한 가장 현실적인 생존 기술인 것이다.

그래서 NV1과 NV2의 실패는 단순한 과거의 실수가 아니다. 그 실패는 엔비디아 문화의 기원이 되었고, 이후 모든 세대의 제품 전략과 플랫폼 전략, 조직 운영 방식 속에 반복적으로 복제되었다. 기술은 바뀌었지만, 태도는 바뀌지 않았다. 그리고 그 태도가 있었기에, 엔비디아는 매번 다른 모습으로 다시 태어날 수 있었다.

엔비디아의 역사를 따라가다 보면 한 가지 사실이 분명해진다. **이 회사는 항상 가장 먼저 성공한 기업이었던 적은 없었다. 그러나 가장 먼저 틀렸음을 인정한 기업이었고, 그래서 가장 먼저 방향을 바꿀 수 있었던 기업이었다.**

혁신은 새로운 아이디어에서 시작되지 않는다. 혁신은 기존의 아이디어가 틀렸음을 인정하는 순간부터 시작된다. 엔비디아의 모든 전환점은 바로 그 지점에서 출발했다.

1장은 젠슨 황이라는 리더가 무엇을 보고 베팅하는 사람인지, 그 사고의 구조를 따라가는 여정이었다. 그는 단순히 기술을 잘 아는 엔지니어가 아니었다. 젠슨 황은 언제나 시장이 아니라 시간을 보고 판단했고, 이미 눈앞에 보이는 기회보다 아직 이름조차 붙지 않은 미래에 자신의 운명을 걸었다. 남들이 인텔이라는 거대한 태양의 그림자 아래 머물 때, 그는 산호세의 데니스 식당 냅킨 위에 '시각적 컴퓨팅'이라는 미지의 영토를 그렸다. 그 선택은 당시에는 무모해 보였지만, 훗날 AI 시대의 출발점이 된다.

그의 모든 베팅은 언제나 '0조 원 시장'에서 시작됐다. 1996년, 손편지로 상징되는 비전과, 아무도 산업으로 보지 않던 게임이라는 영역에 대한 확신은 엔비디아가 기술적 해자를 쌓는 전초기지가 되었다. 젠슨 황은 수요가 생기기를 기다리지 않았다. 그는 미래의 애플리케이션을 먼저 정의했고, 그 애플리케이션이 필요로 할 컴퓨팅 구조를 미리 만들어 두었다. 시장이 열렸을 때 준비된 회사와 준비되지 않은 회사의 격차는, 이미 그때부터 결정되고 있었던 셈이다.

그러나 이 길은 결코 순탄하지 않았다. 파산까지 단 30일밖에 남지 않았던 절박한 순간, 그리고 6~7년 동안 수익을 만들지 못한 CUDA의 시간은 누구라도 포기했을 법한 구간이었다. 하지만 젠슨 황은 고통을 회피하지 않았다. 그는 실패를 방향이 틀렸다는 신호로 해석하지 않았다. 오히려 고통을 제대로 된 방향으로 가고 있다는 증거라고 받아들였다. 그리고 그 인내는 2012년 알렉스넷이라는 결정적 반전으로 돌아왔다. 그 순간, 병렬 컴퓨팅과 GPU, 그리고 CUDA에 대한 오랜 집착은 한 번에 증명됐다.

조직을 이끄는 방식 역시 이 사고 구조와 완전히 일치했다. 젠슨 황은 개인의 성과보다 전사의 승리를 우선했다. 지사 간 경쟁보다 전사적 정렬을 택했고, 그 선택은 한국 지사의 150배 성장을 개인의 성공이 아닌 공동의 승리로 만들었다. 사람들은 점점 자신을 한 지역의 영업 조직이 아니라, 하나의 글로벌 전투 부대의 일부로 인식하게 됐다. 이 '원 팀' 구조가 만들어낸 결속력은 단순한 성과 이상의 힘을 조직에 남겼다.

여기에 더해 그는 지적 정직함을 혁신의 도구로 삼았다. 틀렸음을 인정하는 순간이 가장 빠른 학습의 출발점이라는 믿음, 실수를 감추지 않고 드러내는 것이 오히려 조직을 더 강하게 만든다는 확신이 엔비디아를 관료주의로부터 지켜냈다. 문제를 숨기는 대신 문제를 분석하고, 책임을 묻기보다 구조를 고치는 문화가 조직 전체에 자리 잡았다. 그래서 엔비디아는 커질수록 느려지는 회사가 아니라, 커질수록 더 빨리 배우는 회사가 될 수 있었다.

결국 젠슨 황의 뇌 구조는 세 가지 축으로 이루어져 있다. 끊임없이 배우는 학습, 틀림을 인정하는 정직, 그리고 끝까지 버티는 인내. 이 세 개의 나선이 서로를 강화하며 그의 모든 결정을 관통한다. 시장을 따라가지 않고, 고통을 피하지 않으며, 조직을 하나의 방향으로 정렬시키는 힘은 모두 이 구조에서 나온다.

이제 다음 장에서는 이 사고 구조가 어떻게 기술 전략으로 구체화되는지를 보게 된다. GPU에서 CUDA로, CUDA에서 AI 플랫폼으로, 그리고 데이터센터와 로봇, 물리적 세계까지 확장되는 엔비디아의 기술 진화는 단순한 제품 로드맵이 아니라, 이 뇌 구조가 만들어낸 필연적인 결과다. 젠슨 황이 어떤 미래를 보았는지가 아니라, 그 미래를 현실로 바꾸기 위해 어떤 구조를 설계했는지가 본격적으로 드러나기 시작한다.

‖ 사고를 흔드는 질문 ‖

 우리는 '시장 크기'에 투자하고 있는가, 아니면 앞으로 반드시 필요해질 '기술 구조'에 베팅하고 있는가?

토론 포인트

- 투자 판단의 출발점이 TAM, 성장률, 경쟁 구도 같은 시장 지표인가

- 기술 구조의 필연성(병렬화, 데이터 폭증, 전력 효율 등)을 먼저 분석하고 있는가

- 현재 수요가 아니라 미래에 반드시 필요한 계산 구조를 가정하고 있는가

- 시장이 존재하지 않아도 기술 방향만으로 투자가 정당화되는 영역이 있는가

- 우리 조직의 로드맵은 시장 반응에 따라 흔들리고 있지는 않은가

- "지금 돈이 되느냐"보다 "10년 뒤 표준이 되느냐"가 의사결정에 반영되는가

- 만약 지금 같은 판단을 10년 전에도 적용했다면, 우리는 무엇을 놓쳤을까

- 우리는 시장을 따라가는 조직인가, 구조를 먼저 만드는 조직인가

엔비디아 DNA

Q2 '○조 원 시장'에 대한 장기 투자는 전략인가, 신념인가, 아니면 설계된 실행 계획인가?

토론 포인트

- 수익 모델이 불분명한 기술에 몇 년까지 투자할 수 있는 구조인가

- 장기 투자를 뒷받침할 기술 로드맵과 단계별 목표가 존재하는가

- 개발자·파트너·고객 생태계를 동시에 설계하고 있는가

- 단기 KPI가 장기 기술 전략을 훼손하고 있지는 않은가

- 투자자와 조직 구성원을 설득할 수 있는 기술 서사가 준비돼 있는가

- 실패 가능성을 전제로 한 포트폴리오 베팅 구조가 있는가

- 특정 산업(게임, 제조, 금융 등)을 실험장으로 활용하는 전략이 존재하는가

- 우리는 비전을 말하고 있는가, 아니면 실행 가능한 베팅 구조를 만들고 있는가

실패를 인정하는 속도는 조직 문화의 문제인가, 아니면 경쟁 전략의 핵심 요소인가?

토론 포인트

- 실패 원인이 개인 평가로 귀결되는 구조인가, 시스템 개선으로 이어지는 구조인가

- "우리가 틀렸다"는 말이 실제 설계 변경으로 이어진 경험이 있는가

- 문제를 조기에 드러내는 사람이 불이익을 받지는 않는가

- 실패 사례가 조직 학습 자산으로 축적되고 있는가

- 책임 회피를 줄이기 위한 구조적 장치(리뷰, 회고, 데이터 기반 평가)가 존재하는가

- 수정 대상이 사람인가, 프로세스와 아키텍처인가

- 의사결정 오류를 빨리 교정할 수 있는 피드백 루프가 설계돼 있는가

- 지적 정직함이 문화 구호가 아니라 운영 시스템으로 작동하고 있는가

2장

조직 문화

야생마들은 어떻게
빛의 속도로 달리는가?

NVIDIA
CULTURE

1
SOL(Speed of Light):
물리적 한계까지 밀어붙여라

엔비디아 조직 문화를 이해하는 데 가장 먼저 버려야 할 단어가 있다. 바로 '최선'이다. 실리콘밸리든 한국이든, 경영 현장에서 이만큼 자주 등장하는 말도 드물다. "우리는 최선을 다했다", "현시점에서 이것이 최선의 선택이다"라는 말은 듣는 사람에게 안도감을 준다. 실패의 책임을 희석하고, 더 이상의 질문을 멈추게 만드는 마력이 있다. 하지만 젠슨 황은 이 단어를 극도로 경계한다. 그는 '최선'이라는 말이 등장하는 순간, 조직의 성장이 멈춘다고 믿는다.

왜일까. 최선이라는 말은 대부분 객관적인 한계를 기준으로 하지 않는다. 그것은 사람의 의지, 상황에 대한 체념, 혹은 비교 우위에 대한 자기 만족을 근거로 삼는다. 다시 말해, "이 정도면 충분하다"라는 인간 중심의 판단이다. 젠슨 황은 이런 판단을 가장 위험한 착각으로

엔비디아 DNA

본다. 엔비디아에서 "우리는 최선을 다했습니다"라는 보고는 대개 다음 질문을 불러온다. 그 최선의 기준은 무엇인가, 그리고 물리적으로 더 나아갈 여지는 정말 없는가?

이 질문에서 등장하는 개념이 바로 SOL, 즉 Speed of Light다. 문자 그대로는 빛의 속도를 의미하지만, 엔비디아에서 SOL은 전혀 다른 의미를 가진다. 그것은 인간의 의지나 각오와 무관하게 존재하는 절대 기준이다. 자연 법칙이 허용하는 이론적 최대치, 시스템이 물리적으로 도달할 수 있는 한계선이다. SOL은 상대 비교를 거부한다. 경쟁사보다 낫다는 말도, 업계 평균을 넘었다는 설명도 중요하지 않다. 오직 하나의 질문만 남는다. 우리는 자연 법칙이 허용하는 지점까지 갔는가?

젠슨 황은 분기 실적 보고에서 성장률이나 점유율 같은 지표에 크게 집착하지 않는다. 숫자가 나빠서가 아니다. 그는 그런 숫자들이 본질을 가릴 수 있다는 점을 경계한다. 예를 들어 데이터센터 사업 보고에서 시장 점유율이 올랐다는 설명이 나오면, 그는 즉시 질문의 방향을 바꾼다. 새로운 GPU 구조가 설계된 순간부터 실제 고객의 일에 투입되기까지, 우리가 줄이지 못한 시간은 정확히 어디에 남아 있는가. CUDA 스택과 하드웨어가 이미 준비되어 있는데도 고객이 바로 쓰지 못했다면, 그것은 기술적 한계 때문인가, 아니면 조직 내부의 마찰 때문인가.

이 질문들은 사람을 몰아붙이기 위한 압박이 아니다. 젠슨이 제거하려는 것은 사람 자체가 아니라, 사람의 변명이다. 그는 인간의 의도를 목표로 삼지 않는다. 대신 물리학 기반의 진리를 목표로 삼는다. 빛은 변명하지 않는다. 광속은 타협하지 않는다. 엔비디아의 SOL은 바로 그 태도를 조직 전체에 이식한 개념이다.

그래서 엔비디아에서 SOL은 KPI가 아니라 EIOFS**Early Indicator Of Future Success -미래성공조기지표** 방식으로 작동한다. 점유율 그래프보다 더 중요한 것은 개발, 검증, 양산, 출시, 그리고 고객 채택으로 이어지는 시간의 흐름이다. 젠슨은 이 흐름 속에서 발생하는 시간의 마찰을 집요하게 추적한다. 항상 같은 질문을 던진다. 이 단계에서 제거할 수 있었던 하루는 무엇이었는가. 일주일, 혹은 한 달을 단축할 수 있었던 지점은 어디였는가.

내가 2016년 엔비디아 코리아 대표로 부임했을 때 가장 먼저 체득해야 했던 것도 바로 이 사고방식이었다. 한국 조직에서 흔히 사용하던 "현실적으로 어렵다", "시장 상황상 시간이 필요하다"라는 표현은 SOL의 관점에서는 대부분 설명되지 않은 마찰에 불과했다. 지상의 속도에 익숙한 사고를 버리고, 우주의 법칙에 사고를 동기화하는 과정은 쉽지 않았다. 하지만 이 전환을 거친 이후, 의사결정의 밀도와 속도는 완전히 달라졌다.

내 생각에 이러한 사고방식은 엔비디아만의 특수한 문화가 아니다. 글로벌 혁신 기업들은 각자의 방식으로 SOL에 가까운 기준을 설정해왔다고 생각한다. 어떤 기업은 고객의 불편을, 어떤 기업은 공정의 물리적 한계를 기준으로 삼는다. 공통점은 인간의 체감이나 관성 대신, 시스템이 허용하는 이론적 최소치를 목표로 삼는다는 점이다.

엔비디아 DNA

최선이 아니라, 가능한 한계가 기준이 된다.

이런 조직 문화는 불편하다. SOL은 언제나 부족함을 드러낸다. 이미 잘하고 있다는 말보다, 아직 도달하지 못했다는 사실을 먼저 마주하게 만든다. 하지만 바로 그 불편함이 조직을 진화시킨다. 젠슨 황이 말하는 SOL은 속도의 문제가 아니다. 그것은 사고의 높이에 대한 요구다. 지상에서 달리는 경쟁을 멈추고, 우주의 법칙을 기준으로 생각하라는 요구다.

엔비디아가 그래픽 카드 회사에서 AI 인프라 기업으로 진화할 수 있었던 이유는 기술의 우수성만이 아니다. "최선을 다했다"는 말 대신, "아직 SOL에 도달하지 않았다"고 말할 수 있는 조직 문화. 그 불편한 정직함이 모든 변화의 출발점이었다.

2
조직도 없는 회사

　　엔비디아를 처음 접하는 사람들은 종종 이렇게 묻는다. "조직도가 어떻게 되나요?" 이 질문은 너무 자연스럽다. 대부분의 조직은 조직도를 통해 자신을 설명한다. 직급과 직책, 보고 라인은 안정과 질서를 상징한다. 누가 누구의 상사인지, 책임은 어디까지인지, 문제가 생기면 어느 선에서 정리되는지. 조직도는 혼란을 방지하는 장치이자, 구성원에게 심리적 안전망을 제공한다.

　하지만 젠슨 황은 오래전부터 이 질문 자체를 불편해했다. 빠르게 움직여야 하는 기술 기업, 특히 매 분기마다 기술의 기준선이 바뀌는 산업에서 조직도는 안정 장치가 아니라 감속 장치가 되기 때문이다. 보고 라인이 길어질수록 정보는 늦게 움직이고, 책임은 흐려지며, 판단은 정치가 된다. 젠슨이 선택한 해법은 단순하지만 급진적이었다.

'상사는 사람이 아니라 미션이며, 조직의 보스는 프로젝트'라는 원칙이다.

"The Mission is the Boss." 이 문장은 엔비디아에서 장식용 슬로건이 아니다. 실제 운영 원칙이다. 누가 누구의 부하인지보다 중요한 것은, 지금 이 미션이 어디까지 전진하고 있는가다. 젠슨의 시선에서 조직은 직급의 집합이 아니라, 동시에 달리는 수많은 미션의 묶음이다.

내가 2016년부터 7년간 엔비디아 코리아를 운영하며 가장 중요하게 지키려 했던 기준도 바로 이것이었다. 한국의 대표적인 클라우드 기업, 혹은 대형 재벌 기업과 함께하는 굵직한 프로젝트에서도 조직 논리는 프로젝트 논리보다 앞설 수 없었다. 프로젝트가 시작되면 나는 명확히 선언했다. 이 프로젝트의 보스는 조직장이 아니라 **PMProject Manager- 한시적인 일을 수행하는 데 있어서 관리 방법론에 따라 가장 효율적으로 추진하는 것으로 프로젝트의 계획과 실행에 있어서 종합적인 책임을 가진 직책 또는 직무이며,** 그 PM에게 실질적인 권한을 부여한다고.

권한은 말로만 주어져서는 의미가 없다. 나는 PM에게 단순한 일정 관리 권한이 아니라, 성과 평가에 대한 1차 책임까지 맡겼다. 그 프로젝트의 성공과 실패는 물론, 프로젝트에 참여한 모든 팀원에 대한 1차 평가는 PM의 몫이라는 점을 분명히 했다. 이 구조는 한국 조직 문화에서는 꽤 낯설다. 전통적으로 평가는 조직장이 하고, 프로젝트 리더는 참고 의견을 내는 역할에 그치는 경우가 많기 때문이다. 하지만 현장은 다르다. 실제로 누가 문제를 해결했고, 누가 병목을 만들었는지를 가장 정확히 아는 사람은 조직장이 아니다. 프로젝트 한가운데에서 밤을 새우고, 고객과 부딪히고, 기술적 난제를 풀어낸 사람은 PM이다. 그래서 프로젝트가 끝나면 나는 PM으로부터 각 팀원에 대한 구체적인 피드백을 받았다. 일정 준수 여부, 기술적 기여도, 위기 상황에서의 판단, 협업 태도까지 포함된 날것의 평가였다.

이 피드백은 이후 핵심 인재를 가려내는 중심 평가에서 중요한 기준으로 작동했다. 그 결과 조직 안에서는 묘한 변화가 일어났다. 말 잘하는 사람, 보고서를 잘 만드는 사람이 아니라, 실제로 프로젝트를 전진시킨 사람이 자연스럽게 드러나기 시작했다. 무엇보다 달라진 것은 책임의 위치였다. 더 이상 "조직에서 그렇게 시켰다"거나 "결정권이 없었다"는 말은 의미를 갖지 못했다. 미션이 보스가 되는 순간, 개인은 자신의 역할과 결과를 피할 수 없게 된다.

이 구조는 관리자에게도 결코 편하지 않다. 중간 관리자는 더 이상 완충 장치로 숨어 있을 수 없고, 구성원 역시 보호막 뒤에 숨기 어렵다. 그러나 바로 그 불편함이 조직을 빠르게 만든다. 실패는 늦게 보고될 이유가 없어지고, 문제는 포장될 변명이 사라진다. 나는, 속도는 압박에서 나오는 것이 아니라, 책임이 명확한 구조에서 나온다는 사실을 이 경험을 통해 분명히 체감했다.

이러한 방식은 엔비디아만의 특이한 문화가 아니다. 글로벌 기술 기업들은 각자의 방식으로 비슷한 구조를 선택해왔다. 내가 알기로 아마존은 'Single-Threaded Leader'라는 개념을 통해 하나의 미션에 전적으로 집중하는 책임자를 둔다. 이 리더는 조직 내 이해관계보다 미션의 성공을 우선하며, 성과 평가는 철저히 그 결과를 기준으로 이루어진다. 스페이스X 역시 직급보다 문제 해결 능력을 우선한다. 로켓 발사 실패의 원인을 보고 라인에서 찾지 않고, 기술적 진실에서 찾는 문화는 프로젝트 중심 책임 구조 없이는 작동할 수 없다.

엔비디아 본사 역시 같은 논리 위에 서 있다. 젠슨 황에게 직접 보고하는 수십 명의 핵심 리더들은 조직의 대표자가 아니라, 미션의 대표자에 가깝다. 그들이 가져오는 것은 미화된 보고서가 아니다. 아직 해결되지 않은 문제, 기술적 병목, 그리고 지금 당장 손대야 할 위험 요소다. 이 구조의 목적은 단 하나다. 정보가 정치로 변질되기 전에 최고 의사결정자에게 도달하게 만드는 것.

한국 기업의 관점에서 보면 이런 구조는 불안하게 느껴질 수 있다. 통제가 약해질 것 같고, 질서가 무너질 것처럼 보인다. 하지만 실제로는 정반대다. 조직도가 사라진 자리에 명확한 미션과 투명한 평가 기준이 들어서면, 사람들은 오히려 더 빠르게 정렬된다. 무엇을 보고해야 하는지가 아니라, 무엇을 완수해야 하는지가 분명해지기 때문이다.

'The Project is the Boss', 혹은 내가 현장에서 더 실감하게 된 표현인 'The Mission is our Boss'는 이상적인 철학이 아니다. 그것은 속도를 요구하는 시대에 조직이 살아남기 위해 선택해야 하는 구조적 해법이다. 내가 엔비디아 코리아를 운영하며 가장 중요하게 지키고자 했던 원칙도 바로 이것이었다. 조직도를 관리하지 말고, 미션을 관리하라. 그러면 사람은 자연스럽게 움직이고, 조직은 생각보다 훨씬 빠르게 달리기 시작한다.

조직은 통제의 산물이 아니라, 방향의 산물이다. 그리고 그 방향은 언제나 미션에서 시작된다.

3
젠슨 황의 분노:
"지적 정직함(Intellectual Honesty)"
을 향한 욕설

        젠슨 황의 분노는 늘 오해를 낳는다. 회의실에서 고성이 오가고, 때로는 욕설이 섞인 장면만을 본 사람들은 그를 완벽주의적 폭군으로 기억한다. 실리콘밸리 안에서도 "젠슨의 분노"는 하나의 전설처럼 회자된다. 하지만 그 장면을 표면적으로만 이해하면, 그의 리더십에서 가장 중요한 핵심을 놓치게 된다. 젠슨의 분노는 감정의 폭발이 아니다. 그것은 지적 정직함이 무너지는 순간 작동하는 경고 장치에 가깝다.

  이 사실을 이해하려면 먼저 한 가지를 분명히 해야 한다. 젠슨 황은 실수를 싫어하지 않는다. 오히려 그는 실패를 학습의 필수 요소로 받아들인다. 그가 참지 못하는 것은 실수 그 자체가 아니라, 실수를 둘러싼 언어다. 변명, 왜곡, 책임 회피, 그리고 진실을 흐리는 말들. "최선을 다했다", "환경이 나빴다", "조직적으로 어쩔 수 없었다" 같은 표현이 등장하는 순간, 그의 표정은 눈에 띄게 바뀐다. 그때 터져 나오는 분노는 개인을 향한 것이 아니라, 진실을 가리고 있는 태도를 향한다.

엔비디아에서 젠슨의 욕설은 "너는 틀렸다"는 의미가 아니다. 오히려 "지금 네가 하고 있는 말은 진실이 아니다"라는 선언에 가깝다. 그는 숫자를 잘못 보고한 사람보다, 숫자를 보기 좋게 포장한 사람에게 훨씬 더 강하게 반응한다. 이유는 단순하다. 엔비디아에서 진심과 투명함은 미덕이 아니라 생존 전략이기 때문이다. 기술 기업에서 왜곡된 정보는 곧 잘못된 의사결정으로 이어지고, 그 결과는 시장에서 즉시 드러난다.

내가 2016년 엔비디아 코리아 대표로 부임했을 때 가장 당황스러웠던 것도 바로 이 지점이었다. 한국 기업 문화에서 보고란 '정제된 언어'를 사용하는 행위다. 문제는 완곡하게 표현하고, 실패는 맥락 속에 녹이며, 책임은 조직이라는 말 뒤에 숨기는 것이 관행처럼 여겨진다. 나 역시 오랜 기간 그런 문화 속에서 일해 왔기에, 그 방식이 몸에 배어 있었다.

한 번은 국내 대형 고객과의 프로젝트 일정이 지연된 이유를 설명하는 자리였다. 나는 습관처럼 외부 환경, 고객 내부 프로세스, 시장 상황을 차례로 설명했다. 그때 젠슨은 말을 끊었다. 그리고 단도직입적으로 물었다. "그래서, 네가 통제할 수 있었던 것은 무엇이고, 통제하지 못한 것은 무엇이냐?" 나는 당황스러워서 가만히 있었다. 잠시

엔비디아 DNA

침묵이 흘렀다. 그는 다시 말했다. "환경 설명은 필요 없다. 진실만 말해라." 그 순간 나는 깨달았다. 젠슨이 원하는 것은 완벽한 실행이 아니라, 완벽한 정직함이라는 사실을. 그는 리더가 모르는 상태에서 내린 결정은 용서하지만, 알고도 숨긴 결정은 절대 용서하지 않는다. 이 차이는 조직의 신뢰를 근본적으로 갈라놓는다. 실수는 수정할 수 있지만, 숨겨진 진실은 조직 전체를 병들게 만든다.

이 철학은 한국 시장에서도 그대로 적용됐다. 국내 대표 클라우드 기업인 N사와의 협업에서도 비슷한 장면이 있었다. AI 인프라 도입 초기, 기술적 제약과 내부 우선순위 충돌로 프로젝트가 예상보다 더디게 진행된 적이 있었다. 일반적인 글로벌 벤더라면 "시장 성숙도"나 "고객 내부 프로세스"를 이유로 들었을 것이다. 하지만 엔비디아식 접근은 달랐다. 우리는 미팅 자리에서 문제를 미화하지 않았다. "이 병목은 기술 문제가 아니다." "GPU가 느린 게 아니라, 의사결정 구조가 느리다."

그 말을 꺼내는 순간 회의실 공기가 얼어붙는 것이 느껴졌다. 감정적으로 불편한 말이었다. 하지만 그 솔직함 덕분에 논의는 놀라울 정도로 빨라졌다. 문제의 실체가 드러나자, 해결책도 명확해졌기 때문이다. 감정은 불편했지만, 진실은 생산적이었다.

재벌 그룹인 S사, H사와의 협업에서도 비슷한 경험이 반복됐다. 조직 규모가 클수록 실패의 원인은 쉽게 '구조'나 '관행' 뒤에 숨는다. "이 정도 규모에서는 어쩔 수 없다"는 말이 자연스럽게 나온다. 그러나 젠슨의 관점에서 보면, 그 말은 곧 사고를 멈추겠다는 선언과 다르지 않다. 나는 내부 회의에서 종종 이렇게 정리했다. "이건 기술 문제가 아니다. 우리가 진실을 말할 용기가 있느냐의 문제다."

흥미로운 점은 젠슨의 분노가 조직을 파괴하는 방향으로 작동하지 않는다는 것이다. 오히려 그 반대다. 그의 분노를 직접 경험한 사람들 중 상당수는 시간이 지난 뒤 이렇게 말한다. "그때는 힘들었지만, 그 이후로 회의의 밀도가 완전히 달라졌다." 욕설이 향하는 대상이 사람이 아니라 거짓된 언어라는 사실을 이해하게 되기 때문이다. 그는 사람을 공격하지 않는다. 그는 위선을 공격한다.

여기서 중요한 역설이 드러난다. 젠슨 황의 완벽주의는 겉으로 보면 냉혹해 보이지만, 실제로는 조직에 가장 깊은 진정성을 요구한다. 그는 구성원에게 "틀리지 말라"고 말하지 않는다. 대신 "속이지 말라"고 말한다. 이 차이는 결정적이다. 틀리지 않으려는 조직은 위험을 회피하지만, 속이지 않으려는 조직은 빠르게 학습한다. 실패를 숨길 필요가 없기 때문에 비록 두렵더라도, 더 대담한 실험이 가능해진다.

엔비디아가 수차례의 실패를 겪고도 무너지지 않았던 이유는 여기에 있다. NV1의 실패, 모바일 AP에서의 좌절, 초기 AI 시장에 대한 오판까지. 엔비디아는 실패를 감추지 않았고, 실패를 미화하지 않았으며, 실패를 남의 탓으로 돌리지 않았다. 젠슨의 분노는 그 과정을 강제하는 도구였다. 진실을 흐리는 순간, 조직이 길을 잃기 시작한다는 사실을 그는 누구보다 잘 알고 있었다.

결국 젠슨 황의 욕설은 감정의 배출구가 아니다. 그것은 지적 정직함을 어긴 순간 울리는 사이렌이다. 숫자가 언어로 왜곡될 때, 책임이 조직 뒤로 숨을 때, 리더가 불편한 진실을 외면하려 할 때 작동하는 경고음이다. 그리고 그 소음 덕분에 엔비디아는 방향을 잃지 않았다.

젠슨 황의 분노를 이해하지 못한 조직은 그를 폭군으로 기억할 것이다. 하지만 그 분노의 본질을 이해한 조직은 이렇게 말한다. "그는 우리에게 진실을 말할 자유를 주었다." 아이러니하게도, 가장 거칠게 진실을 요구하는 사람이 가장 투명한 조직을 만든다. 이것이 젠슨 황의 분노가 가진 역설이며, 내가 7년간 엔비디아 코리아를 이끌며 한국 시장에도 적용하려 했던 리더십의 핵심이었다.

4
Top 5 Things

조직이 커질수록 리더의 고민은 통제가 아니라 정렬이 된다. 사람들은 전략이 없어서 엇갈리지 않는다. 오히려 정보와 계획은 넘칠 만큼 많다. 문제는 중요도의 불일치다. 각자가 중요하다고 믿는 것이 다를 때, 조직은 자연스럽게 분산된다. 모두가 열심히 움직이지만, 같은 방향으로 달리고 있는지는 알 수 없게 된다.

엔비디아는 이 문제를 놀라울 정도로 단순한 방식으로 해결해왔다. 그 장치의 이름이 바로 Top 5 Things다. 젠슨 황이 격주 전 세계 임직원에게 보내는 짧은 이메일. 형식은 극도로 단순하다. "이번에 내가 주목하는 다섯 가지." 지시도 없고, 장황한 설명도 없다. 하지만 이 짧은 이메일은 엔비디아 내부에서 조직을 하나로 묶는 신경망처럼 작동한다. 수만 명의 직원이 같은 판단 기준을 공유하도록 만드는

엔비디아 DNA

장치이기 때문이다.

Top 5 Things의 본질은 정보 전달이 아니다. 엔비디아에는 이미 정보가 넘친다. 기술 문서, 고객 데이터, 시장 리포트, 내부 분석 자료까지 정보 과잉에 가깝다. 젠슨이 관리하려는 것은 정보가 아니라 주의력이다. 조직에서 가장 희소한 자원은 시간이나 예산이 아니라, "무엇에 집중할 것인가"를 결정하는 능력이다. 각 부서와 개인이 서로 다른 것에 주의를 쏟는 순간, 조직 전체의 속도는 눈에 띄게 느려진다.

Top 5 Things는 이 문제를 격주 단 다섯 개의 항목으로 정리한다. "이번에 엔비디아에서 가장 중요한 것은 이것이다." 이 선언 하나로 조직의 사고 방향이 맞춰진다. 사람들은 스스로 묻게 된다. 내가 하고 있는 일은 이 다섯 가지 중 어디에 연결되는가. 이 질문이 반복될수록, 조직은 통제 없이도 같은 방향으로 움직이기 시작한다.

왜 하필 다섯 가지일까. 이 숫자는 임의가 아니다. 인간의 인지 한계 때문이다. 한 사람이 동시에 진지하게 사고하고 기억할 수 있는 우선순위는 많아야 다섯 개다. 그 이상은 구호가 되지 않고, 실행이 되지 않는다. 젠슨은 이 한계를 정확히 이해하고 있다. 그는 전략을 단순화하지 않는다. 대신 우선순위를 제한한다. 장기 비전이나 추상적인 목표 대신, "지금 이 순간 흔들리면 안 되는 다섯 가지"를 명확히 한다.

그래서 Top 5 Things는 지시가 아니라 판단의 기준이다. 각 조직과 개인이 스스로 결정을 내릴 수 있게 만드는 기준인 것이다. 이 기준이 반복적으로 공유되면, 조직은 점점 자율적으로 움직인다. 누가 시키지 않아도, 사람들은 자신의 일을 Top 5에 연결하며 우선순위를 재구성한다.

이 메커니즘의 힘이 가장 분명하게 드러난 장면은 2017년이었다. 그해 구글이 Transformer **2017년 구글이 발표한 딥러닝 기반 자연어처리 모델로, AI 혁신을 이끈 핵심 기술** 논문을 발표했을 때, 이 소식은 단순한 연구 트렌드로 흘러갈 수도 있었다. 당시 산업 전반은 여전히 RNN**순환 신경망** 과 CNN**합성곱 신경망**의 연장선에서 사고하고 있었고, Transformer의 파급력을 즉시 체감한 사람은 많지 않았다. 하지만 엔비디아 내부에서는 달랐다.

구글 계정을 담당하던 솔루션 아키텍트가 이 변화를 Top 5 Things에 명확히 기록했다. "이번에 반드시 주목해야 할 다섯 가지" 중 하나로 Transformer가 올라간 것이다. 이것은 단순한 뉴스 공유가 아니었다. 조직 전체에 보내는 신호였다. 이 변화는 곧 엔비디아의 계산 방식과 제품 전략에 영향을 줄 것이다라는 선언이었다.

그 순간부터 조직의 주의력은 정렬됐다. 젠슨의 지시로 연구팀은 Transformer 아키텍처의 병목을 분석하기 시작했고, 플랫폼 팀은 추론 경로의 최적화를 검토했으며, 제품 조직은 이 변화를 고객이 지금 당장 쓰게 하려면 무엇이 필요한지를 묻기 시작했다. 그리고 젠슨은 결정을 내렸다. Transformer 전용 추론 최적화가 필요하다고.

그 결과가 TensorRT**NVIDIA가 개발한 딥러닝 모델 추론 최적화 소프트웨어로, GPU 환경에서 딥러닝 모델의 실행 속도를 수 배에서 수십 배까지 빠르게 해주는 툴**였다. 단순한 라이브러리 추가가 아니라, Transformer의 연산 특성을 전제로 설계된 전용 최적화 스택이었다. 이 결정의 핵심은 속도였다. 이미 가능해진 기술을, 가능한 한 빨리 고객이 쓰게 하라는 엔비디아의 원칙이 그대로 적용됐다. 이 사례가 중요한 이유는 Transformer의 성공 때문이 아니다. Top 5 Things라는 정렬 메커니즘이 그 성공을 얼마나 빠르게 가속했는지에 있다.

이 경험은 한국 조직을 운영하면서 더욱 선명하게 체감됐다. 2016년 5월, 내가 엔비디아 코리아 대표로 부임했을 때 한국 조직은 매우 성실했다. 보고는 잘 되어 있었고 문서도 정교했다. 회의도 많았다. 하지만 회의실을 나서면 각자의 해석은 달랐다. 모두가 열심히 일했지만, 같은 목표를 향해 달리고 있는지는 확신하기 어려웠다.

그래서 나는 젠슨의 방식을 그대로 복제하기보다, 그 사고 구조를 적용하기로 했다. "이번 주 우리 조직의 Top 3는 무엇인가." "이번 분기에 절대 놓치면 안 되는 다섯 가지는 무엇인가." 이 질문을 반복했다. 몇 달이 지나자 변화가 나타났다. 회의는 짧아졌고, 불필요한 보고는 줄었다. 무엇보다 의사결정 속도가 빨라졌다.

사람들은 더 이상 모든 일을 중요하다고 말하지 않았다. 대신 이렇게 말하기 시작했다. "이건 Top 5에 해당하지 않습니다." 이 한 문장은 조직의 사고 수준을 끌어올렸다. 무엇을 하지 않을지를 결정할 수 있게 되었기 때문이다. Top 5 사고방식은 내부 정렬을 넘어, 조직 간 협업에서도 강력하게 작동했다.

국내 대표 클라우드 기업 N사와의 협업 초기, 기술과 조직, 사업 이해관계가 복잡하게 얽혀 속도가 나지 않았던 적이 있다. 우리는 논의 방식을 바꿨다. "이번 분기에 양사가 반드시 합의해야 할 Top 5는 무엇인가." 그 질문 하나로 회의의 질이 달라졌다. 모든 안건은 "Top 5에 들어가는가"라는 필터를 거쳤고, 의사결정 라인은 명확해졌다. Top 5 Things는 협업을 정렬시키는 공통 언어였다.

S사, H사 같은 대규모 조직과 일하며 확인한 사실도 분명했다. 조직이 클수록 문제는 실행력이 아니라 집중력의 분산이다. 전략은 존재하지만, 우선순위가 너무 많아진다. 이때 Top 5 사고방식은 결정적인 질문을 던진다. 이 수십 개의 이슈 중, 지금 경영진이 책임져야 할 다섯 가지는 무엇인가.

그 순간 회의는 달라진다. 감정적 논쟁은 줄고, 구조적 사고가 늘어난다. 무엇보다 책임이 분명해진다. Top 5에 들어간 순간, 그것은 더 이상 논의 대상이 아니라 책임 대상이 된다.

많은 조직은 정렬을 위해 보고를 늘린다. 엔비디아는 반대로 한다. 보고를 줄이고, 사고를 늘린다. Top 5 Things는 "이걸 해라"가 아니라 "이걸 생각하라"는 메시지다. 그래서 엔비디아 직원들은 지시를 기다리지 않는다. 각자 자신의 일을 Top 5에 연결하며 스스로 우선순위를 조정한다. 자율성과 정렬이 동시에 작동하는 구조다.

7년간 젠슨과 분기마다 소통하며 내가 얻은 가장 중요한 교훈은 이것이다. 조직을 움직이는 것은 화려한 전략 문서가 아니다. 반복되는 우선순위다. Top 5 Things는 눈에 띄지 않는 단순한 이메일이지만, 이 장치 덕분에 엔비디아는 세계에서 가장 빠르게 정렬된 조직 중 하나가 됐다.

조직이 커질수록, 기술이 복잡해질수록, 변화의 속도가 빨라질수록 리더에게 필요한 것은 더 많은 말이 아니다. 더 적은 우선순위다. Top 5 Things는 그 사실을 매주 조용히, 그러나 집요하게 증명하는 리더십의 도구다.

5
AI 시대의 리쿠르팅
DNA

AI 시대에 들어서면서 조직이 사람을 대하는 방식은 근본적으로 달라졌다. 과거에는 이렇게 말해도 큰 문제가 없었다. 핵심 포지션에만 뛰어난 인재가 있으면 되고, 나머지는 평균적인 인력이 조직의 안정성을 받쳐주면 된다고. 다양한 수준의 인재가 공존하는 것이 오히려 건강한 조직이라는 말도 설득력이 있었다. 대부분의 산업에서는 이 논리가 아직도 유효하다. 하지만 엔비디아라는 조직, 그리고 AI라는 기술의 중심에 선 회사에서는 이 공식이 더 이상 성립하지 않는다.

엔비디아는 의도적으로 B Player, 즉 평균 수준의 인재를 허용하지 않는 회사다. 이 사실을 처음 접하면 엘리트주의처럼 느껴질 수도 있다. 사람을 차별하는 조직처럼 보일 수도 있다. 하지만 이 선택은 문화적 취향이나 오만에서 나온 것이 아니다. AI라는 기술의 본질, 그리고 그 기술이 요구하는 조직의 작동 방식에서 나온 매우 현실적인 결정이다.

젠슨 황은 채용에 대해 일관되게 이렇게 말해왔다. 우리는 똑똑한 사람을 뽑는 것이 아니라, 스스로 사고하고 끝까지 책임지는 사람을 뽑는다고. 이 문장을 이해하지 못하면 엔비디아의 리쿠르팅 철학은 지나치게 공격적으로 보일 수 있다. 하지만 이 말의 의미를 곱씹어 보면, 그것이 얼마나 냉정한 생존 전략인지 알게 된다.

AI 산업의 특징은 분명하다. 기술 변화의 속도가 인간의 학습 속도를 앞지른다. 오늘의 정답이 내일의 오답이 된다. 문제의 정의 자체가 계속 바뀌고, 의사결정은 언제나 불완전한 정보 위에서 내려진다. 이 환경에서 '시키는 일을 잘하는 사람', 즉 전통적인 의미의 성실한 B Player는 빠르게 한계에 부딪힌다. 그들은 주어진 범위 안에서는 안정적으로 움직이지만, 경계 밖의 상황에서는 멈춘다. 새로운 문제가 등장했을 때 무엇부터 정의해야 하는지 스스로 결정하지 못한다.

AI 조직에서 이것은 단순한 생산성 저하가 아니다. 그것은 속도의 문제다. 더 정확히 말하면 의사결정 병목의 문제다. 한 명의 평균적인 인력이 "확인해보겠다", "본사에 물어보겠다", "전례를 찾아보겠다"는 말을 반복하는 순간, 병렬로 움직여야 할 조직 전체의 흐름이 느려진다. 엔비디아는 이 병목을 구조적으로 제거하기 위해 B Player를 허용하지 않는다. 평균은 안정이 아니라 리스크가 되기 때문이다.

그렇다면 엔비디아가 말하는 A Player란 무엇일까. 많은 기업이 A

Player를 성과로 정의한다. 실적이 좋고, 결과를 만들어낸 사람을 A Player라고 부른다. 하지만 엔비디아에서 A Player의 기준은 성과가 아니다. 사고 방식이다. 엔비디아가 진짜로 보고 싶어 하는 것은 이력서에 적힌 숫자가 아니라, 사고가 작동하는 방식이다.

"문제가 아직 정의되지 않았을 때, 이 사람은 무엇부터 생각하는가. 정보가 불완전할 때, 결정을 미루는가 아니면 가설을 세우는가. 실패했을 때, 변명으로 상황을 설명하는가 아니면 학습으로 전환하는가." 이 질문들에 대한 반응이 엔비디아의 채용 기준을 가른다. 그래서 과거의 화려한 경력이나 직급은 부차적이다. 오히려 스스로 사고하지 않는 '경험 많은 인재'가 가장 위험한 선택이 되기도 한다.

이 때문에 엔비디아의 인터뷰는 종종 불편하다. 정답을 묻지 않는다. 대신 사고의 깊이와 방향을 집요하게 파고든다. 지원자는 자신이 무엇을 했는지를 설명하기보다, 왜 그렇게 생각했는지를 설명해야 한다. 이 과정에서 많은 사람들이 탈락한다. 실력이 부족해서가 아니라, 사고의 주도권을 가져본 경험이 없기 때문이다.

내가 엔비디아 코리아 대표로 일하면서 가장 경계했던 채용의 유혹도 바로 이 지점이었다. 한국 시장에서는 이미 검증된 대기업 출신, 업계 평판이 좋은 인재가 매우 매력적으로 보인다. 조직을 안정시키는 데는 분명 도움이 된다. 그러나 나는 한 가지 원칙을 스스로에게 반복해서 상기했다. **나는 사람을 뽑을 때, 나보다 더 뛰어난 인재를 뽑으려고 노력했다. 본인보다 능력이 떨어지는 사람을 뽑으면, 결국 그 사람을 뽑은 본인이 더 힘들어진다는 사실을 너무 많이 봐왔기 때문이다.**

조직을 빠르게 만드는 사람과, 조직을 편안하게 만드는 사람은 다르다. 엔비디아의 업무 방식은 현장이 판단하고, 본사는 검증하는 구조다. 이 구조에서는 기다림 자체가 비용이다. B Player는 늘 확인을 기다리고, 그 기다림은 곧 조직의 지연으로 이어진다. 그래서 나는 채용 과정에서 늘 한 가지를 더 확인했다. 이 사람은 혼자 결정해본 경험이 있는가. 누군가의 지시 없이도 판단하고, 그 결과에 책임져본 적이 있는가.

이 차이는 외부 협업에서도 선명하게 드러났다. 국내 대표 클라우드 기업 N사, 그리고 S사와 H사 같은 대규모 조직과 협업하면서 동일한 기술, 동일한 예산 조건에서도 결과가 달라지는 장면을 수없이 목격했다. 차이를 만든 것은 기술이 아니라 사람의 밀도였다. A Player가 밀집된 팀은 설명이 짧다. 문제 정의가 빠르고, 가설이 명확하다. 반면 평균 인력이 섞인 팀은 보고가 길어진다. 설명은 많아지지만, 결정은 늦어진다.

AI 프로젝트에서 이 차이는 치명적이다. 기술의 우열보다 먼저 조직의 반응 속도가 승패를 가른다. 엔비디아가 B Player를 허용하지 않는 이유는 이상주의 때문이 아니다. 이것은 AI 시대의 운영 현실에 대한 냉정한 판단이다.

물론 이 문화에는 분명한 대가가 따른다. 채용은 느리고, 조직 확장은 조심스럽다. 내부 기준은 늘 불편할 정도로 높다. 하지만 엔비디아는 이 대가를 기꺼이 지불한다. 왜냐하면 그 반대의 대가, 즉 속도 저하와 의사결정 마찰, 책임 회피가 훨씬 더 치명적이라는 사실을 알고 있기 때문이다. AI 조직에서 인력은 비용이 아니라 레버리지다. 한 명의 인재가 수십 배의 차이를 만든다.

엔비디아의 리쿠르팅 DNA는 모든 기업이 그대로 따라야 할 정답은 아니다. 그러나 AI 시대의 리더에게 반드시 스스로에게 던져야 할 질문을 남긴다. 우리 조직에서 평균은 안정인가, 아니면 위험인가. 우리는 사람의 수를 늘리고 있는가, 아니면 사고 능력을 늘리고 있는가. 우리의 채용 기준은 과거를 증명하는가, 아니면 미래를 감당할 수 있는가.

엔비디아가 B Player를 허용하지 않는 이유는 단순하다. AI 시대에는 평균이 곧 한계이기 때문이다.

6
엔비디아 사옥 디자인의 비밀:
왜 사옥 전체가 거대한 '커피숍'처럼
웅성거리기를 원하는가

대부분의 기업은 사옥을 효율적으로 일하기 좋은 공간으로 설계한다. 동선은 짧고, 회의실은 명확하며, 각 팀은 조용히 분리된다. 이 설계 철학의 전제는 단순하다. 일은 정해진 자리에서, 정해진 사람들끼리 하면 된다는 믿음이다. 집중과 통제가 생산성을 만든다는 사고다.

그러나 엔비디아는 이 전제를 의도적으로 부정한다.

엔비디아 본사의 사옥을 처음 방문하면 가장 먼저 느끼는 것은 정숙함이 아니라 웅성거림이다. 정확히 말하면 소음이 아니라 사람의 기척이다. 서서 이야기를 나누는 모습, 우연히 마주쳐 대화를 이어가는 장면, 회의실 밖에서 계속되는 토론이 자연스럽다. 이 회사는 조용함을 생산성의 조건으로 보지 않는다. 오히려 적당한 소란을 창의

성의 연료로 여긴다.

엔비디아의 사옥은 건물이 아니다. 행동을 설계하는 장치다.

본사에 있는 두 개의 대표적인 사옥, **Endeavor**와 **Voyager**는 이 철학을 가장 극단적으로 구현한 공간이다. 이 건물들은 단순히 건축가의 직관으로 설계되지 않았다. 사람의 이동, 만남의 빈도, 대화가 발생하는 확률을 계산하기 위해 **AI 도구가 설계 과정에 깊이 활용되었다.** 알고리즘을 만드는 회사답게, 사람의 움직임과 상호작용 역시 데이터와 시뮬레이션의 대상으로 삼은 것이다.

AI는 질문을 던졌다. 사람들이 언제 멈추는가, 어디에서 방향을 바꾸는가, 어떤 지점에서 대화가 시작되는가. 그리고 그 질문의 답이 공간으로 구현됐다. 벽으로 단절된 사무실 대신 열린 구조, 자연스럽게 교차하는 동선, 일부러 돌아가게 만든 길. 이 모든 것은 '의도하지 않은 만남'을 최대화하기 위한 설계다.

AI 시대의 문제는 거의 예외 없이 팀의 경계를 넘는다. 하드웨어와 소프트웨어, 플랫폼과 고객 워크로드가 복잡하게 얽힌다. 이런 문제를 공식 회의만으로 해결하려는 조직은 항상 늦다. 엔비디아는 회의실 이전 단계, 즉 사람이 사람을 우연히 마주치는 순간을 설계의 핵심으로 둔다. Endeavor와 Voyager는 거대한 연구소이자 커피숍처럼 느껴진다. 잠깐 멈춰 서서 이야기해도 전혀 어색하지 않은 분위기가 의도적으로 만들어져 있다.

이 철학이 가장 응축된 공간이 바로 4층 Bar다. 이곳은 휴식 공간이 아니라 전략적 대화의 장이다. 직원과 고객 모두에게 열려 있고,

오후 4시 이후 문을 연다. 하루의 공식 업무가 끝나갈 무렵, 오히려 가장 중요한 대화가 시작되는 시간이다. 형식적인 회의는 없다. 대신 가벼운 음료와 함께 기술 이야기, 고객의 고민, 지역별 시장의 차이가 자연스럽게 섞인다. 회의실이라면 자료를 준비해야 했을 말들이, 이곳에서는 맥락과 감정까지 포함해 오간다.

엔비디아에는 분기마다 QBI Quarterly Business Innovation Meeting, 즉 분기 비즈니스 혁신 미팅이 있다. 공식적인 보고와 토론은 이 자리에서 이루어진다. 그러나 아이러니하게도 많은 중요한 논의는 QBI가 끝난 이후에 시작된다. 사람들이 자연스럽게 4층 Bar에 모이고, 다른 나라와 지역에서 온 리더와 실무자가 섞인다. 직급과 조직도는 흐려진다. 이때 나누는 대화는 발표 자료에는 담기지 않는다. 대신 현장의 감각과 아직 정리되지 않은 문제, 다음 분기를 향한 힌트가 오간다.

젠슨 황은 이 자리에 빠지지 않는다. 그는 무대 위의 CEO가 아니라 대화 속의 한 사람으로 이 공간에 존재한다. 공식 발표보다 이 비공식 대화를 더 신뢰한다. 보고서에는 나오지 않는 미세한 신호들이 이곳에서 포착되기 때문이다. 그는 질문을 던지고, 농담을 섞으며, 사람들의 반응을 본다. 누가 무엇에 흥분하는지, 어떤 주제에서 대화가 길어지는지를 관찰한다. 이 모든 것이 다음 결정의 입력값이 된다.

내가 엔비디아 코리아 대표로 재임하며 여러 차례 이 분기 모임에 참여하면서 확신하게 된 것이 있다. 이 공간은 사교를 위한 것이 아니라 전략을 위한 공간이라는 점이다. 한국 기업 문화에서는 회의실이

유일한 공식 대화의 장소인 경우가 많다. 그러나 엔비디아에서는 회의실보다 이 Bar에서 더 솔직한 대화가 오간다. 지역별 이슈, 고객의 진짜 반응, 내부의 불편함까지 숨길 이유가 없다.

AI 도구로 설계된 Endeavor와 Voyager는 상징적이다. 엔비디아는 알고 있다. 혁신은 회의실에서 계획되지만, 살아 있는 공간에서 태어난다는 사실을. 사옥을 조용하게 만드는 것은 쉽다. 그러나 사옥을 살아 움직이게 만드는 것은 어렵다. 엔비디아는 그 어려운 길을 택했다. 웅성거림을 허용하고, 우연을 설계하며, 대화를 전략 자산으로 만든다. AI 시대의 조직은 더 많은 회의가 아니라, 더 많은 의미 있는 마주침을 필요로 한다. 엔비디아의 사옥은 그 사실을 건축으로 증명하고 있다.

7
젠슨 황은 뛰고,
한국인은 날아다닌다

젠슨 황의 말은 길지 않다. 그리고 대부분 반복된다.

"걷지 말고 뛰어라. Run, don't walk."

이 문장은 실리콘밸리에서 흔히 들을 수 있는 동기부여 문구처럼 보일지 모른다. 하지만 젠슨 황의 입에서 이 말이 나올 때, 그것은 응원이 아니라 경고에 가깝다. 그는 속도를 '잘하면 좋은 것'으로 보지 않는다. 젠슨 황에게 속도는 기업 문화의 선택지가 아니라 생존 조건이다.

기술은 준비됐는데 시장에 도달하지 못한다면, 그 기술은 존재하지 않는 것과 다르지 않다. 이 생각은 엔비디아의 모든 의사결정 바닥에 깔려 있다. 그래서 그는 늘 같은 질문을 던진다.

"우리는 지금 얼마나 빠르게 움직일 수 있는가?"

이 질문은 전년 대비 성장률을 향하지 않는다. 경쟁사 대비 점유율 차이를 겨냥하지도 않는다. 그는 과거를 설명하는 숫자에 거의 관심이 없다. 이미 지나간 선택의 결과이기 때문이다. 젠슨 황이 보고 싶어 하는 것은 단 하나다. 지금 이 순간, 조직이 낼 수 있는 최대 속도는 어디까지인가.

엔비디아 내부 보고가 시작되면 종종 비슷한 장면이 반복된다. "전년 대비 매출이 몇 퍼센트 성장했습니다."라는 설명이 이어지다 보면, 젠슨은 고개를 끄덕이지 않는다. 대신 질문이 날아온다. "그래서 이 기술은 고객 손에 도달하는 데 얼마나 걸리는가?" 혹은 이렇게 묻는다. "이 결정이 내려진 뒤, 실제 행동이 시작되기까지 남아 있는 불필요한 단계는 무엇인가?"

그의 질문은 언제나 비교가 아니라 절대값을 향한다. 경쟁사가 어디 있는지는 중요하지 않다. 중요한 것은 우리가 지금 이 자리에서 단숨에 어디까지 갈 수 있는가다. 이것이 엔비디아에서, 속도가 KPI**핵심 성과 지표 Key Performance Indicator**가 아니라 사고방식으로 작동하는 이유다.

이 문장은 한국인에게는 낯설지 않다. 오히려 지나치게 익숙하다.

한국 사회에는 오래전부터 같은 말이 다른 언어로 존재해왔다. "빨리빨리."

한국인의 '빨리빨리' 문화는 오랫동안 부정적으로 해석돼 왔다. 조급함, 깊이 없는 실행, 충분한 고민의 부재라는 꼬리표가 따라붙었다. 하지만 AI 시대로 접어들면서 이 문화에 대한 평가는 근본적으로 달라지고 있다. 실행 속도는 더 이상 보조적 역량이 아니다. 실행력은 AI 시대에 가장 비싼 자원이 되었다.

알고리즘은 공개되고, 논문은 실시간으로 공유된다. 아이디어의 수명은 점점 짧아진다. 이제 차이를 만드는 것은 누가 먼저 생각했는가가 아니라, 누가 먼저 움직였는가다. 누가 더 빨리 인프라를 깔고, 누가 더 빨리 실험하고, 누가 더 빨리 실패하고 수정하는가. 이 경쟁에서 한국은 이미 유리한 위치에 서 있다.

한국인은 걷지 않는다. 뛴다. 그리고 솔직히 말해, '뛴다'는 표현조차 부족하다. 한국인은 날아다닌다. 그것이 한국을 AI 3강으로 인도하는 지름길이라 생각한다.

이 실행력은 단순한 문화적 특성이 아니다. 구조적 자산이다. 한국은 국토는 좁지만 네트워크 밀도는 세계 최고 수준이다. 의사결정 구조는 상대적으로 짧고, 합의에서 실행까지의 간격이 극단적으로 압축돼 있다. 오늘 결정하면 내일 움직이고, 이번 주에 합의하면 다음 주에 설치한다. 이 속도는 AI 산업에서 결정적인 의미를 가진다. 모델 학습, 데이터 파이프라인 구축, 인프라 최적화, 서비스 론칭까지 이어지는 전 과정에서 '시간의 압축'을 가능하게 만들기 때문이다.

한국의 새벽 배송 문화는 종종 유통 혁신 사례로만 언급된다. 하지만 조금만 시선을 옮기면, 이것은 AI 시대의 사회적 인프라 실험장이다. 밤사이 주문이 들어오고, 몇 시간 안에 물류가 재배치되며, 이른 아침에 정확히 배송된다. 그 이면에서는 실시간 데이터 처리, 수요 예측, 대규모 최적화 연산이 쉼 없이 돌아간다. 이는 곧 AI가 실제 환경에서 작동할 수 있는 능력을 검증하는 무대다.

5G 역시 마찬가지다. 한국은 세계에서 가장 빠르게 5G를 상용화했고, 전국 단위의 고밀도 네트워크를 구축했다. 이는 단순한 통신망이 아니다. 엣지 AI, 실시간 추론, 대규모 동시 접속 환경을 실험할 수 있는 토양이다. 엔비디아가 추구하는 AI는 연구실 속의 AI가 아니다. 현실에서 작동하는 AI다. 자율주행, 스마트 팩토리, 디지털 트윈, 금융 실시간 분석. 이 모든 영역에서 한국은 이미 실험이 가능한 환경을 갖추고 있다.

그래서 한국은 엔비디아에게 단순한 시장이 아니라 AI가 실제로 작동하는 생활 속 실험실에 가깝다. 이 실행력은 결정적인 순간에 더욱 분명하게 드러났다. 2020년, 엔비디아의 DGX SuperPOD가 글로벌 시장에 소개되던 시기였다. 당시 AI 인프라는 여전히 고비용·고위험 투자로 인식되고 있었다. 많은 글로벌 사업자들이 "조금 더 지켜보자"고 말하던 때였다. 그러나 한국의 한 대표적인 클라우드 사업자는 달랐다. AI 수요가 곧 폭발할 것이라는 판단 아래, 시장이 완전히 열리기도 전에 대규모 도입을 결정했다.

그들은 설계했고, 설치했고, 실제 고객 워크로드를 올렸다. 이 결정은 단순한 장비 구매가 아니었다. AI 시대를 먼저 열겠다는 선언이었다. 젠슨 황은 이후 여러 자리에서 이 사례를 언급하며 이렇게 말했다. "한국은 준비가 돼 있었다." 중요한 것은 누가 가장 비싼 장비를 샀는가가 아니다. 누가 가장 먼저 실행했는가다. 그리고 그 질문에 대한 답은 분명히 한국이었다.

2025년 10월 말, 젠슨 황은, 방한 중 APEC CEO Summit 연설에서 한국을 특별히 언급했다. 그는 한국을 세 가지 키워드로 정리했다. 소프트웨어가 강한 나라, 기술 이해도가 매우 높은 나라, 그리고 AI를 실제로 만들 수 있는 제조 역량을 가진 나라. 이 세 가지 조건을 동시에 갖춘 국가는 많지 않다고 그는 말했다.

그의 말은 칭찬이 아니었다. 판단이었다. AI 시대에 누가 먼저 가속 구간에 진입할 수 있는지에 대한 냉정한 평가였다. 엔비디아의 문화와 한국 사회의 문화는 닮아 있다. 완벽한 답을 기다리지 않는다. 먼저 만들고, 시장에 던지고, 사용자의 반응으로 다시 진화시킨다. 그래서 한국인의 DNA와 엔비디아의 DNA는 충돌하지 않는다. 오히려 서로를 가속시킨다.

AI 시대는 모든 나라에 동시에 열리지 않는다. 가속할 수 있는 나라에게 먼저 열린다. 젠슨 황은 뛴다. 한국인은 날아다닌다. 그리고 이 만남은 아직 끝나지 않았다. 오히려 이제부터가 본격적인 시작이다.

8
워라밸의 함정:
한국 사회에서 4.5일제를 외칠 때, 젠슨 황은 '고통'을 말한다

지금 한국 사회에서는 '4.5일 근무제'와 '노동 해방'이라는 말이 자연스럽게 오간다. 더 적게 일하고, 더 여유롭게 살자는 구호는 듣기만 해도 달콤하다. 기술은 발전했고, 자동화는 생산성을 끌어올렸으며, 삶의 질을 중시해야 한다는 주장도 충분히 설득력이 있다. 과거처럼 오래 일하는 것이 미덕이던 시대는 이미 끝났다는 말 역시 틀리지 않다.

그러나 질문은 여기서 시작된다. 지금이 과연 편안함을 먼저 이야기해도 되는 시대인가.

젠슨 황의 언어로 말하자면, 지금은 평시가 아니다. 지금은 전시다. 총성과 포연은 없지만, 기술 전쟁의 한가운데에 서 있는 전시 상황이다. AI 패권을 둘러싼 경쟁은 더 이상 기업 간 경쟁에 머물지 않는다.

국가 대 국가, 생태계 대 생태계, 문명 대 문명의 대결로 이미 넘어왔다. 반도체, 전력, 데이터센터, 인재, 알고리즘, 규제까지 모두가 전쟁 자원이다. 이 전쟁에서 가장 위험한 순간은 총알이 날아올 때가 아니다. 잠깐의 방심이다.

기술의 창은 오래 열려 있지 않다. 한 번 열렸을 때 뛰어들지 않으면, 그 창은 조용히 닫힌다. 그리고 다시 열리지 않는 경우가 대부분이다. 젠슨 황이 반복해서 강조하는 것도 바로 이 지점이다. 타이밍은 기다려주지 않는다. 준비가 끝날 때까지, 합의가 완벽해질 때까지, 모두가 만족할 때까지 기다려주지 않는다.

그래서 그는 여러 자리에서 같은 말을 반복해왔다. 위대한 기업은 결코 편안함 속에서 만들어지지 않는다고. 고통은 제거해야 할 대상이 아니라, 성장을 동반하는 필연적 긴장이라고.

여기서 말하는 고통은 착취가 아니다. 사람을 소모시키는 희생의 다른 이름도 아니다. 젠슨 황에게 고통이란, 스스로 설정한 한계를 밀어붙일 때 생기는 압력이다. 세계 최고와 경쟁할 때 피할 수 없는 긴장이고, 아직 가보지 않은 영역으로 들어갈 때 반드시 통과해야 하는 관문이다.

엔비디아의 성장사를 따라가다 보면 '워라밸'이라는 단어를 찾기 어렵다. 대신 반복해서 등장하는 단어는 몰입, 집요함, 그리고 집단적 긴장감이다. 젠슨 황은 노동을 회피해야 할 고통으로 보지 않는다. 그는 일을 통해 개인과 조직이 어디까지 갈 수 있는지를 시험한다고 믿는다.

그에게 일은 생계를 위한 수단이 아니다. 일은 실력을 증명하는 장이고, 기술로 세계와 맞붙는 전장이며, 자신이 어떤 수준의 사람인지 드러내는 거울이다.

그래서 엔비디아에서는 주 40시간이라는 개념이 중심에 서지 않는다. 대신 기준이 되는 것은 미션이다. 아키텍처 전환이 필요한 시점, 새로운 컴퓨팅 패러다임이 열리는 순간, 고객의 요구가 임계점에 도달했을 때. 그 순간에는 밤과 주말의 경계가 자연스럽게 흐려진다. 기술의 파도가 밀려올 때, 해변에 서서 워라밸을 따지고 있으면 기회는 그대로 지나가 버리기 때문이다.

젠슨 황이 진정으로 경계하는 것은 과로가 아니다. 그가 두려워하는 것은 안주다. "이 정도면 충분하지 않나." "조금 늦어도 괜찮지 않나." "다들 이렇게 하는데 굳이 더 해야 하나."

이 질문들이 조직 안에서 자연스럽게 오가는 순간, 그는 그 조직을 이미 한 박자 늦은 팀으로 본다. AI 시대에는 '조금 늦음'이라는 표현이 성립하지 않는다. 늦으면 탈락이고, 탈락은 곧 회복 불가능한 격차로 이어진다.

한국 사회는 한때 이 사실을 누구보다 잘 알고 있었다. 한강의 기적은 워라밸을 목표로 한 결과가 아니었다. 그것은 야성의 산물이었다. 밤을 새우고, 주말을 반납하고, 실패해도 다시 도전하던 집단적 몰입의 결과였다. 그 과정은 분명 고통스러웠고, 많은 희생을 동반했다. 그러나 그 고통이 있었기에 한국은 산업화와 정보화를 동시에 이뤄낼 수 있었다.

지금 우리는 그 기억을 너무 쉽게 지워버리고 있는지도 모른다. 고통을 무조건 제거해야 할 적으로 인식하는 순간, 성장의 엔진은 멈춘다. 기술은 고통을 대신 감내해주지 않는다. 경쟁자는 우리가 충분히 쉬어갈 때까지 기다려주지 않는다. AI 시대의 경쟁은 체력전이 아니다. 집중력과 몰입력의 전쟁이다.

젠슨 황이 말하는 고통은 강요된 희생이 아니다. 그것은 스스로 선택한 목표에 몰입할 때 자연스럽게 발생하는 긴장이다. 그리고 그 긴장이 인간과 조직을 다음 단계로 밀어 올린다.

그래서 워라밸은 목표가 될 수 없다. 워라밸은 결과여야 한다. 먼저 몰입이 있어야 하고, 먼저 성취가 있어야 하며, 먼저 세계 최고 수준과 어깨를 나란히 한 뒤에야 균형은 자연스럽게 따라온다.

엔비디아가 지금의 위치에 오른 이유는 사람들을 덜 일하게 만들었기 때문이 아니다. 그들은 일을 줄이지 않았다. 대신 일의 밀도를 극단적으로 높였다. 회의는 짧고, 결정은 빠르며, 실행은 즉각적이다. 그 과정에서 개인에게 요구되는 집중력은 높지만, 그 집중이 만들어내는 성취 역시 압도적이다.

반대로, 노동을 피해야 할 고통으로만 인식하는 사회는 장기적으로 경쟁력을 잃는다. 일을 최소화하는 데는 성공할 수 있을지 몰라도, 세계를 놀라게 할 성취를 만들어내기는 어렵다. AI 시대에는 기술과 시장이 동시에 움직인다. 그 흐름에 올라타려면 일정 수준의 고통을 감내할 준비가 필요하다.

젠슨 황이 한국을 언급하며 높이 평가한 것도 기술 그 자체가 아니었다. 그는 한국인의 빠른 학습 속도, 높은 기술 흡수력, 그리고 실행을 두려워하지 않는 태도를 이야기했다. 이것은 칭찬이 아니라 판단이었다. AI 전쟁의 관점에서 본 냉정한 평가였다.

지금 한국 사회가 던져야 할 질문은 이것이다. 얼마나 덜 일할 것인가가 아니다.

진짜 질문은 이것이다. 우리는 지금 무엇에, 얼마나 깊이 몰입하고 있는가? 다시 야성을 회복해야 한다. 다시 몰입을 이야기해야 한다. 다시 고통을 성장의 일부로 받아들여야 한다.

AI 시대는 친절하지 않다. 그러나 몰입하는 자에게는 분명한 보상을 준다. 편안함을 먼저 선택하는 사회가 과연 기술 강국이 될 수 있는가? 이 질문에 대한 답이, 한국의 다음 10년을 결정하게 될 것이다.

9
'실패'를 다루는 태도:
엔비디아는 어떻게 넘어지고,
왜 다시 일어나는가

대부분의 조직은 실패를 관리하지 않는다. 관리한다고 말하지만, 실제로는 회피한다. 더 정확히 말하면 실패 그 자체보다, 실패가 드러나는 순간을 두려워한다. 실패는 보고서에서 누락되고, 표현은 완곡해지며, 원인은 흐려진다. 숫자는 정제되고, 문장은 길어지며, 책임은 공기처럼 흩어진다. 이 순간 실패는 분석의 대상이 되지 못하고 정치의 대상이 된다. 그리고 바로 그 지점에서 조직은 학습을 멈춘다. 실패는 더 이상 개선의 재료가 아니라, 숨겨야 할 흠결이 된다.

엔비디아는 이 지점에서 전혀 다른 길을 택했다. 그리고 그 선택은 우연이 아니다. 젠슨 황이 의도적으로 설계한 조직 철학의 결과다.

젠슨 황에게 실패는 잘못된 결과가 아니다. 실패는 현실을 정확히 보지 못했다는 사실이 드러난 순간이다. 이 정의는 단순해 보이지만,

조직의 운명을 가른다. 실패를 결과로 정의하면 책임을 묻게 되고, 누가 잘못했는지를 찾게 된다. 반대로 실패를 신호로 정의하면 질문이 바뀐다. 무엇이 틀렸는지, 어디서 현실을 오판했는지, 어떤 가정이 무너졌는지를 묻게 된다. 그 순간부터 수정이 시작된다.

엔비디아에서 실패는 벌점이 아니다. 오히려 실패는 조직이 현실과 접촉했다는 증거다. 가설이 시장과 충돌했고, 기술이 한계에 부딪혔으며, 우리가 믿던 전제가 틀렸다는 사실이 드러났다는 뜻이다. 문제는 실패가 아니다. 진짜 문제는 실패를 인식하지 못하는 상태다. 젠슨 황이 회의에서 자주 던지는 말이 있다. "Good. Now we know." 이 문장은 위로도 아니고 질책도 아니다. 현실이 드러났고, 이제 방향을 바꿀 수 있다는 선언이다.

이 태도의 핵심에는 지적 정직함, 즉 Intellectual Honesty가 있다. 이것은 도덕적 미덕이 아니다. 엔비디아에게 지적 정직함은 생존 전략이다. GPU 아키텍처 전환, 병렬 컴퓨팅이라는 미지의 개념, CUDA라는 소프트웨어 레이어, 데이터센터 시장 진입, AI와의 결합, 로보틱스와 자율주행으로의 확장까지. 엔비디아가 선택한 길 중 어느 것도 안전하지 않았다. 이 환경에서 가장 위험한 것은 실패가 아니라 자기기만이다. 틀렸다는 사실을 알면서도 인정하지 않는 순간, 조직은 스스로를 속이기 시작한다.

그래서 엔비디아에서는 모르는 것을 모른다고 말할 수 있어야 하고, 틀린 가설을 틀렸다고 선언할 수 있어야 하며, 초기 판단이 잘못됐음을 공개적으로 인정할 수 있어야 한다. 실패를 숨기는 사람은 문제를 만든다. 그러나 실패를 빠르게 공유하는 사람은 문제를 해결한다.

중요한 점은 엔비디아가 실패를 개인의 무능으로 환원하지 않는다는 것이다. 실패는 개인의 문제가 아니라 시스템의 문제로 다뤄진다. 프로젝트가 실패했을 때 질문은 이렇게 시작되지 않는다. "누가 잘못했는가?" 대신 이런 질문이 나온다. "어떤 가정을 했는가? 왜 그 가정이 그럴듯해 보였는가? 어떤 신호를 놓쳤는가? 언제 방향을 바꿨어야 했는가?" 이 질문들은 책임을 흐리기 위한 장치가 아니다. 오히려 책임을 더 정확하게 만든다.

실패를 개인의 낙인으로 만들면 조직은 침묵한다. 실패를 시스템의 신호로 만들면 조직은 말하기 시작한다. 엔비디아가 택한 것은 후자다.

많은 조직이 실패를 두려워하는 이유는, 완벽한 계획이 있었다면 실패하지 않았을 것이라고 믿기 때문이다. 그러나 엔비디아의 경험은 정반대의 결론을 보여준다. AI 시대에는 완벽한 계획이 존재하지 않는다. 기술은 계획보다 빠르게 진화하고, 시장은 예측보다 먼저 움직이며, 고객의 사용 방식은 문서보다 먼저 변한다. 젠슨 황은 계획보다 더 중요한 것이 있다고 말한다. 그것은 수정 능력이다. 얼마나 빨리 틀렸음을 인정하는가. 얼마나 과감하게 방향을 바꿀 수 있는가. 조직이 스스로를 얼마나 빠르게 업데이트할 수 있는가. 이것이 경쟁력이다.

엔비디아의 초기 실패인 NV1은 이 철학을 상징적으로 보여준다.

시장의 요구와 어긋난 아키텍처, 잘못된 가정, 결과는 참담했다. 그러나 엔비디아는 이 실패를 지우지 않았다. 책임자를 희생양으로 삼지도 않았다. 실패는 조직의 기억으로 남았다. 그리고 그 기억은 RIVA 128과 GPU 개념의 재정의로 이어졌다. 실패는 과거가 아니라, 다음 설계의 입력값이 됐다.

이 태도는 한국의 경험과도 닮아 있다. 한강의 기적은 성공의 연속이 아니었다. 그것은 실패를 견디고, 다시 설계하며, 집단적으로 수정해온 과정이었다. 그리고 1997년 IMF 외환위기는 한국 사회가 실패를 어떻게 다루는지에 따라 국가의 운명이 갈릴 수 있음을 보여준 결정적 순간이었다. 그때 한국은 실패를 부정하지 않았다. 현실을 직시했고, 고통스러운 구조조정을 감내했으며, 시스템을 다시 설계했다. 그 과정은 혹독했지만, 실패를 인정했기에 회복할 수 있었다.

엔비디아도 마찬가지다. 실패를 피하지 않는다. 오히려 실패를 앞당긴다. 작게 만들고, 빠르게 실험하고, 초기에 깨진다. 왜냐하면 초기에 깨지는 것이 늦게 깨지는 것보다 훨씬 싸기 때문이다. 엔비디아의 PoC와 초기 실험은 성공을 증명하기 위한 과정이 아니다. 실패를 드러내기 위한 과정이다.

실패 이후의 가장 중요한 순간은 첫 반응이다. 드러내는가, 분석하는가, 즉시 다음 실험으로 이동하는가. 엔비디아는 이 세 가지를 동시에 한다. 실패를 숨기지 않고, 원인을 분석하되, 분석에 갇히지 않는다. 분석은 시간을 벌기 위한 변명이 아니라, 방향을 정리하기 위한 도구다.

　　　　　　　　　　　　　　　　　　　　엔비디아 DNA

엔비디아의 실패 관리 공식은 단순하다. 실패를 인정하고, 언어화하고, 시스템에 기록하고, 다음 실험의 입력값으로 사용한다. 이 과정을 반복하면 실패는 비용이 아니라 투자로 바뀐다.

AI 시대의 경쟁은 완벽함의 경쟁이 아니다. 회복력과 수정 속도의 경쟁이다. 엔비디아가 강한 이유는 실패하지 않기 때문이 아니다. 엔비디아가 강한 이유는 실패를 가장 빨리 인정하고, 가장 빠르게 다시 일어나기 때문이다. 넘어지는 것을 부끄러워하지 않는다. 넘어진 채로 있는 것을 경계한다. 엔비디아는 그렇게 성장해왔다. 그리고 이 태도야말로, AI 시대에 가장 강력한 경쟁력이다.

‖ 사고를 흔드는 질문 ‖

 우리는 '최선'이라는 말로 멈추고 있는가, 아니면 아직 **SOL**(Speed of Light)까지의 물리적 거리를 정확히 측정하고 있는가?

토론 포인트

- "최선을 다했다"는 판단 기준이 개인의 노력인가, 물리적·시스템적 한계인가

- 경쟁사 대비 성과가 아니라 절대적 기술 한계와 비교하고 있는가

- 개발-검증-양산-출시-고객 채택까지의 전체 리드타임이 계측되고 있는가

- 기술은 준비됐지만 조직 마찰로 지연되는 구간이 어디인지 가시화돼 있는가

- "현실적으로 어렵다"는 말이 실제 병목의 이름을 가리고 있지는 않은가

- 시간 단축을 위한 투자보다 실패 회피를 위한 합의 과정이 더 길어지고 있지는 않은가

- 인간의 의지가 아니라 시스템 속도가 성과를 결정하도록 설계돼 있는가

- 우리는 목표 기준을 사람에게 두고 있는가, 물리 법칙에 두고 있는가

우리 조직의 구조는 책임을 명확히 하는 질서인가, 아니면 의사결정 속도를 늦추는 장치인가?

토론 포인트

- 하나의 의사결정이 실행되기까지 거쳐야 하는 승인 단계는 몇 단계인가

- 정보 전달 과정에서 원래 문제 정의가 얼마나 왜곡되는가

- PM 또는 미션 오너가 실제 권한과 성과 책임을 동시에 갖고 있는가

- "The Mission is the Boss" 구조가 실제로 작동할 수 있는 조직 문화인가

- 조직장이 아닌 프로젝트 리더가 우선순위를 조정할 수 있는 구조인가

- 통제와 보고를 줄이면 발생할 혼란보다, 현재 구조가 만드는 지연이 더 크지는 않은가

- 조직도 관리에 쓰는 에너지와 미션 정렬에 쓰는 에너지 중 무엇이 더 많은가

- 우리는 질서를 유지하고 있는가, 아니면 속도를 희생하고 있는가

Q3 지적 정직함을 유지하기 위해 분노와 충돌이 필요한 조직은 구조적으로 건강한가?

- 실패 원인이 개인 책임으로 귀결되는 구조인가, 시스템 문제로 분석되는 구조인가

- "우리가 틀렸다"는 말이 실제 개선 프로세스로 이어지는가

- 정제된 보고서가 현장의 진짜 문제를 얼마나 걸러내고 있는가

- 불편한 진실을 말하는 사람이 보호받는가, 위험해지는가

- 실패 사례가 조직 지식으로 축적되고 다음 의사결정에 반영되는가

- Top 5 Things와 같은 우선순위 정렬 장치가 존재하는가

- 리뷰 문화가 사후 변명 회의가 아니라 구조 개선 회의로 작동하는가

- 채용·평가 시스템이 지적 정직함을 강화하는 방향으로 설계돼 있는가

- 우리는 문화에 기대고 있는가, 아니면 시스템으로 정직함을 강제하고 있는가

3장

기술의 해자

왜 아무도 엔비디아를
넘을 수 없는가

1
33년의 진화:
엔비디아는 매 5년마다 자신을 버렸다

사람들은 종종 엔비디아를 두고 "운이 좋은 회사"라고 말한다. AI라는 거대한 파도가 밀려오기 시작한 순간, 마침 그 자리에 엔비디아가 서 있었다는 것이다. 하지만 이 평가는 절반만 맞다. 엔비디아는 운이 좋아서 앞서간 회사가 아니다. 정확히 말하면, 남들보다 훨씬 먼저 시간을 써버린 회사다. 기술은 모방할 수 있다. 자본도 따라올 수 있다. 인재 역시 언젠가는 이동한다. 그러나 시간만은 복제할 수 없다. 엔비디아의 진짜 경쟁력은 칩도 아니고 알고리즘도 아니다. 30년이 넘는 시간 동안 한 방향으로 축적해 온 선택의 두께, 그 시간이 만들어낸 해자다.

엔비디아는 단 한 번도 같은 회사였던 적이 없다. 이 회사는 성공을 반복한 기업이 아니라, 성공을 끊임없이 부정해 온 기업이다.

1993년, 젠슨 황과 두 명의 공동 창업자가 회사를 세웠을 때 그들은 거대한 선언을 하지 않았다. 세상을 바꾸겠다는 구호보다 먼저 살아 남아야 했다. 초기의 엔비디아는 작고 불안정한 그래픽 칩 회사였다. 첫 제품 NV1은 실패했고, 회사는 존폐의 갈림길에 섰다. 대부분의 기업이라면 이 시점에서 시장을 탓하거나, 기존 방향을 고수했을 것이다. 그러나 젠슨은 다른 질문을 던졌다. "우리는 정말 그래픽을 만드는 회사인가?" 이 질문 하나가 회사의 궤적을 바꿨다.

그 질문의 답은 '연산'이었다. 1999년, 엔비디아는 GPGPU라는 단어를 세상에 내놓는다. Graphics Processing Unit. 그러나 이 이름의 핵심은 Graphics가 아니라 Processing이었다. GPU는 화면을 그리기 위한 장치가 아니라, 수천 개의 연산을 동시에 처리할 수 있는 병렬 계산 장치였다. 당시 컴퓨팅의 중심은 CPU였고, 병렬 컴퓨팅은 일부 연구자들의 영역에 머물러 있었다. 그러나 엔비디아는 이미 다음 질문을 던지고 있었다. "왜 GPU를 game 용도로만 사용하지? 범용으로 사용하는 방법은 없을까?" 이 질문은 단순한 기술적 호기심이 아니었다. 회사의 정체성을 다시 정의하는 질문이었다.

2006년, 엔비디아는 CUDA를 발표한다. GPU를 프로그래밍할 수 있게 하겠다는 이 발상은 너무 이르고, 너무 낯설고, 당장 돈이 되지 않는 선택처럼 보였다. 실제로 CUDA는 수년간 회사의 재무에 부담을 줬다. 그러나 CUDA는 기술이 아니라 선언이었다. GPU를 특정 용도의 부품이 아니라, 누구나 접근할 수 있는 계산 자원으로 만들겠다는 선언. 이 선택은 단기 성과를 위한 것이 아니었다. 10년, 20년 뒤를 내다본 베팅이었다. 그리고 그 베팅은 조용히, 그러나 확실하게 작동하기 시작했다. 연구자들이 CUDA를 사용했고, 과학 계산과 시뮬레이션, 금융 모델링과 영상 처리로 확산됐다. 엔비디아는 더 이상 단순한 칩 회사가 아니었다. 개발자 생태계를 품은 플랫폼 기업이 되어가고 있었다.

2012년, ImageNet 대회에서 등장한 AlexNet은 AI의 방향을 완전히 바꿔놓았다. 중요한 것은 정확도 수치가 아니었다. 그 모델이 GPU 위에서 학습되었다는 사실이었다. 그 순간 세상은 AI의 본질은 알고리즘보다 연산량에 있다는 것을 깨닫게 된다. 이후 연구자들은 하나둘 GPU로 이동했고, 엔비디아는 선택지가 아니라 전제가 되었다. 이 변화는 우연이 아니었다. CUDA라는 토양 위에서만 가능했던 필연이었다.

2016년, 엔비디아는 DGX-1을 발표한다. 이것은 단순한 서버가 아니었다. "AI를 하고 싶다면, 이걸 쓰라"는 하나의 답안지였다. 하드웨어와 소프트웨어, 네트워크와 최적화가 하나의 시스템으로 묶인 완성형 플랫폼. 이 시점부터 엔비디아는 부품을 파는 회사가 아니라, AI 공장을 설계하는 회사가 된다. 기업들은 더 이상 시행착오를 반복할 필요가 없었다. 엔비디아가 이미 가장 빠른 길을 만들어 두었기 때문이다. 2026년 현재 한국에는 약 1500정도의 DGX가 사용되고 있다.

2018년 이후, AI는 연구실을 벗어나 현실로 들어오기 시작한다. RTX, 실시간 레이 트레이싱, DLSS. AI는 더 이상 추상적인 모델이 아

엔비디아 DNA

니라, 현실을 계산하고 재현하는 도구가 된다. 그리고 디지털 트윈과 Omniverse가 등장한다. 현실을 그대로 복제하고, 그 안에서 실험하고 예측하는 세계. 이 순간 엔비디아는 또 한 번 자신을 버린다. 반도체 회사도, 소프트웨어 회사도 아닌, 현실을 시뮬레이션하는 회사로 진화한다.

2023년 이후, 생성형 AI는 세상을 놀라게 했다. 그러나 엔비디아에게 그것은 도착점이 아니라 중간 정거장이었다. 이제 AI는 텍스트와 이미지의 영역을 넘어 물리 세계를 이해하고 조작하는 단계로 들어간다. 로봇, 자율주행, 공장, 도시. 모든 것이 계산 가능한 대상으로 변한다. 엔비디아는 이를 Physical AI라 부른다. 그리고 그 기반에는 여전히 30년에 걸쳐 축적된 선택과 시간이 깔려 있다.

결국 엔비디아를 넘기 어려운 이유는 분명하다. 더 좋은 칩을 만드는 것은 가능하다. 더 빠른 모델을 만드는 것도 가능하다. 그러나 수십 년에 걸쳐 반복된 자기 부정, 실패를 감수하며 쌓아온 혁신성, 그리고 그것을 가능하게 만든 문화는 하루아침에 따라올 수 없다. 엔비디아의 해자는 기술이 아니다. 혁신이다. 그리고 그 혁신은 오늘도 조용히, 그러나 누구보다 빠르게 쌓이고 있다.

2
CUDA:
20년 동안 무너지지 않은 해자

엔비디아의 역사를 돌아보면, 결정적인 순간은 언제나 조용히 찾아왔다. 세상을 놀라게 하는 발표나 화려한 기술 시연보다, 훨씬 앞선 시점에서 아무도 주목하지 않던 선택들이 쌓여 오늘을 만들었다. CUDA 역시 그중 하나였다. 2006년, 엔비디아는 세상의 반응을 거의 얻지 못한 채 조용히 하나의 기술을 내놓았다. 연구자들이 GPU로 프로그래밍을 편하게 할 수 있도록 하겠다는 시도였다. 당시로서는 이해하기 어려운 발상이었고, 솔직히 말하면 대부분의 사람들에게는 무모한 투자처럼 보였다. 그러나 젠슨 황은 전혀 다른 생각을 갖고 있었다. CUDA를 통하여 GPU를 편하게 사용할 수 있다면 엄청난 시장이 열릴 수 있다는 생각이었다. 데이터가 지금보다 수백 배, 수천 배 늘어난다면 이것을 처리하는 방법은 CUDA를 통한

GPU가 유일한 해결책이었다. 그는 이미 답을 알고 있었다. 아니, 적어도 방향은 알고 있었다.

누구도 원하지 않았던 기술

CUDA는 처음부터 환영 받지 못했다. 개발자에게는 새로웠고, 기업에게는 즉각적인 수익이 보이지 않았다. 학계조차도 반신반의했다. 그럼에도 엔비디아는 물러서지 않았다. 그들은 GPU를 단순한 하드웨어가 아니라, 하나의 계산 플랫폼으로 만들겠다는 목표를 세웠다. CUDA는 기술이라기보다 선언에 가까웠다. GPU를 특수한 장비가 아니라, 누구나 접근할 수 있는 범용 연산 자원으로 만들겠다는 선언이었다. 이 선택은 단기적인 매출과는 거리가 멀었다. 오히려 당장의 수익성만 본다면 하지 말아야 할 결정에 가까웠다. 하지만 엔비디아는 다른 시간의 축에서 사고하고 있었다. 5년, 10년, 그 이후를 내다보고 있었다.

조용히 퍼져 나간 변화

CUDA는 처음에는 소수의 연구자들만 사용했다. 기존 방식으로는 해결할 수 없는 문제를 가진 사람들이었다. 기후 시뮬레이션, 분자 모델링, 금융 리스크 분석, 영상 처리. 이들은 계산의 벽 앞에서 멈춰 있었고, CUDA는 그 벽을 넘을 수 있는 도구가 되었다. 하루가 걸리던 계산이 몇 분으로 줄어들고, 며칠이 필요하던 시뮬레이션이 몇 시간 안에 끝났다. 이 작은 변화들이 쌓이기 시작했다. 논문이 늘어나고, 코드가 공유되고, 개발자 커뮤니티가 생겨났다. 아직 세상은 몰랐지만, 조용히 하나의 생태계가 자라고 있었다.

2012년, 모든 것이 연결되다

2012년, ImageNet 대회에서 알렉스넷이 등장한다. 이 사건은 단순한 성능 향상이 아니었다. AI가 실험실을 벗어나 현실로 나오는 순간이었다. 중요한 것은 정확도 수치가 아니라, 그 모델이 GPU 위에서 학습되었다는 사실이었다. 이 순간, 많은 사람들이 깨닫게 된다. AI의 한계는 알고리즘이 아니라 연산 능력이었다는 것을. 그리고 그 연산을 감당할 수 있는 환경은 이미 CUDA 위에 구축되어 있었다. 그동안 조용히 쌓여온 시간들이 한순간에 연결되었다.

해자는 이렇게 만들어진다

이 시점에서 엔비디아는 특별한 일을 하지 않았다. 이미 해온 일을 계속했을 뿐이다. 하지만 경쟁자들에게는 이 시점이 시작이었다. 그들은 이제서야 GPU 컴퓨팅의 중요성을 깨닫고 뛰어들었다. 문제는, 따라잡기에는 시간이 너무 많이 흘러 있었다는 점이다. CUDA는 단순한 개발 도구가 아니었다. 그 위에는 수많은 라이브러리와 프레임워크, 개발자 경험과 노하우가 축적되어 있었다. 하드웨어는 따라 만들 수 있다. 하지만 생태계는 복제할 수 없다. 이것이 바로 엔비디아의 해자였다.

CUDA는 언어가 되었다

시간이 흐르면서 CUDA는 하나의 언어가 되었다. 개발자들은 문제를 CUDA의 사고방식으로 바라보기 시작했다. 연산을 어떻게 쪼갤 것인가, 데이터를 어떻게 병렬화할 것인가, 메모리를 어떻게 배치할 것인가? 이 사고방식 자체가 하나의 표준이 되었다. 그 순간부터 경쟁은 단순한 성능 경쟁이 아니었다. 사고의 방식 자체가 달라진 것이다.

AI 시대, 그리고 더 깊어진 해자

AI가 본격적으로 산업 전반에 스며들면서 CUDA의 가치는 오히려 더 커졌다. 모델은 점점 커지고, 데이터는 폭증했으며, 연산 요구량은 기하급수적으로 늘어났다. 이 모든 요구를 감당할 수 있는 환경은 이미 엔비디아 생태계 안에 구축되어 있었다. 그래서 기업들은 다시 엔비디아를 선택했다. 가장 안전하고, 가장 확실한 길이었기 때문이다.

결국, 해자는 시간이다

CUDA가 강력한 이유는 기술 그 자체가 아니다. 20년에 걸쳐 쌓인 시간, 실패, 실험, 축적의 결과다. 이 시간은 단기간에 복제할 수 없다. 돈으로도, 인수합병으로도 살 수 없다. 그래서 엔비디아는 여전히 앞서 있다. 현재 CUDA는 600만 명 이상이 사용하고 있다. 경쟁업체의 유사한 플랫폼 사용자는 5,000명 수준이다. 무려 1,200배의 사용자 차이를 보이고 있다. 그리고 그 격차는 쉽게 줄어들지 않는다. 엔비디아의 해자는 기술이 아니라 시간이다. 그리고 그 시간은 오늘도 조용히, 그러나 분명하게 흐르고 있다.

3
칩이 아니라
'데이터센터'를 팝니다

GPU + CPU + DPU + Switch, 그리고 풀스택 전략의 시작

엔비디아가 단순히 GPU를 파는 회사에 머물렀다면, 오늘날과 같은 위치에 오르기는 어려웠을 것이다. GPU는 분명 강력한 기술이었지만, 그것은 어디까지나 하나의 부품이었다. 아무리 뛰어난 칩이라 해도, 칩 하나만으로 산업의 구조가 바뀌지는 않는다. 엔비디아가 다른 길을 걸을 수 있었던 이유는 이 사실을 누구보다 빨리, 그리고 집요하게 받아들였기 때문이다. 그리고 그 순간부터 회사의 자기 정의는 바뀌었다. "우리는 칩을 파는 회사가 아니다. 우리는 컴퓨팅 시스템을 설계하는 회사다." 이 인식의 전환이 바로 지난 33년간 엔비디아가 보여준 가장 강력한 민첩성, 즉 agility의 출발점이었다.

AI가 본격적으로 확산되기 시작하던 시기, 시장의 많은 기업들은

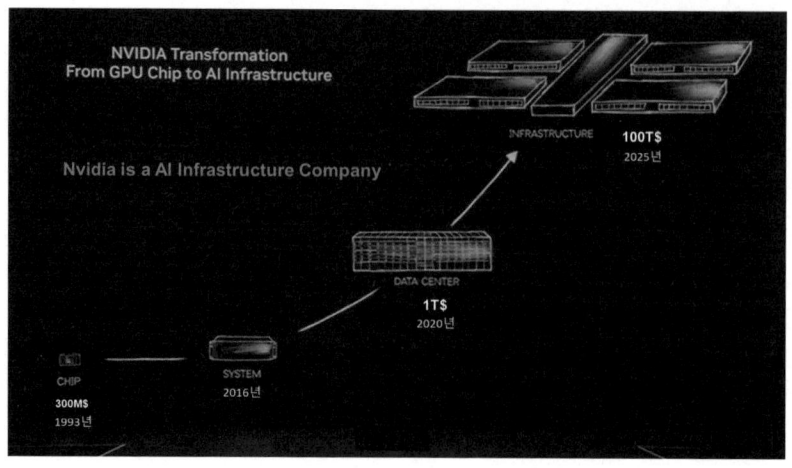

단순하게 생각했다. "GPU만 충분히 많이 사면 AI를 할 수 있지 않을까." 그러나 현실은 전혀 달랐다. GPU는 혼자서는 아무 일도 하지 못한다. 연산을 하려면 데이터가 필요하고, 데이터는 네트워크를 통해 이동해야 하며, 수많은 GPU를 묶어 하나의 모델을 학습시키려면 정교한 통신 구조가 필수다. GPU의 수가 늘어날수록 병목은 오히려 더 심해졌다. 네트워크가 느리면 GPU는 놀고, 스토리지가 느리면 학습은 멈춘다. 이 지점에서 엔비디아는 문제의 본질을 정확히 짚어냈다. 진짜 문제는 칩이 아니라 시스템이라는 사실이었다. 그리고 더 나아가 이렇게 결론을 내렸다. "우리가 만들어야 할 것은 GPU가 아니라 데이터센터 그 자체다."

이 깨달음 이후 엔비디아는 스스로를 '부품 회사'가 아닌 '아키텍처 회사'로 재정의하기 시작했다. GPU를 중심으로, 그 주변에 붙어 있던 모든 요소를 다시 설계하기로 한 것이다. 연산을 담당하는

엔비디아 DNA

GPU, 제어와 범용 처리를 맡는 CPU, 네트워크와 데이터 이동, 보안을 담당하는 DPU, 그리고 이 모든 흐름을 하나로 묶는 고속 스위치와 인터커넥트. 이 네 가지가 각각 따로 최적화되어서는 안 되고, 하나의 유기체처럼 함께 움직여야 AI가 제대로 작동한다는 결론에 도달했다. 엔비디아는 이 전체 구조를 하나의 제품처럼 통합해 제공하기 시작했고, 이것이 오늘날 '풀스택 전략'으로 불리는 접근의 출발점이었다.

이 전략을 결정적으로 완성시킨 사건이 바로 2019년 멜라녹스 인수였다. 당시 시장의 반응은 엇갈렸다. "GPU 회사가 왜 네트워크 회사를 사는가?"라는 질문이 쏟아졌다. 그러나 젠슨 황에게 이 선택은 너무도 명확했다. AI 학습은 단일 서버로는 불가능하고, 수많은 시스템을 하나로 연결해야 하며, 그 과정에서 가장 중요한 요소는 연산 속도가 아니라 데이터 이동 속도라는 사실을 이미 알고 있었기 때문이다. 아무리 빠른 GPU 서버라도 GPU 간 데이터를 전달하는 네트워크가 느리면 전체 성능은 급격히 떨어진다. 특히 대규모 분산 학습에서는 통신 지연이 곧 비용이었다. 멜라녹스는 고성능 인피니밴드고속 네트워크 기술와 이더넷컴퓨터 네트워크 기술 중 하나기술을 통해 GPU와 GPU를 가장 빠르게 연결할 수 있는 역량을 가진 회사였다. 이 인수는 단순한 사업 확장이 아니라, AI 데이터센터의 심장을 손에 넣는 결정이었다.

엔비디아의 변신은 여기서 멈추지 않았다. GPU만으로는 여전히 모든 문제를 해결할 수 없다는 사실을 인정했고, CPU 영역에도 본격적으로 뛰어들었다. ARM 기반의 Grace CPU가 그 결과물이다. 동시에 네트워크, 보안, 데이터 이동을 전담하는 새로운 범주의 칩, DPU를 전면에 내세웠다. 그 결과 데이터센터의 역할 분담은 완전히 재구성됐다. GPU는 연산의 중심이 되고, CPU는 제어와 오케스트레이션을 담당하며, DPU는 네트워크와 보안, 데이터 흐름을 책임지고, 스위치는 이 모든 요소를 연결하는 혈관이 된다. 이 네 요소가 하나의 시스템으로 작동할 때, 비로소 진짜 AI 데이터센터가 완성된다. 이 시점에서 엔비디아는 더 이상 '부품 공급자'가 아니었다. 데이터센터를 설계하는 회사, 나아가 인프라를 정의하는 회사가 된 것이다.

이 변화 이후 엔비디아가 고객에게 파는 것은 GPU가 아니다. 고객은 이제 하나의 구조를 산다. DGX, HGX, Grace Hopper, NVLink, NVSwitch는 서로 분리된 제품이 아니라 하나의 설계 철학 아래 존재하는 구성 요소다. 고객은 "GPU 몇 개"를 구매하는 것이 아니라, "AI 공장 하나"를 들여오는 것에 가깝다. 이 방식은 고객의 선택지를 줄이는 대신, 성공 확률을 극적으로 높인다. 복잡한 설계와 통합의 부담을 엔비디아가 떠안고, 고객은 결과에 집중하게 만든다. 이것이 엔비디아식 시스템 비즈니스의 본질이다.

이 풀스택 전략이 만들어낸 또 하나의 강력한 해자는 구조적 락인**특정 제품이나 서비스에 소비자를 묶어 두는 것**이다. GPU만 바꾸면 나머지가 맞지 않고, 네트워크를 바꾸면 최적화가 깨지며, 소프트웨어를 바꾸면 성능이 급락한다. 이는 단순한 기술적 종속이 아니라, 전체 구조가 하나로 엮여 있기 때문에 발생하는 필연적 결과다. 엔비디아는 기술을

엔비디아 DNA

묶은 것이 아니라, 시간을 묶었다. 지난 33년간 축적된 설계 경험과 운영 노하우가 이 구조 안에 녹아 있다.

이제 데이터센터는 더 이상 장소가 아니다. 그것은 하나의 거대한 컴퓨터이며, 하나의 AI 공장이다. 엔비디아는 이 공장을 설계하고, 그 안에서 돌아가는 모든 흐름을 정의한다. 칩 회사에서 시스템 회사로, 시스템 회사에서 데이터센터 회사로, 그리고 이제는 AI 인프라 회사로 변신한 엔비디아의 여정은 단절이 아니라 연속된 진화였다.

결국 엔비디아가 팔고 있는 것은 기술이 아니다. 그들이 판매하는 것은 완성된 미래의 작동 방식이다. 고객은 GPU를 사는 것이 아니라, 미래의 계산 방식과 생산성, 경쟁력을 산다. 이 모든 변화는 하나의 질문에서 시작됐다. "칩 하나로는 부족하지 않은가?" 이 질문을 외면하지 않았던 집요함, 그리고 필요하다면 언제든 자신을 버릴 수 있었던 민첩성이 지난 33년의 변신을 가능하게 했다. 그리고 바로 그 agility가 오늘의 엔비디아를 만들었다.

4
타임머신이 된 GPU:
병렬 처리는 어떻게 시간을 압축하는가

사람들은 기술이 시간을 단축시킨다고 말한다. 하지만 이 표현은 정확하지 않다. 기술은 시간을 줄이는 것이 아니라, 시간을 압축한다. 우리가 사는 세계에서 가장 희소한 자원은 돈도 아니고 에너지도 아니다. 누구에게나 공평하게 주어지지만 결코 늘릴 수 없는 것, 바로 시간이다. 그리고 누가 이 시간을 더 밀도 있게 압축하느냐에 따라 개인의 성취도, 산업의 진화 속도, 인류 문명의 방향이 완전히 달라진다. 엔비디아가 만들어낸 진짜 혁신은 계산 속도의 향상이 아니라, 인간이 도달할 수 있는 미래의 시간을 현재로 끌어당긴 데 있다.

"젠슨, 덕분에 연구를 생전에 끝낼 수 있었습니다." 이 말은 실제로 대만의 한 과학자가 젠슨 황에게 전한 이야기다. 젠슨은 이 말에 상당히 감격했다고 한다. 농담처럼 들릴 수도 있지만, 그 안에는 절박한 진실이 담겨 있다. 과학자들에게 시간은 늘 부족하다. 어떤 실험은 결과를 얻는 데 수십 년이 걸리고, 어떤 시뮬레이션은 한 번 실행하는 데 인생의 절반이 필요하다. 양자 화학, 기후 예측, 신약 개발, 재료 과학 같은 분야는 하나같이 계산량이 폭발적으로 크다. 문제는 이 계산이 단순히 오래 걸리는 수준이 아니라, 인간의 수명을 넘어선다는 데 있다. 계산이 끝나기 전에 연구자가 먼저 늙어버리는 세계. GPU는 이 구조를 근본적으로 바꿨다.

전통적인 컴퓨팅은 직선적이었다. 한 번에 하나의 계산을 수행하고, 그 결과를 바탕으로 다음 단계로 넘어간다. CPU 중심의 컴퓨팅이 만들어낸 시간의 흐름이다. 그러나 자연은 그렇게 작동하지 않는다. 분자들은 동시에 진동하고, 기후는 수백만 개의 변수가 동시에 상호작용하며, 도시는 수많은 의사결정이 병렬적으로 얽혀 움직인다. GPU는 이 자연의 작동 방식을 닮아 있다. 수천 개의 연산 코어가 동시에 계산을 수행한다. 시간을 쪼개 순서대로 처리하는 것이 아니라, 시간을 겹쳐 한꺼번에 처리한다. 이것이 병렬 처리의 본질이고, 병렬 처리가 만들어내는 결과가 바로 시간 압축이다.

양자 화학은 이 변화가 가장 극적으로 드러난 분야 중 하나다. 분자의 구조와 반응을 계산하기 위해서는 전자의 상태를 하나하나 추적해야 한다. 전자 하나를 계산하는 데도 엄청난 연산이 필요하다. 과거에는 하나의 분자를 시뮬레이션하는데 수개월, 수년이 걸리는 경우도 드물지 않았다. 그래서 연구는 늘 부분적인 추정에 의존할 수밖에 없었다. 그러나 GPU 기반 시뮬레이션이 도입되면서 상황은 달라졌다. 며칠 걸리던 계산이 몇 시간으로 줄었고, 수년 걸리던 연구가 몇 달 만에 끝나기 시작했다. 이 변화는 단순한 속도 향상이 아니었다. 과학자들이 "이제는 생전에 답을 볼 수 있다"고 말하게 만든 결정적 전환이었다. GPU는 연구의 속도를 높인 것이 아니라, 연구의 가능성을 확장했다.

기상 예측 역시 마찬가지다. 날씨는 대표적 복잡계다. 수많은 변수들이 동시에 얽혀 있고, 미세한 오차 하나가 결과를 완전히 바꿔버린다. 기존의 슈퍼컴퓨터로는 정밀한 장기 예측이 사실상 불가능했다. 계산할 수 있는 시나리오의 수가 제한적이었기 때문이다. 그러나 GPU 기반 시뮬레이션은 훨씬 더 많은 경우의 수를 동시에 계산할 수 있게 만들었다. 이는 단순히 내일 비가 오는지를 맞히는 문제가 아니다. 기후 변화의 경로, 태풍의 이동, 재난 대응, 농업 생산성까지 인류의 생존과 직결된 문제다. 시간을 압축한다는 것은 곧 미래를 미리 살아본다는 뜻이다.

자율주행은 시간 압축의 개념을 가장 직관적으로 보여준다. 자율주행은 단순히 차를 잘 운전하게 만드는 기술이 아니다. 그것은 현실 세계 전체를 가상으로 재현하는 문제다. 수많은 도로 상황, 예측 불가능한 인간의 행동, 날씨와 조명, 사고 가능성까지 모두 계산해야 한다. 현실에서 이 모든 경우를 직접 경험하려면 수십 년, 수백 년이 걸린다. 그래서 필요한 것이 시뮬레이션이다. GPU는 수십억 개의 가상 시나리오를 동시에 계산한다. 사고를 내지 않고도 사고를 학습하게 만든다. 실제 도로에서 100년이 걸릴 경험을 시뮬레이션 안에서는 며칠 만에 끝낸다. 이것이 병렬 처리가 만들어내는 시간의 압축이다.

그래서 많은 과학자와 엔지니어들은 GPU를 '타임머신'이라고 부른다. 과거로 돌아가거나 미래로 이동하는 장치가 아니라, 미래의 결과를 현재로 끌어오는 도구라는 의미에서다. GPU는 실패를 앞당기고, 성공 가능성을 미리 계산하게 한다. 이는 단순한 성능 향상이 아니라 의사결정의 방식 자체를 바꾼다. 과거에는 결과를 기다린 뒤 판단했다면, 이제는 결과를 먼저 보고 현재의 선택을 바꾼다.

엔비디아는 이 본질을 누구보다 먼저 이해했다. 그래서 GPU를 통하여 하나의 시스템을 만들었고, CUDA는 병렬 계산을 일상화했으며, DGX는 시간 압축을 하나의 시스템으로 만들었고, Omniverse와 AI 팩토리는 현실 전체를 시뮬레이션 가능한 대상으로 바꿨다. 이모든 구조의 목적은 하나다. 시간을 압축하는 것.

우리는 흔히 기술을 성능이나 효율로 평가한다. 하지만 그 이면에는 더 근본적인 질문이 있다. "이 기술은 우리의 시간을 어떻게 바꾸는가?" 엔비디아는 이 질문에 가장 집요하게 답해온 기업이다. 그들의 기술은 시간을 절약하는 데서 멈추지 않는다. 시간을 새로 만들어낸다. 그래서 사람들은 말한다. "젠슨, 덕분에 연구를 생전에 끝낼 수 있었습니다." 이 말은 단순한 찬사가 아니다. 한 시대의 기술이 인간의 삶에 남긴 가장 솔직한 고백이다. 그리고 그 고백은 지금도, 조용하지만 분명하게 이어지고 있다.

5
황의 법칙(Huang's Law):
무어의 법칙은 끝났고, 가속 컴퓨팅이 시작되었다

한때 반도체 산업에는 절대적인 법칙이 하나 있었다. 1960년대 인텔의 무어 박사가 만든 법칙이었다. 반도체 집적도가 18~24개월마다 두 배로 증가한다는 이 법칙은 단순한 기술 예측이 아니었다. 산업 전체의 리듬이었고, 기업의 투자 판단 기준이었으며, 미래를 계산하는 시간 단위였다. 공정 로드맵은 이 법칙을 중심으로 짜였고, 기업의 흥망도 그 속도에 맞춰 결정됐다. 더 작게, 더 촘촘하게, 더 많이 집적하는 것이 곧 진보였다.

그러나 2010년이 되면서 이 리듬은 어긋나기 시작했다. 공정 미세화는 점점 느려졌고, 비용은 기하급수적으로 증가했다. 트랜지스터 **전기 스위치와 전압 증폭 작용을 하는 반도체 소자**는 더 이상 예전처럼 줄어들지 않았다. 한 세대 앞으로 나아가기 위해 감당해야 할 기술적 난이도와

엔비디아 DNA

자본 부담은 과거와 비교할 수 없을 정도로 커졌다. 그리고 마침내 많은 이들이 이렇게 말하기 시작했다. "무어의 법칙은 끝났다." 이 말은 과장이 아니었다. 적어도 기존의 방식, 즉 트랜지스터 집적만으로 성능을 끌어올리는 시대는 분명히 한계에 도달하고 있었다.

엔비디아는 이 변화를 누구보다 빨리 감지했다. 하지만 그들은 무어의 법칙을 애도하지 않았다. 대신 전혀 다른 질문을 던졌다. "만약 트랜지스터를 더 줄일 수 없다면, 성능을 어디에서 끌어올릴 수 있을까?" 이 질문은 사고의 축을 완전히 바꿨다. 더 이상 칩 하나에 얼마나 많은 트랜지스터를 넣을 수 있는가의 문제가 아니었다. 이제 핵심은 어떻게 계산하느냐, 어떤 방식으로 계산 자원을 배치하느냐였다. 그리고 이 질문에서 '가속 컴퓨팅'이라는 개념이 태어났다.

가속 컴퓨팅은 단순히 더 빠른 하드웨어를 의미하지 않는다. 그것은 계산을 가장 잘할 수 있는 방식으로 재배치하는 철학이다. 기존의 컴퓨팅은 범용성을 중심에 두었다. 하나의 프로세서가 모든 일을 어느 정도씩 처리하는 구조였다. 그러나 AI 시대의 문제는 다르다. 연산의 성격은 명확하고, 반복적이며, 병렬적이다. 이때 중요한 것은 모든 일을 조금씩 잘하는 능력이 아니라, 특정 계산을 압도적으로 잘하는 능력이다. 엔비디아는 이 지점에서 방향을 틀었다. CPU가 잘하는 일은 CPU에게 맡기고, GPU가 잘하는 일은 GPU에게 맡긴다. 그리고 이 둘을 하나의 시스템으로 엮는다. 이것이 가속 컴퓨팅의 출발점이었다.

이 변화는 자연스럽게 하나의 새로운 경험치로 이어졌다. 젠슨 황은 어느 순간부터 이렇게 말하기 시작했다. 2016년 내가 엔비디아 코리아에 입사한 후 지속적으로 젠슨한테 들은 말은 "우리는 이제 매년 AI 성능을 두 배로 끌어올리고 있다."였다. 이 말은 단순한 자신감의 표현이 아니었다. GPU 아키텍처의 진화, 소프트웨어 스택의 최적화, 메모리와 네트워크 구조의 혁신, 그리고 개발자 생태계의 확장이 동시에 일어나면서 실제로 AI 성능은 해마다 두 배 이상 향상되고 있었다. 이것이 바로 '황의 법칙'이다. 무어의 법칙이 물리적 집적도의 법칙이었다면, 황의 법칙은 시스템 전체의 진화 법칙이다. 지난 10년 동안 Nvidia GPU의 성능은 10만 배 이상 향상되었다.

여기서 중요한 것은 단순한 속도 증가가 아니다. 속도가 증가하는 곡선 자체가 달라졌다는 점이다. 과거에는 2~3년에 한 번 체감 성능이 올라갔다면, 이제는 매년, 때로는 분기마다 체감 변화가 일어난다. 이 변화는 특정 하드웨어 하나로 설명할 수 없다. GPU가 바뀌면 컴파일러가 바뀌고, 라이브러리가 바뀌며, 모델 구조 자체가 함께 진화한다. 하드웨어, 소프트웨어, 알고리즘, 네트워크가 동시에 움직인다. 이 복합적인 진화가 바로 가속 컴퓨팅의 본질이다.

많은 사람들은 AI의 발전 속도를 보며 놀란다. 불과 1~2년 사이에 모델의 수준이 완전히 달라지기 때문이다. 그 이유는 단순하다. AI는 더 많은 데이터를 필요로 하는 기술이 아니라, 더 빠른 학습을 필요로 하는 기술이다. GPU는 학습 시간을 극적으로 단축시킨다. 시간이 줄어들면 실험 횟수가 늘어나고, 실험이 늘어나면 성능은 기하급수적으로 개선된다. 더 빠른 연산은 더 많은 시도를 가능하게 하고,

더 많은 시도는 더 나은 모델을 낳는다. 이것이 선순환이다. 황의 법칙은 이 선순환을 가속하는 법칙이다.

무어의 법칙 이후의 시대에 중요한 질문은 더 이상 "얼마나 많은 트랜지스터가 들어갔는가"가 아니다. 이제 핵심은 "얼마나 효율적으로 계산하는가"다. 그리고 그 해답이 바로 가속 컴퓨팅이다. 엔비디아는 이 전환을 가장 먼저 이해했고, 가장 일찍 준비했다. GPU라는 도구를 넘어, 계산 방식 전체를 다시 설계했기 때문이다.

가속 컴퓨팅이 만들어낸 진짜 변화는 시간의 경제학이다. 같은 시간 안에 더 많은 실험을 할 수 있고, 더 빨리 실패하고, 더 빨리 성공할 수 있다. 이것은 단순한 생산성 향상이 아니다. 혁신의 속도 자체가 달라진다. 그래서 오늘날 경쟁력의 핵심은 자본이 아니라 시간이다. 그리고 엔비디아는 이 시간을 압축하는 기술을 가진 회사다.

황의 법칙은 단순한 기술 트렌드가 아니다. 그것은 새로운 산업 질서에 대한 선언이다. 컴퓨팅의 중심은 CPU에서 GPU로, 단일 칩에서 시스템으로, 성능 경쟁에서 시간 경쟁으로 이동하고 있다. 이 변화의 중심에 엔비디아가 있다.

결국 이야기는 다시 시간으로 돌아온다. 얼마나 빠르게 계산하느냐의 문제가 아니라, 얼마나 빠르게 미래에 도달하느냐의 문제다. GPU는 시간을 압축하고, 가속 컴퓨팅은 그 압축을 다시 가속한다. 그래서 황의 법칙은 이렇게 말한다. "미래는 기다리는 것이 아니라, 계산하는 것이다." 그리고 그 계산을 가장 잘하는 회사가 지금의 엔비디아다.

6
스케일업(Scale-up) 기술:
칩을 넘어, 시스템으로 사고하는 방식

엔비디아가 GPU를 만들던 초기 시절, 경쟁의 기준은 단순했다. 누가 더 빠른 칩을 만들 수 있는지, 누가 더 많은 연산을 처리할 수 있는지. 성능은 곧 클럭과 코어 수의 문제였고, 승부는 칩 하나 위에서 갈렸다. 하지만 AI라는 새로운 계산 문제가 등장하면서, 이 질문은 점점 힘을 잃기 시작했다. 어느 순간부터 칩 하나를 아무리 빠르게 만들어도 체감 성능이 더 이상 오르지 않았기 때문이다. 문제는 칩이 아니었다. 문제는 칩과 칩, 그 '사이'에 있었다.

AI 모델은 단일 GPU 위에서 돌아가지 않는다. 모델이 커질수록 데이터는 여러 GPU로 쪼개지고, 계산 결과는 다시 모여야 한다. 이 과정에서 GPU들 사이에서 끊임없는 통신이 발생한다. 그리고 바로 여기서 병목이 생긴다. 연산 속도가 아니라, 데이터가 이동하는 속도에서 성능의 한계가 드러나기 시작한다. GPU가 아무리 빨라도, 서로 대화하지 못하면 전체 시스템은 느려질 수밖에 없다. 엔비디아는 이 현상을 아주 일찍 목격했다. "어떻게 하면 GPU 여러 개를 하나처럼 만들 수 있을까?" 이 질문이 바로 스케일업 사고의 출발점이었다.

기존 데이터센터의 확장 방식은 스케일아웃이었다. 이는 서버를 더 붙이고, 네트워크로 연결해 전체 처리량을 늘리는 방식이다. 웹 서비스나 전통적인 엔터프라이즈 워크로드에서는 이 방식이 잘 작동했다. 하지만 AI는 달랐다. AI는 단순히 '많은 요청'을 처리하는 문제가 아니라, '하나의 거대한 문제'를 동시에 풀어야 하는 계산이었다. 이때 스케일아웃 구조에서는 지연 시간이 급격히 늘어나고, 통신 오버헤드가 성능을 잡아먹기 시작했다. 그때, 엔비디아는 다른 길을 택했다. 멀리 연결하는 대신, 극도로 가깝게 연결하는 방식. 서버를 늘리는 대신, 하나의 거대한 계산 단위로 묶는 방식. 이것이 바로 스케일업이다. 스케일업은 숫자의 확장이 아니라, 구조의 전환이었다.

이 철학의 핵심 기술이 NVLink다. NVLink는 단순히 빠른 연결 방식이 아니었다. 그것은 GPU와 GPU를 묶어, 마치 하나의 메모리 공간을 공유하는 것처럼 만드는 연결 방식이다. 기존 PCIe 기반 구조에서는 각 GPU가 독립적으로 존재했다. 데이터는 CPU를 거쳐야 했고, 이동 비용은 컸다. 하지만 NVLink는 GPU 간 직접 통신을 가능하게 했다. 대역폭은 수배로 늘고, 지연 시간은 급격히 줄었다. 그 결과, 여러 개의 GPU가 더 이상 '여럿'이 아니라 '하나'처럼 움직이기 시작했다. 그리고 이 구조를 완성한 것이 NVSwitch다. NVLink가 점대점 연결이라면, NVSwitch는 이를 완전한 네트워크 구조로 확장한다. 수십 개의 GPU가 어느 방향으로든 동일한 속도로 통신할 수 있는 풀 메시 구조. 이 구조에서는 데이터가 어느 GPU에 있는지가 중요하지 않다. 모든 GPU가 하나의 거대한 메모리 풀을 공유하는 것처럼 동작한다. GPU 수가 늘어나도 성능이 선형적으로 증가하는 이유가 바로 여기에 있다. 스케일업은 단순한 성능 향상이 아니라, 사고 방식의 전환을 요구한다. 개발자는 더 이상 "이 코드는 어느 GPU에서 실행될까?"를 고민하지 않는다. 대신 이렇게 생각한다. "이 문제를 어떻게 병렬화할 수 있을까?" 나머지는 시스템이 알아서 처리한다. 하드웨어는 뒤로 숨고, 추상화만 남는다. 이것이 엔비디아가 추구하는 컴퓨팅의 모습이다.

이 사고가 확장되면, 데이터센터의 개념 자체가 바뀐다. 개별 서버는 더 이상 중요하지 않다. 랙도, 노드도, 머신도 중심이 아니다. 데이터센터 전체가 하나의 거대한 컴퓨터가 된다. 수천 개의 GPU가 하나의 두뇌처럼 움직이고, 연산은 중앙에서 통합되며, 데이터는 병렬로 흐른다. 이것이 엔비디아가 말하는 AI 인프라의 본질이다. 모델은 연구실에서 만들어지는 것이 아니라, AI 인프라 공장에서 생산된다. 이 구조는 강력하지만, 동시에 진입 장벽을 만든다. 단순히 더 빠른 칩을 만드는 것만으로는 이 세계에 들어올 수 없다. 칩, 인터커넥트, 네트워크, 소프트웨어 스택, 컴파일러, 라이브러리, 운영 방식까지 모두 하나의 철학 아래 설계되어야 한다. 그리고 이 모든 요소가 함께 진화해야 한다. 엔비디아는 이 복잡한 퍼즐을 10년 넘게 하나의 회사 안에서 통합해왔다.

　이제 엔비디아는 더 이상 GPU 회사가 아니다. 그들은 시스템을 설계하는 회사다. 그리고 그 시스템은 단순한 하드웨어 묶음이 아니다. 지식이 흐르고, 연산이 축적되며, 시간이 압축되는 구조다. 칩을 넘어 시스템으로, 시스템을 넘어 공장으로. 엔비디아는 이렇게 스스로를 재정의해왔다.

　결국 스케일업은 기술 용어가 아니다. 그것은 철학이다. 부분이 아니라 전체를 보겠다는 선택, 속도가 아니라 구조를 먼저 설계하겠다는 태도. 엔비디아는 이 철학을 오랫동안 지켜왔다. 그리고 그 결과, 오늘날 누구도 쉽게 따라올 수 없는 격차가 만들어졌다.

7
소프트웨어를 담는 그릇: 하드웨어를 팔고 손을 터는 시대는 끝났다

엔비디아는 오래전부터 한 가지 불편한 진실을 알고 있었다. 하드웨어는 언젠가 평준화된다는 사실이다. 아무리 뛰어난 칩이라 해도, 시간이 지나면 경쟁자는 따라온다. 공정은 공유되고, 성능은 숫자로 비교되며, 결국 차이는 줄어든다. 반도체 산업의 역사 자체가 그 증거였다. 그래서 엔비디아는 일찍부터 5년마다 혁신을 만들어 냈다. 그리고 다음과 같은 질문을 했다. "칩을 팔고 끝나는 회사로 남을 것인가, 아니면 칩 위에 올라가는 세계를 설계할 것인가?"

이 질문이 바로 오늘의 엔비디아를 만들었다.

GPU는 계산을 한다. 하지만 계산만으로는 아무 일도 일어나지 않는다. 계산이 의미를 가지려면 모델이 필요하고, 데이터가 필요하며, 그것을 실제 서비스로 바꾸는 소프트웨어가 필요하다. 현실의 문제는 GPU 성능이 아니라, GPU를 '어떻게 쓰느냐'에 있었다. 엔비디아는 이 간극을 누구보다 빨리 보았다. 그리고 자연스럽게 다음 단계로 이동했다. 하드웨어 다음은 소프트웨어였다. 하지만 여기서도 엔비디아의 선택은 달랐다.

그들은 단순한 개발 도구를 만들지 않았다. 설명서와 튜토리얼이 필요한 복잡한 소프트웨어가 아니라, "가져다 바로 쓸 수 있는 형태"를 목표로 했다. 개발자가 조립하고 씨름하는 시간을 줄여, 결과에 도달하는 시간을 극단적으로 압축하는 방향이었다. 이것의 1차적인 것이 CUDA고, 그 후속 작품들이 NIM, NVIDIA Inference Microservices 등등이다.

NIM은 기술 제품이라기보다 하나의 플랫폼이다. NIM은 모델을 코드 파일로 제공하지 않는다. 서비스 단위로 제공한다. 복잡한 환경 설정, 라이브러리 충돌, GPU별 최적화 같은 문제는 모두 그 안에 감춰진다. 사용자는 단지 필요한 모델을 호출하면 된다. 이 변화는 단순한 편의성 개선이 아니다. AI 활용의 진입 장벽 자체를 바꾸는 구조적 전환이다.

기존의 AI 개발은 준비 시간이 너무 길었다. 환경을 만들고, 의존성을 맞추고, 성능을 튜닝하고, 배포 환경을 구성하는 데만 수개월이 걸렸다. 많은 프로젝트가 모델 성능 이전에 이 단계에서 좌초됐다. 그러나 NIM은 이 모든 과정을 생략한다. 개발자는 더 이상 모델의 내부 구조를 깊이 이해하지 않아도 된다. 어떤 GPU에서 돌아가는지, 어떤 드라이버가 필요한지도 신경 쓸 필요가 없다.

이 순간 개발자의 역할은 완전히 바뀐다. "어떻게 만들 것인가"에서 "어디에 쓸 것인가"로 중심이 이동한다. NIM은 혼자 존재하지 않는다. CUDA, cuDNN, TensorRT, Triton, NCCL, 그리고 수십 년간 축적된 최적화 기술이 그 안에 녹아 있다. 고객은 이 모든 복잡성을 직접 다루지 않는다. 그저 "잘 작동하는 AI"를 경험할 뿐이다. 이때부터 GPU 스펙은 부차적인 문제가 된다. 중요한 것은 어떤 모델을 얼마나 빠르고 안정적으로 쓸 수 있는가다.

이 지점에서 엔비디아의 비즈니스 모델은 근본적으로 변한다. 과거의 하드웨어 비즈니스는 단발성 거래였다. 장비를 납품하면 관계는 끝났다. 하지만 소프트웨어는 다르다. 업데이트가 있고, 개선이 있고, 보안 패치와 성능 향상이 이어진다. NIM을 통해 엔비디아는 고객과의 관계를 '구매'가 아닌 '지속'으로 재정의한다. 이것이 바로 구독 모델의 본질이다. 현재 국내에서도 많은 고객들이 Nvidia의 NIM platform 서비스를 사용하고 있다.

많은 사람들이 이 구조를 두고 '락인'이라고 말한다. 그러나 나는 다르게 본다. 고객은 묶여 있는 것이 아니라, 더 나은 선택을 할 수 있다. 성능, 안정성, 지원, 생태계가 하나의 경험으로 통합되어 있기 때문이다. 떠날 수는 있지만, 떠날 이유가 점점 줄어드는 구조다. 이것은 기술적 락인이 아니라, 운영적 합리성의 결과다.

NIM이 상징하는 변화는 분명하다. AI는 더 이상 한 번 만들어 파는 제품이 아니다. AI는 지속적으로 업데이트되고, 환경에 맞게 진화하는 서비스다. 기업은 이제 모델을 소유하지 않는다. AI 역량을 구독

엔비디아 DNA

한다. 엔비디아는 이 전환을 가장 먼저 구조화한 기업이다.

하드웨어는 결국 평준화된다. 하지만 소프트웨어는 축적된다. 코드, 생태계, 운영 경험, 개발자 커뮤니티, 그리고 실패와 최적화의 기록. 이 모든 것이 겹겹이 쌓여 해자를 만든다. NIM은 그 해자의 가장 최신 형태다. 그래서 이제 엔비디아는 더 이상 칩 회사가 아니다. 그들은 AI 시대의 AI 인프라를 공급하면서 동시에 AI 플랫폼을 만드는 회사다. 하드웨어를 팔고 끝나는 시대는 끝났다. 엔비디아는 그 끝을 먼저 봤다.

8
AI 오일(Oil) 전쟁의 서막:
데이터가 아니라 'GPU 사이클'이
진짜 전략 자원이다

한때 사람들은 이렇게 말했다. "데이터가 새로운 석유다."

이 문장은 꽤 오랫동안 진실처럼 전해졌다. 데이터를 많이 가진 기업이 AI 경쟁에서 앞서 나갔고, 데이터를 확보한 플랫폼 기업들은 막대한 권력을 쥐었다. 검색 기록, 구매 이력, 위치 정보, 이미지와 영상. 데이터는 쌓일수록 가치가 커졌고, AI는 그 데이터를 먹고 성장했다. 그래서 모두가 데이터 수집에 몰두했다. 더 많이, 더 빨리, 더 넓게 모으는 것이 곧 전략이었다.

하지만 어느 순간부터 이 문장은 약간은 힘을 잃기 시작했다. 누구나 데이터를 수집할 수 있게 되었고, 공개 데이터와 합성 데이터는 계속 늘어났다. 데이터 자체는 더 이상 차별화 요소가 아니었다. 오히려 핵심이 달라졌다. 어떤 종류의 데이터를 갖고 있는지, 그 데이터를

엔비디아 DNA

어떻게 쓰는지, 그리고 "언제 결과를 만들어내느냐"가 핵심이 되었다.

데이터는 쌓을 수 있다. 복제도 쉽고, 저장 비용도 계속 내려간다. 하지만 연산은 다르다. 연산은 저장해 둘 수 없다. 그 순간에 만들어내지 않으면 사라진다. GPU 사이클은 전력, 냉각, 네트워크, 하드웨어, 소프트웨어가 동시에 맞물릴 때만 발생한다. 다시 말해 GPU 사이클은 단순한 자원이 아니라, 하나의 **시스템적 결과물**이다.

AI 시대의 석유는 데이터와 더불어 GPU 파이프라인이다. 과거 산업혁명에서 석유가 중요했던 이유는 명확했다. 에너지를 저장하고, 이동시키고, 필요할 때 즉시 사용할 수 있었기 때문이다. 그러나 AI 시대의 에너지는 계산이다. 그리고 그 계산을 만들어내는 공장이 바로 데이터센터다. 하지만 이 데이터센터는 과거의 서버 창고가 아니다. AI 데이터센터는 '계산 공장'이다. 수천 개의 GPU가 동시에 작동하고, 초당 수십억 번의 연산이 흐르며, 그 결과가 다시 학습으로 되돌아간다. 이 선순환이 끊임없이 돌아갈 때 AI는 스스로 진화한다.

그래서 GPU 사이클은 본질적으로 희소하다. GPU는 단순히 칩을 더 만든다고 해결되지 않는다. 전력이 있어야 하고, 냉각이 가능해야 하며, 초고속 네트워크와 안정적인 소프트웨어 스택이 함께 준비되어야 한다. 특히 고성능 GPU는 제조 공정부터 패키징, 메모리, 공급망까지 모두 병목 구간이다. 수요는 폭발적으로 늘어나는데 공급은 쉽게 늘지 않는다. 이 때문에 AI 경쟁의 본질은 이미 바뀌었다. "누가 더 많은 GPU를 갖고 있는가"가 아니라 "누가 GPU를 더 효율적으로 돌릴 수 있는가"의 싸움이다.

이 변화는 국가 단위에서 더욱 극명하게 나타난다. AI 경쟁은 더 이상 알고리즘 대결이 아니다. 누가 더 많은 연산 자원을 확보하고, 그 자원을 더 효율적으로 운영하느냐의 싸움이다. 그래서 각국은 앞다투어 데이터센터를 짓고, 전력 인프라를 확충하며, AI 반도체 공급망을 자국 안으로 끌어들이려 한다. 이것은 기술 경쟁이 아니라 새로운 형태의 자원 전쟁이다.

한국도 예외가 아니다. 한국은 데이터 활용 역량과 인재 수준에서는 결코 뒤처지지 않는다. 하지만 AI 경쟁에서 결정적인 변수는 전력과 데이터센터, 그리고 GPU다. 수도권 전력 포화, 데이터센터 인허가 문제, 지역 간 전력 불균형은 모두 GPU 확보를 제약하는 요소다. AI 전략이 산업 정책이 될 수밖에 없는 이유가 여기에 있다. 이제 AI는 기업 차원의 문제가 아니라 국가 인프라의 문제다.

이 변화를 가장 먼저 읽은 기업이 바로 엔비디아다. 엔비디아는 GPU를 파는 데서 멈추지 않았다. GPU를 묶고, 네트워크로 연결하고, 소프트웨어로 최적화해 하나의 연산 생태계를 만들었다. 그 결과 같은 GPU라도 더 많은 유효 연산을 만들어낼 수 있게 되었다. 이제 중요한 것은 칩의 개수가 아니라, 얼마나 많은 GPU 사이클을 실제로 뽑아내느냐다. 엔비디아는 이 지점을 정확히 장악했다.

많은 기업들이 아직도 말한다. "우리는 데이터가 부족하다." 하지만 실제로 부족한 것은 GPU자원이다. 데이터를 학습시키고, 실험하고, 실패하고, 다시 시도할 GPU자원이 부족하다. GPU는 곧 시간이다. 더 많은 GPU를 확보하면 더 많은 실험을 할 수 있고, 더 빠르게 실패하고, 더 빨리 개선할 수 있다. 결국 승자는 더 많은 시간을 가진 쪽이다.

이것이 바로 AI 오일 전쟁의 본질이다. AI 경쟁은 기술 경쟁이 아니다. 자원 경쟁이다. 석유 시대의 강국이 유전을 장악했듯, AI 시대의 강자는 GPU를 장악한다. 그리고 그 사이클을 가장 효율적으로 생산·공급하는 기업이 새로운 시대의 중심에 선다. 엔비디아는 이 구조를 누구보다 일찍 이해했고, 그에 맞춰 전략적으로 한국을 포함하여 여러 나라와 협력하고 있다.

우리는 흔히 엔비디아를 GPU 회사로 인식한다. 그러나 이 장에서 드러난 이 회사의 진짜 정체는 다르다. 엔비디아는 미래를 더 빨리 계산할 수 있는 구조를 만들어온 기업이다. 기술은 복제될 수 있지만, 시간은 복제되지 않는다. 30년에 걸쳐 축적된 선택과 시행착오는 흉내 낼 수 없다.

GPU에서 시작된 시간의 전략은 시스템으로 확장되었고, 소프트웨어와 구독 모델로 이어졌으며, 이제는 GPU 사이클이라는 새로운 자원 질서를 만들어냈다. AI 오일 시대는 이미 시작되었다. 그리고 이 시대의 승부는, 누가 더 많은 데이터를 갖고 있는가가 아니라, 누가 더 많은 미래의 시간을 계산할 수 있는가에 달려 있다.

‖ 사고를 흔드는 질문 ‖

 우리는 기술을 만들고 있는가, 아니면 같은 방향으로 쌓아 올린 '시간의 복리'를 만들고 있는가?

토론 포인트

- 우리의 핵심 기술 로드맵이 3년·5년 이상 일관되게 유지되고 있는가

- 매년 전략 방향이 바뀌면서 프로젝트 단위 성과만 쌓이고 있지는 않은가

- 성능 개선 중심의 경쟁을 하고 있는가, 학습 곡선 자체를 가파르게 만드는 구조를 만들고 있는가

- 특정 기술 스택에 대해 조직 전체가 장기적으로 투자하고 있는가

- 인력·조직·예산 배분이 단기 성과가 아니라 장기 방향성과 연결돼 있는가

- 실패하더라도 같은 방향으로 다시 시도하는 구조가 유지되고 있는가

- 기존 성공을 스스로 무너뜨리는 의사결정(자기잠식, cannibalization)을 실제로 실행한 경험이 있는가

- 우리는 기술을 쌓고 있는가, 아니면 전략적 선택의 '누적 시간'을 쌓고 있는가

우리는 '제품'을 팔고 있는가, 아니면 고객의 문제 해결 방식
을 규정하는 '표준(언어)'을 만들고 있는가?

토론 포인트

- 고객이 우리 제품 없이도 동일한 문제를 쉽게 해결할 수 있는 구조인가
- 개발자·운영자·파트너가 우리 방식에 맞춰 설계하고 학습하도록 유도하고 있는가
- API, SDK, 툴체인, 레퍼런스 아키텍처가 실제 현장 표준으로 쓰이고 있는가
- 경쟁 제품으로 전환할 때 학습 비용과 전환 비용이 얼마나 드는가
- 가격·영업·관계가 아니라 기술 구조 자체가 락인을 만들고 있는가
- 커뮤니티, 교육, 인증, 파트너 프로그램이 생태계 확장에 기여하고 있는가
- 우리는 고객을 거래 상대방으로 보고 있는가, 공동 개발 생태계의 구성원으로 보고 있는가
- 우리에게 CUDA와 같은 '사고의 언어'가 존재하는가

Q3 데이터가 석유라면, 우리는 원유를 모으고 있는가, 아니면 실제로 연산이 돌아가는 '정유 공장'을 운영하고 있는가?

토론 포인트

- 데이터 수집보다 연산 자원과 파이프라인 확충에 더 많은 투자가 이뤄지고 있는가
- GPU·스토리지·네트워크·전력이 통합 설계된 인프라 구조를 갖추고 있는가
- 모델 학습과 실험이 큐 대기 없이 반복 가능한 구조인가
- 운영 자동화(MLOps/LLMOps)가 사람 의존 없이 돌아가고 있는가
- GPU 활용률과 실험 회전율을 정기적으로 모니터링하고 있는가
- GPU를 몇 장 보유했는가보다, 같은 GPU로 몇 번의 실험을 돌릴 수 있는지가 KPI에 반영되는가
- 데이터가 성과로 전환되기까지의 리드타임을 줄이기 위한 구조적 개선이 이뤄지고 있는가
- 우리는 데이터 보유 기업인가, 아니면 실제 AI 생산 공장을 가진 조직인가

FUTURE:

넥스트 10년, 시나리오는 이미 쓰여졌다

기술의 미래와
그 속에서 살아가야 할 개인의 전략

4장

넥스트 레벨

챗GPT 이후,
엔비디아가 그리는 세상

FUTURE
TECH

1
AI 시장의 현황과 발전:
빅테크의 충돌, 인프라의 귀결, 그리고 선택의 문제

2022년 11월 말, OpenAI가 ChatGPT를 세상에 공개한 이후 새로운 AI 시대가 열렸다. 처음에는 많은 사람이 그것을 하나의 재미있는 대화형 서비스 정도로 받아들였다. 검색보다 조금 친절한 챗봇, 질문에 제법 그럴듯한 답을 해주는 신기한 도구 정도로 여겼다. 그러나 그 평가는 오래가지 않았다. 몇 주가 지나기도 전에 사람들은 깨닫기 시작했다. 이건 단순한 서비스가 아니라, 일하는 방식 자체를 바꿀 수 있는 도화선이라는 사실을.

그날 이후 AI 산업은 완전히 다른 리듬으로 움직이기 시작했다. 경쟁은 순식간에 격화되었고, 속도는 이전과 비교할 수 없을 만큼 빨라졌다. 과거에는 1년에 한 번, 혹은 몇 년에 한 번씩 모델 업데이트가 이뤄졌다면, 이제는 일주일 단위로 새로운 버전이 등장했다. 어제 본 기능이 오늘은 기본이 되었고, 오늘의 혁신은 다음 주면 평범한 옵션이 되었다. AI는 더 이상 '발표 이벤트'의 대상이 아니라, 끊임없이 업데이트되는 생물처럼 움직이기 시작했다.

OpenAI가 문을 열자, 미국의 빅테크들은 거의 동시에 움직였다. 이것은 추격이 아니라 준비된 출발이었다. AI는 실험이 아니라 플랫폼의 중심으로 이동하고 있었고, 이미 사용자·데이터·인프라를 쥔 기업들이 가장 빠르게 반응했다.

Microsoft는 Copilot을 통해 AI를 업무 도구 안으로 밀어 넣었다. 문서 작성, 회의 준비, 코드 개발 과정에서 AI는 선택이 아니라 기본 기능이 되었다. 사용자는 AI를 "쓴다"고 느끼기 전에 이미 사용하고 있었다. Google 역시 검색과 생산성 도구 전반에 AI를 결합했다. 링크를 찾는 검색에서 답을 받는 검색으로의 전환이었다. Google은 모델보다 일상의 접점이 더 중요하다는 사실을 알고 있었다. Amazon Web Services는 다른 길을 택했다. 특정 모델에 베팅하지 않고, 모든 모델이 돌아갈 수 있는 인프라를 장악했다. AI 경쟁의 끝이 결국 연산과 운영 능력이라는 점을 가장 냉정하게 본 선택이었다. 이 시점부터 경쟁의 질문은 바뀌었다. "누가 더 똑똑한가?"가 아니라 "이 AI로 지금 당장 무엇을 할 수 있는가?"였다. AI는 대화 상대가 아니라 업무의 일부가 되었다. 보고서를 써주는 AI, 시스템을 연결하는 AI, 일을 통째로 넘겨받는 AI로 이동했다. 인식형 AI에서 생성형 AI로, 그리고 AI Agent 시대로 넘어가는 순간이었다.

2025년 12월, 이 경쟁은 다시 한 번 요동쳤다. Google이 Gemini

엔비디아 DNA

3.0 Pro를 발표하자 시장은 강하게 반응했고, Google의 주가는 크게 상승했다. AI 주도권이 이동하는 듯 보였다. 그러나 몇 주 뒤, OpenAI는 GPT-5.2를 통해 즉각 반격에 나섰다. 단순한 성능 경쟁이 아니라, 업무 단위에서의 처리 능력을 앞세운 대응이었다.

이후 AI 경쟁의 속도는 주 단위로 압축됐다. 새로운 버전이 나올 때마다 기준선이 올라갔고, AI는 기능, 도구, 서비스가 아닌 업무 흐름이 되었다. 이제 승부는 분명하다. 가장 똑똑한 모델이 아니라, 가장 많은 사람의 일 속에 들어간 AI가 이긴다. 미국 빅테크가 벌이는 이 경쟁은 기술 대결이 아니라, **누가 인간의 시간을 더 많이 대신할 수 있는가를** 겨루는 실행의 전쟁이다.

중국도 이 흐름을 놓치지 않았다. 2022년 말 ChatGPT가 촉발시킨 변화는 중국 AI 생태계에도 즉각적인 자극이 되었다. 중국의 선택은 분명했다. 완벽함보다 실행, 정교함보다 확산이었다. 이 선택의 배경에는 중국 정부의 강력한 정책 지원, 거대한 내수 시장, 그리고 국가 단위로 축적된 방대한 데이터가 있었다. 이 세 가지 조건은 중국 AI가 독자적인 속도로 성장할 수 있는 토양이 되었다. 중국 정부는 AI를 단순한 기술 산업이 아니라 국가 전략 자산으로 다뤘다. 데이터 활용, 컴퓨팅 인프라, 규제 환경이 하나의 방향으로 정렬되었고, 공공·산업 데이터가 대규모로 활용될 수 있는 구조가 만들어졌다. 이 환경은 모델의 세밀함보다 실제 활용 가능성을 빠르게 끌어올리는 데 결정적인 역할을 했다. 이 흐름 속에서 등장한 대표적 사례가 Alibaba의 Qwen 계열 모델과 DeepSeek V 모델이다. 이들은 최고 성능을 과시하기보다, "지금 당장 현장에서 쓸 수 있는 AI"를 목표로 설계되었다. 검색, 커머스, 클라우드, 기업 업무와 바로 연결되는 구조가 우선이었고, 비용 대비 효율과 확장성이 강점으로 작동했다. 중국 AI의 질문은 단순하다. "이 모델이 완벽한가?"가 아니라 "지금 쓸 수 있는가?"다. 이 기준 아래, 에이전트 기반 구조처럼 다소 거칠지만 실제로 돌아가는 기술들이 빠르게 산업 현장에 투입되고 있다. 시장에서 먼저 사용하고, 사용 과정 자체로 모델을 다듬는 방식이다. 중국 AI의 성장은 기술적 추격을 넘어선다. 정부 지원, 데이터 규모, 실행 중심 문화가 결합된 구조적 결과다. Qwen과 DeepSeek V는 그 상징이다. 아직 세련됨에서는 차이가 있을 수 있지만, 중국은 이미 경쟁의 질문을 바꾸고 있다. "누가 가장 똑똑한가가 아니라, 누가 가장 빨리 현실을 점령하는가." 중국은 그 질문에 가장 집요하게 답하고 있다.

이제 시선을 한국으로 돌리면, 상황은 조금 더 복잡해진다. 한국 역시 AI 경쟁에 뒤처져 있지는 않다. 기술 이해도는 높고, 산업 현장과 서비스의 연결 속도도 빠르다. 많은 기업들이 자체 모델을 만들고, 다양한 AI 도구를 실험하고 있다.

Naver는 HyperCLOVA-X와 CLOVA X를 통해 한국어와 멀티모달 환경에 특화된 AI 도구를 만들어 왔다. 이는 단순한 모델이 아니라 검색, 커머스, 콘텐츠, 업무 도구와 연결된 실사용 중심의 AI다. SK텔레콤은 A.X K1과 Ai:da를 통해 통신·플랫폼 기반의 초거대 AI 전략을 추진하고 있고, LG의 ExaOne은 효율성과 비용 대비 성능에 초점을 둔 기업용 모델 전략을 택했다.

KT의 Mi:dm은 공공·법률·행정 영역에 특화되어 있고, NC소프트의 VAETKI는 게임과 산업 현장에서 축적된 시뮬레이션 역량을 AI로 확장한다. Upstage의 Solar 시리즈는 글로벌 벤치마크를 의식한 모델 스케일 전략을 펼치고 있으며, Maum AI는 Physical AI와 자동화 중심의 플랫폼으로 차별화를 시도한다. Konan은 보안·온디바이스·엔터프라이즈 RAG에 강점을 갖고 있고, Saltlux는 상담·콜봇·데이터 구축 등 산업별 솔루션에 집중한다.

이 흐름이 있지만 한가지 확실한 사실은 AI 툴의 주도권은 여전히 미국에 있고, 중국의 추격은 매우 위협적이며, 한국은 아직 미·중에 비해 부족하다는 것이다. 모델의 규모, 생태계의 깊이, 글로벌 확산력 모두에서 격차가 존재한다. 이 현실을 부정하면 전략은 시작되지 않는다. 그러나 여기서 중요한 질문이 나온다. 한국은 미국처럼 가야 하는가? 답은 명확하다. 이미 늦었다. 그렇다면 한국은 중국처럼 가야 하는가? 이 역시 구조적으로 쉽지 않다. 그렇다면 남은 선택은 하나다. 다른 전략을 짜야 한다. 한국의 AI 툴 전략은 '더 큰 AI'가 아니라 '더 깊이 쓰이는 AI'여야 한다. 범용 플랫폼으로 전 세계를 상대하려 하기보다, 한국어·한국 산업·한국 조직 문화에 깊숙이 들어가는 도구. 금융, 제조, 통신, 공공, 의료처럼 이미 강점을 가진 영역에서 AI를 실제로 굴리는 툴이 필요하다. 모델의 파라미터보다 프로세스에, 알고리즘보다 실행에, 기술 자랑보다 현장 성과에 집중하는 전략이다. ChatGPT 이후 1주 단위로 버전이 바뀌는 이 시대에, 기다림은 곧 패배다. 한 번의 대형 발표로 판을 뒤집는 시대는 끝났다. 이제는 매주 업데이트하고, 빠르게 실패하고, 즉시 현장에 반영하는 조직만이 살아남는다. 이 싸움에서 한국이 가질 수 있는 무기는 분명하다. **빠른 실행력, 높은 기술 이해도, 산업 현장과의 밀착도**다.

AI 툴 전쟁은 이미 시작되었고, 속도는 더 빨라질 것이다. 미국은 앞서 달리고 있고, 중국은 거칠게 추격하며, 한국은 아직 격차를 안고 있다. 그러나 이 격차는 고정된 운명이 아니다. 방향을 제대로 선택하는 순간, 줄일 수도 있고, 또 전혀 다른 방식의 경쟁력을 만들 수도 있다. 중요한 것은 더 열심히 하는 것이 아니다. 다르게 하는 것이다. 미국을 따라가겠다는 생각을 버리고, 중국을 흉내 내려는 욕심을 내려놓고, 한국이 가장 잘할 수 있는 지점을 정면으로 선택하는 것. AI를 기술이 아니라 도구, 업무의 일부, 시스템의 구성 요소로 보는 관점이다. ChatGPT가 촉발한 이 거대한 경쟁의 소용돌이 속에서, 그 전환을 가장 빨리 해내는 쪽이 다음 단계로 나아가게 될 것이다. 싸움은 아직 끝나지 않았다. 승자도 확정되지 않았다. 다만 한 가지는 분명하다. **방향을 제대로 잡는 나라에게는 아직 기회가 남아 있다.** 그리고 그 선택은 지금 이 순간에도 조용히, 그러나 분명하게 진행되고 있다.

AI 산업을 움직이는 진짜 동력은 언제나 하드웨어였다. 아무리 뛰어난 알고리즘과 모델이 등장해도, 그것을 실제로 구동할 반도체와 인프라가 없다면 인공지능은 개념에 머문다. 2025년 말의 AI 산업은 다시 한 번 이 사실을 분명히 보여주고 있다. AI 경쟁의 본질은 모델이 아니라, 연산을 감당할 수 있는 칩과 시스템이다.

Global AI Chip 시장

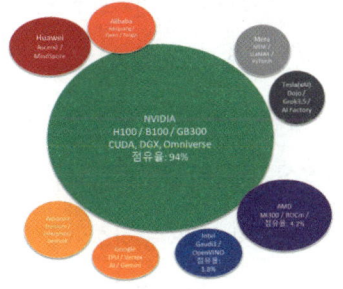

기업	주요 칩	시장점유율 (%)
NVIDIA	H100, B100, GB300	94
AMD	MI300, MI350	4.2
Intel	Gaudi2, Gaudi3	1.8
Google	TPUv5e, TPLv6	0.5
Amazon (AWS)	Trainium, Inferentia	0.3
Huawei	Ascend 910B / 310	0.3
Alibaba	Hanguang, Qwen AI Chip	0.2
Tesla (xAI)	Dojo (D1)	0.2
Meta	MTIA	0.1

JOON AI CONSULTING Confidential

　딥러닝과 대규모 신경망의 등장은 AI 반도체 시장을 GPU 중심으로 재편시켰고, 그 중심에 엔비디아가 있었다. 특히 모델 학습Training 영역에서 엔비디아는 약 90%에 달하는 점유율을 유지하며 사실상 시장의 기준을 정의하는 위치에 올랐다. 이는 단순한 판매 우위가 아니라, AI 산업 전반의 생태계를 장악했다는 의미에 가깝다.

　이 지위는 우연이 아니다. 성숙한 GPU 아키텍처, 대규모 병렬 연산을 안정적으로 처리하는 시스템 설계 능력, 그리고 CUDA로 대표되는 소프트웨어 생태계가 결합되며 경쟁사들이 쉽게 넘기 어려운 해자를 만들었다. 많은 기업과 연구자들이 엔비디아를 선택한 이유는 빠른 칩 때문이 아니라, 이미 그 위에서 모든 것이 돌아가고 있었기 때문이다.

　하지만 AI 반도체 시장 내부에서는 중요한 변화가 시작되고 있다. AI 연산의 무게 중심이 학습에서 추론Inference으로 이동하고 있기 때문이다. 실제 서비스 환경에서는 한 번의 학습보다 반복적으로 실행되는 추론이 훨씬 더 많은 연산을 요구한다. 이 과정에서 최대 성능보다 전력 효율, 지연 시간, 비용 구조가 더 중요해지고 있다.

이 변화는 엔비디아의 시장 점유율이 영원히 같은 형태로 유지되지는 않을 수 있다는 신호이기도 하다. 추론 시장이 커질수록 다양한 전용 가속기와 새로운 아키텍처가 등장할 여지는 분명히 존재한다. 그러나 점유율이 일부 낮아진다고 해서 엔비디아의 주도권이 곧바로 흔들리는 것은 아니다.

가장 큰 이유는 CUDA라는 소프트웨어 해자다. 추론은 학습과 분리된 영역이 아니라, 학습에서 만들어진 모델과 파이프라인 위에서 이루어진다. 학습과 추론을 아우르는 통합된 생태계, 검증된 라이브러리와 운영 경험은 단기간에 대체되기 어렵다. 추론 시장이 확대되더라도 상당 부분은 여전히 엔비디아 생태계 안에서 돌아갈 가능성이 크다.

또한 경쟁의 단위 자체가 칩에서 시스템으로 이동하고 있다는 점도 중요하다. 이제 AI 반도체 경쟁은 GPU 하나의 성능이 아니라, CPU·메모리·네트워크·소프트웨어가 결합된 시스템 전체의 효율성 싸움이다. 이 영역에서 엔비디아는 이미 칩 회사를 넘어 AI 인프라 설계자로 자리 잡았다.

결국 2025년 말의 AI 칩 시장은 두 흐름이 공존한다. 학습 시장에서의 엔비디아 절대 우위, 그리고 추론 시장의 성장으로 인한 점유율 구조 변화 가능성이다. 그러나 CUDA라는 해자와 시스템 단위의 통합 역량이 유지되는 한, 엔비디아의 독주는 당분간 지속될 가능성이 높다. AI 반도체는 이제 기술 부품이 아니라 산업과 국가 경쟁력을 좌우하는 전략 자산이며, 그 흐름의 중심에는 여전히 엔비디아가 서 있다.

2025년 Big Tech AI 투자

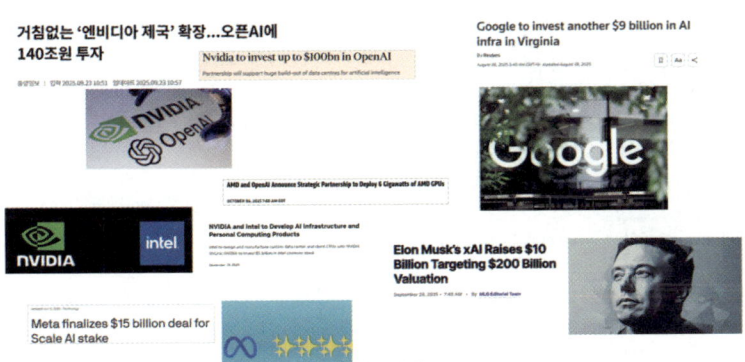

2025년의 인공지능 산업을 관통하는 키워드를 하나로 요약한다면, 그것은 기술도 모델도 아닌 투자다. 더 정확히 말하면, 단순한 자본 투입이 아니라 미래 구조를 선점하기 위한 전략적 투자다. 이 해에 벌어진 빅테크 기업들의 AI 투자 흐름은 하나의 공통된 메시지를 전달한다. 바로, 인공지능은 더 이상 새로운 성장 동력이 아니라, 기업의 존속과 패권을 좌우하는 기반 산업이 되었다는 사실이다.

불과 몇 년 전까지만 해도 인공지능 투자는 선택의 영역에 가까웠다. 일부 선도 기업이 대규모 언어 모델과 데이터센터에 공격적으로 자본을 투입했지만, 다수의 기업은 관망하거나 제한적인 실험에 그쳤다. 그러나 2025년에 들어서면서 상황은 완전히 달라졌다. 인공지능은 이제 '도입할 것인가'의 문제가 아니라, '얼마나 빠르고 얼마나 크게 베팅할 것인가'의 문제가 되었다.

이 변화를 가장 상징적으로 보여주는 사례가 바로 엔비디아다. 엔비디아는 더 이상 반도체 회사로만 설명할 수 없는 기업이 되었다. 2025년을 전후로 엔비디아가 보여준 행보는 명확하다. 이 회사는 AI 칩을 판매하는 기업을 넘어, AI 시대의 인프라 자체를 설계하고 통제하려는 방향으로 움직이고 있다. 그 중심에 OpenAI와의 전략적 협력이 있다.

엔비디아가 OpenAI에 최대 1천억 달러에 이르는 투자를 검토하거나 추진하고 있다는 보도는 단순한 지분 투자 이상의 의미를 갖는다. 이는 특정 AI 스타트업에 대한 재무적 베팅이 아니라, 미래 AI 수요가 발생할 지점을 사전에 고정시키려는 시도다. 대규모 언어 모델이 계속해서 확장되고, 그 모델들이 생성하는 연산 수요가 폭발적으로 증가할수록, 그 연산을 감당할 수 있는 인프라는 필연적으로 필요해진다. 엔비디아는 바로 그 지점을 정확히 보고 있다.

OpenAI는 모델을 만들고, 엔비디아는 그 모델이 돌아갈 인프라를 만든다. 이 둘의 결합은 단순한 협력이 아니라, AI 산업 가치 사슬의 핵심을 양쪽에서 동시에 장악하려는 구조에 가깝다. 2025년의 투자는 이 구조를 단기간의 성과가 아니라 장기적인 질서로 고착화하

엔비디아 DNA

려는 의지를 보여준다.

엔비디아의 행보가 더욱 주목받는 이유는, 이 회사가 이미 AI 칩 시장에서 압도적인 지위를 확보하고 있기 때문이다. 2025년 말 기준으로 엔비디아는 AI 반도체 전체 시장의 80% 이상을 점유하고 있으며, 특히 대규모 모델 학습 시장에서는 90%를 훌쩍 넘는 점유율을 유지하고 있다. 이는 경쟁사들이 단기간에 따라잡기 어려운 독점적 구조다. 그럼에도 불구하고 엔비디아는 현재의 지위에 안주하지 않는다. 오히려 더 큰 규모의 투자를 통해 다음 단계의 경쟁을 준비하고 있다.

이러한 움직임은 엔비디아만의 전략이 아니다. 2025년은 전반적으로 빅테크 기업들이 AI 인프라에 대한 투자를 일제히 확대한 해였다. 구글은 미국 버지니아주를 중심으로 추가적인 AI 인프라 투자에 나섰고, 수십억 달러 규모의 데이터센터 확장 계획을 공개했다. 이는 단순히 클라우드 용량을 늘리는 수준이 아니라, AI 연산에 특화된 데이터센터를 구축하기 위한 투자다.

구글의 투자는 검색이나 광고 사업의 연장선이 아니다. 생성형 AI 와 대규모 모델이 본격적으로 서비스 단계에 진입하면서, 기존의 범용 데이터센터로는 감당할 수 없는 연산 수요가 발생하고 있다. 구글은 이를 누구보다 빠르게 인식했고, 2025년의 투자는 이러한 수요를 선제적으로 흡수하기 위한 조치다. 이는 곧 AI가 구글의 핵심 사업 구조를 재정의하고 있음을 의미한다.

마이크로소프트 역시 예외가 아니다. 마이크로소프트는 이미 수

년 전부터 OpenAI와의 협력을 통해 AI 전략의 중심을 명확히 설정해 왔다. 2025년에도 이 기조는 변하지 않았다. 오히려 AI 인프라와 관련된 투자는 더욱 가속화되었고, 데이터센터와 클라우드, 그리고 AI 연산 자원에 대한 대규모 자본 투입이 지속되었다. 이는 AI를 단순한 기능 추가가 아니라, 모든 생산성 도구의 기반으로 삼겠다는 전략의 연장선이다.

흥미로운 점은, 이러한 AI 투자가 기존 빅테크 기업에만 국한되지 않는다는 사실이다. 메타 역시 2025년 들어 AI 인프라와 모델 개발에 대한 투자를 대폭 확대했다. 메타가 특정 AI 기업에 대해 수십억 달러 규모의 지분 투자를 단행한 사례는, 이 회사가 더 이상 소셜 미디어 기업에 머물 생각이 없음을 분명히 보여준다. 메타에게 AI는 단순한 추천 알고리즘의 개선 수단이 아니라, 차세대 플랫폼을 구축하기 위한 핵심 기술이다.

이러한 대규모 투자 흐름 속에서 가장 이질적으로 보이면서도 동시에 중요한 사례가 바로 xAI다. 일론 머스크가 이끄는 xAI는 2025년 들어 약 100억 달러에 이르는 자금을 조달하며, 기업 가치 2천억 달러를 목표로 삼고 있다는 평가를 받았다. 이는 단순한 스타트업 투자로 보기 어려운 규모다. xAI는 기존 빅테크 기업들과 달리, 상대적으로 짧은 시간 안에 AI 경쟁에 뛰어들었음에도 불구하고, 막대한 자본을 바탕으로 빠르게 격차를 줄이려 하고 있다.

xAI의 사례는 AI 시장의 또 다른 특징을 보여준다. 바로 AI 경쟁이 기술력뿐 아니라 자본력의 경쟁으로 이동했다는 점이다. 대규모

엔비디아 DNA

모델을 학습시키고, 이를 서비스로 확장하기 위해서는 천문학적인 연산 자원이 필요하다. 이는 곧 대규모 자본 없이는 AI 패권 경쟁에 참여하기 어렵다는 의미이기도 하다.

2025년의 AI 투자는 단기적인 수익을 기대한 움직임이 아니다. 오히려 이 투자는 10년 이상의 시간축을 전제로 한 베팅에 가깝다. 데이터센터, 반도체, 전력, 냉각, 네트워크에 대한 투자는 한 번 시작하면 쉽게 되돌릴 수 없다. 이러한 투자를 감행한다는 것은, 해당 기업이 AI를 일시적인 유행이 아니라 미래 산업의 중심축으로 확신하고 있다는 증거다.

특히 주목할 점은, 이러한 투자가 점점 더 지리적·국가적 의미를 갖기 시작했다는 사실이다. 미국 내 특정 주에 집중되는 AI 인프라 투자, 그리고 글로벌 기업들이 특정 지역을 AI 허브로 선택하는 움직임은 AI가 단순한 기업 경쟁을 넘어 국가 경쟁력의 문제로 확장되고 있음을 보여준다. AI 인프라를 어디에 구축하느냐는 문제는, 단순한 비용 문제가 아니라 기술 주권과 직결된다.

이 모든 흐름을 종합해 보면, 2025년의 빅테크 AI 투자는 하나의 분명한 방향성을 가진다. AI는 더 이상 연구개발 부서의 프로젝트가 아니다. AI는 이제 기업 전략의 중심, 나아가 국가 산업 전략의 핵심으로 자리 잡았다. 그에 따라 투자의 규모와 방식 역시 과거와는 비교할 수 없을 정도로 커지고 있다.

이러한 상황에서 중요한 질문은 더 이상 "누가 더 좋은 AI를 만들 것인가?"가 아니다. 진짜 질문은 이것이다. "누가 AI가 작동할 수 있는 환경을 장악할 것인가? 누가 연산 자원을 통제하고, 누가 데이터 센터와 전력, 반도체 공급망을 지배할 것인가?" 2025년의 투자는 이 질문에 대한 각 기업의 답변이다.

엔비디아의 공격적인 투자, 구글과 마이크로소프트의 인프라 확장, 메타의 전략적 베팅, xAI의 자본 동원은 모두 같은 방향을 가리킨다. AI는 더 이상 기능이 아니라 기반 시설이며, 그 기반 시설을 선점하는 자가 다음 시대의 규칙을 쓰게 될 것이다.

2025년 12월의 시점에서 보면, 이 경쟁은 아직 끝나지 않았다. 오히려 이제 막 본격적으로 시작되었다고 보는 편이 정확하다. 그러나 한 가지는 분명하다. 이 해에 벌어진 빅테크 AI 투자는 훗날 돌아보았을 때, AI 시대의 패권 구도가 결정되기 시작한 분기점으로 기록될 가능성이 매우 높다.

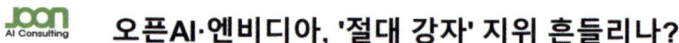

'절대 강자'는 왜 흔들린다는 말을 듣는가?

오픈AI와 엔비디아라는 이름은 지난 몇 년간 AI 산업을 설명하는 거의 모든 문장의 출발점이었다. 오픈AI는 GPT라는 모델로 인공지능이 무엇인지를 정의했고, 엔비디아는 GPU로 AI 연산의 표준을 장악했다. 모델과 인프라, 이 두 축을 동시에 쥔 회사는 없었고, 그래서 AI 시대의 왕좌는 자연스럽게 이 둘의 것이 된 것처럼 보였다. 많은 사람들은 이 구조가 쉽게 흔들리지 않을 것이라고 생각했다. 기술 격차도 컸고, 생태계 장벽도 높아 보였기 때문이다.

하지만 2025년 말 기준 분위기는 분명히 달라졌다. 두 회사의 우월적인 지위는 과연 계속 유지될 수 있을까? 이 질문이 본격적으로 수면 위로 떠오른 계기 중 하나는 오픈AI 내부에서 일어났다. 2025년 12월 초, 샘 알트만은 사내에 '코드 레드', 즉 비상 상황을 선언했다. 전사적인 역량을 챗GPT 품질 개선에 집중하라는 지시였다. 이 장면은 상징적이다. 2022년 말, 챗GPT가 처음 등장했을 때 코드 레드를 외쳤던 쪽은 구글이었다. 그때는 구글이 위협받는 입장이었다. 그런데 불과 3년 만에, 위기의식을 느끼는 주체가 완전히 뒤바뀐 것이다. 이는 특정 기업의 문제가 아니라 AI 산업 전체의 권력 구조가 바뀌고 있다는 신호로 읽힌다.

AI 모델 경쟁의 양상도 분명히 변하고 있다. 과거에는 누가 더 큰 모델을 만들었는지가 핵심이었다. 더 많은 파라미터, 더 많은 데이터, 더 많은 연산량이 곧 경쟁력이었다. 하지만 지금은 그렇지 않다. 프랑스의 AI 기업 미스트랄은 차세대 모델 '미스트랄 3'를 공개하면서 정반대의 전략을 택했다. 이 모델은 인터넷 연결이 없어도 잘 작동하고, 가볍고 효율적인 사용을 지향한다. 초거대 모델 경쟁에는 아예 참여하지 않는다. 대신 실제 현장에서 바로 쓰일 수 있는 AI를 목표로 한다. 이 전략은 선언에 그치지 않았다. 미스트랄은 영국 최대 금융 기업인 HSBC와 AI 도입 계약을 체결하며 실제 산업 현장으로 들어갔다. 이 장면이 의미하는 바는 분명하다. AI의 경쟁력은 이제 성능 지표가 아니라 채택 여부, 즉 누가 실제로 쓰느냐로 판단되기 시작했다는 점이다.

미국의 앤스로픽은 또 다른 방식으로 판을 흔들고 있다. 이 회사는 소비자용 챗봇 경쟁에 거의 관심을 두지 않는다. 대신 기업 내부 시스템에 AI를 깊숙이 통합하는 데 집중한다. 그 결과 매출의 80%가 기업 고객에서 나온다. 올해 상반기 기준으로 기업용 언어 모델 시장 점유율에서 앤스로픽은 오픈AI를 제치고 1위를 차지했다. 이 변화는 AI 경쟁의 중심이 대중적인 인지도에서 기업의 핵심 업무 프로세스로 이동하고 있음을 보여준다.

중국 기업들의 움직임도 빠르다. 딥시크는 차세대 모델 V3.2를 공개하며 GPT-5급 성능을 5분의 1 가격으로 제공할 수 있다고 주장했다. 이 주장이 전부 사실이든 아니든, 시장에 던진 메시지는 명확하다. AI는 더 이상 가장 똑똑한 모델만이 이기는 게임이 아니다. 가격, 효율, 확산 속도가 성능만큼 중요한 경쟁 요소가 되고 있다.

오픈AI가 가장 부담스러워하는 경쟁자는 여전히 구글이다. 구글은 제미나이 3와 이미지 생성 AI를 연달아 출시하며 기술적으로 오픈AI를 넘어섰다는 평가까지 받고 있다. 사용자 지표도 빠르게 증가하고 있다. 제미나이의 월간 활성 이용자는 몇 달 사이 수억 명 단위로 늘었다. 아직 챗GPT가 앞서 있지만, 격차는 분명히 줄어들고 있다.

이제 시선을 인프라로 돌려보자. 엔비디아의 이야기다. 엔비디아는 여전히 AI 반도체 시장의 절대 강자다. 하지만 바로 그 독점 구조가 이제는 고객들에게 부담으로 인식되기 시작했다. 아마존은 자체 AI 칩 '트레이니엄 3'를 공개하며 엔비디아 GPU 대비 AI 모델 훈련과 운영 비용을 최대 50%까지 줄일 수 있다고 밝혔다. 구글은 이미 TPU를 통해 자사 AI를 학습하고 운영하고 있으며, 이 TPU를 다른 기업에 판매하려는 움직임까지 보이고 있다. 심지어 오픈AI마저 브로드컴과 손잡고 자체 AI 칩을 개발하고 있다. 이는 단순한 비용 절감의 문제가 아니다. AI 주도권을 외부에 맡기지 않겠다는 전략적 선언이다.

물론 선두 주자들은 가만히 있지 않는다. 오픈AI는 '갈릭'이라는 코드명의 차세대 모델을 준비하며 다시 기준점을 되찾으려 하고 있다. 엔비디아는 반도체 설계 자동화 1위 기업 시놉시스에 투자하며 GPU를 넘어 반도체 생태계 전체로 영향력을 확장하고 있다. 강자들의 전략은 더 강해지는 것이 아니라 더 넓어지는 방향으로 움직이고 있다.

오픈AI와 엔비디아는 여전히 강하다. 그러나 이제 그 강함은 고정된 지위가 아니다. 계속 증명해야만 유지할 수 있는 상태다. AI 산업은 지금 왕좌를 차지하는 싸움이 아니라, 왕좌에 계속 앉아 있을 수 있는지를 묻는 싸움으로 바뀌었다. 그리고 이 질문은 기업뿐 아니라 개인에게도 그대로 적용된다. 우리는 더 좋은 기술이 나오기를 기다리고 있는가, 아니면 지금 손에 쥔 기술로 먼저 움직이고 있는가. AI 시대의 승자는 가장 똑똑한 모델을 가진 사람이 아니라, 가장 빨리 배우고 가장 빨리 적용한 사람이 될 가능성이 높다. 지금 우리는 그 변화의 한가운데에 서 있다.

Groq 인수가 던지는 신호

AI 산업은 늘 '속도'의 이야기로 시작하지만, 결국 '지속성'의 문제로 귀결된다. 한 시대를 지배한 기술이 다음 시대에도 주도권을 유지할 수 있는지는, 그 기술이 얼마나 빠른가보다 얼마나 유연하게 변할 수 있는가에 달려 있다. 엔비디아는 그 사실을 누구보다 일찍 깨달은 기업이다.

엔비디아는 오랫동안 GPU라는 단어와 거의 동의어처럼 사용돼 왔다. 그래픽 가속기에서 출발한 이 회사는 병렬 컴퓨팅이라는 개념을 통해 CPU 중심의 컴퓨팅 패러다임을 바꾸었고, CUDA라는 소프트웨어 스택을 통해 하드웨어를 '플랫폼'으로 진화시켰다. 그리고 AI 시대가 도래하자, GPU는 더 이상 그래픽을 위한 칩이 아니라 인공지능을 학습시키는 핵심 엔진이 되었다.

현재까지의 성과만 놓고 보면 엔비디아의 위치는 압도적이다. AI 학습training 시장에서 엔비디아는 80%를 훌쩍 넘는 점유율을 유지하고 있고, 대규모 데이터센터 기반의 본격적인 AI 학습 환경에서는 사실상 90% 이상을 차지하고 있다. 수많은 경쟁사가 ASIC, TPU, NPU라는 이름으로 다양한 칩을 내놓았지만, 대규모 모델 학습이라는 고난도의 영역에서는 여전히 엔비디아의 GPU와 CUDA 생태계를 대체하지 못하고 있다.

그러나 엔비디아 내부에서는 이 지배적 지위에 안주하지 않는다. 오히려 더 큰 질문이 제기된다. "AI의 다음 비용 중심은 어디로 이동하는가?" 그리고 그 답은 명확하다. 학습이 아니라 추론inference이다. AI가 연구실과 데이터센터에 머물던 시기는 이미 지났다. AI는 이제 검색, 상담, 번역, 코딩, 설계, 의사결정 등 일상적 서비스의 한복판으로 들어왔다. 이때 발생하는 연산의 대부분은 학습이 아니라 추론이다. 실제 AI 서비스가 생성하는 토큰의 90% 이상은 추론 과정에서 만들어진다. 사용자가 늘어날수록, 호출이 많아질수록, 기업이 부담해야 하는 비용과 전력, 지연 시간의 문제는 모두 추론에서 발생한다.

학습 시장의 독점이 곧 AI 산업 전체의 지배를 의미하지는 않는다는 점이다. 만약 추론 영역에서 GPU와 다른 아키텍처가 표준으로 자리 잡는다면, 엔비디아의 지위는 학습에 국한된 '절반의 승리'에 머물 수 있다. 바로 이 지점에서 Groq이라는 이름이 엔비디아의 전략 지도 위에 등장한다. Groq은 외형적으로 보면 아직 매출 규모나 시장 점유율에서 엔비디아와 비교할 수 없는 작은 회사다. 그러나 엔비디아가 Groq을 주목한 이유는 숫자가 아니라 철학에 있다. Groq이 설계한 LPU**Language Processing Unit**는 GPU와 전혀 다른 사고방식에서 출발한다. GPU가 범용성과 유연성을 위해 동적 스케줄링과 복잡한 제어 구조를 택했다면, Groq은 처음부터 추론만을 위해 모든 연산을 '결정론적'으로 설계했다. Groq의 핵심 개념은 단순하다. 모든 연산 경로를 컴파일 시점에 확정하고, 실행 중에는 어떠한 불확실성도 허용하지 않는다. 이 구조는 범용성은 떨어지지만, 지연 시간**latency**을 극단적으로 줄이고, 응답 시간을 예측 가능하게 만든다. 이는 대화형 AI, 실시간 응답이 중요한 서비스, SLA가 엄격한 기업 환경에서 매우 강력한 장점이 된다.

엔비디아의 입장에서 Groq은 단순한 경쟁자가 아니다. Groq은 'GPU 이후의 추론 표준'이 될 수 있는 철학을 가진 팀이다. 만약 이 철학이 특정 클라우드 사업자나 대형 서비스 기업과 결합해 독자적인 생태계를 형성한다면, CUDA 이후 처음으로 엔비디아의 플랫폼 지배력에 균열을 낼 가능성이 있었다. 따라서 엔비디아의 선택은 Groq을 경쟁자로 남겨두는 것이 아니라, 내부로 흡수하는 것이다. 이 과정은 전통적인 의미의 M&A와는 다르다. 공장과 매출, 고객 계약을 통째로 사들이는 방식이 아니라, 기술적 사고방식과 핵심 인재, 그리고 추론을 바라보는 새로운 관점을 엔비디아 내부로 가져오는 형태에 가깝다. 흔히 말하는 'acqui-hire'**기업이 스타트업 전체를 인수하지 않고, 핵심 인재와 일부 기술·라이선스만을 확보하는 인수 방식**에 가깝지만, 그 전략적 의미는 훨씬 크다.

엔비디아는 Groq을 통해 칩을 산 것이 아니라 사람을 샀다. 추론 전용 아키텍처를 내부에서 새로 설계하고, 소프트웨어 스택을 재정의하며, 실전 경험을 쌓는 데 걸릴 수 있는 수년의 시간을 단축했다. 이는 Blackwell 이후의 로드맵에서 추론 전략을 빠르게 구체화할 수 있는 결정적 계기가 된다.

중요한 점은 엔비디아가 GPU 전략을 포기하거나 약화시키려는 것이 아니라는 사실이다. GPU는 여전히 가장 범용적이고 강력한 가속기이며, 엔비디아의 핵심 자산이다. 그러나 엔비디아는 GPU만으로 모든 문제를 해결하려 하지 않는다. 오히려 "어떤 워크로드에는 GPU가 최적이고, 어떤 워크로드에는 다른 해법이 필요하다"는 현실을 인정한다. Groq은 바로 그 '다른 해법'을 이해하기 위한 내부 실험실과 같다.

이는 엔비디아의 오랜 전략적 태도와도 일치한다. 엔비디아는 경쟁자를 무너뜨리는 방식보다, 경쟁자의 강점을 흡수해 플랫폼을 진화시키는 방식을 선호해 왔다. 네트워크 분야에서 Mellanox를 인수해 데이터센터 아키텍처를 장악했고, 시뮬레이션과 디지털 트윈 분야에서는 Omniverse를 통해 새로운 생태계를 만들었다. Groq 역시 같은 맥락에 놓여 있다. 결국 엔비디아가 그리고 있는 그림은 'AI Factory'다. 데이터센터는 더 이상 서버를 쌓아두는 장소가 아니라, 지능을 생산하는 공장이다. 이 공장에서는 학습이 원재료를 가공하는 단계라면, 추론은 완제품을 대량으로 찍어내는 단계다. 생산량이 늘어날수록 비용 구조와 효율성이 기업의 경쟁력을 좌우한다. 엔비디아는 이 공장의 모든 공정을 통제하고 싶어 한다.

Groq의 기술과 인재는 이 공장에서 '추론 라인'을 고도화하는 데 필요한 중요한 퍼즐 조각이다. 이를 통해 엔비디아는 학습에서 추론까지 이어지는 풀스택 AI 인프라를 완성하고, AI 산업의 다음 단계에서도 주도권을 유지하려 한다. 엔비디아는 이미 승리한 전장에서 다음 전쟁을 준비하고 있다. 그리고 그 전쟁의 이름은 GPU 경쟁이 아니라, 추론 시대의 표준을 누가 정의하는가에 대한 싸움이다. 엔비디아가 Groq을 선택한 이유는 미래의 병목을 외부 경쟁자가 아닌, 내부 혁신으로 해결하기 위해서다.

AI, Tipping point or bubble?

인공지능을 둘러싼 논쟁은 늘 같은 질문으로 귀결된다. 지금 우리가 목격하고 있는 것은 산업 구조의 근본적인 전환인가, 아니면 또 하나의 기술 과열 국면에 불과한가. 이 질문은 낯설지 않다. 인터넷,

AI, Tipping point or bubble?

Huang vs. AI Bubble Analysts

구분	Jensen Huang	AI Bubble Analysts
핵심 주장	🎯 AI는 전환점이지 Bubble이 아님	⚠️ AI는 닷컴 버블과 유사한 과열
기술 논리	⚡ CPU→GPU 구조적 전환	📊 수요는 기대·투자 과열 기반
수요 근거	🌐 Agentic·Physical AI → 장기 성장	💸 투자 vs 수익 괴리 확대
산업 변화	🏭 제조·로봇·DX로 확산	⚓ 적용 속도 < 투자 속도
리스크	🗓️ 장기 초과성장 가능	CapEx·부채 증가로 조정 위험
전망	🧭 20년 이상 성장 사이클	⏳ 2026년 조정 가능성

JOON AI CONSULTING Confidential

모바일, 클라우드, 그리고 그 이전의 수많은 기술 혁신 역시 같은 의심과 기대를 동시에 받아왔다. 그러나 인공지능을 둘러싼 논쟁은 이전과 본질적으로 다른 층위에 서 있다. 인공지능은 특정 제품이나 서비스의 문제가 아니라, 컴퓨팅 구조 자체를 다시 쓰고 있기 때문이다.

엔비디아의 관점에서 인공지능은 하나의 애플리케이션 트렌드가 아니다. 이는 CPU 중심 컴퓨팅에서 GPU 중심 가속 컴퓨팅으로의 구조적 전환이며, 이 전환은 되돌릴 수 없는 방향성을 갖는다. 젠슨 황이 일관되게 강조해 온 메시지는 단순하다. 인공지능은 기능이 아니라 플랫폼이며, 더 정확히 말하면 새로운 계산 방식 그 자체라는 것이다.

버블론자들이 제기하는 가장 대표적인 주장은 수요 과열과 투자 과잉이다. 이들은 인공지능 인프라에 대한 대규모 투자, 데이터센터 확장, 반도체 수요 급증을 과거의 닷컴 버블과 비교한다. 그러나 이러한 비교는 컴퓨팅의 본질적 변화를 간과한 단순화에 가깝다. 닷컴 버블 당시에는 웹 서비스와 기업 수는 폭발적으로 늘었지만, 컴퓨팅 방식 자체는 변하지 않았다. 반면 인공지능 전환은 연산의 단위, 처리 방식, 하드웨어 구조를 근본적으로 바꾸고 있다.

엔비디아의 시각에서 인공지능 수요는 기대에 의해 만들어진 인위적인 수요가 아니다. 이는 새로운 계산 문제가 등장함에 따라 필연적으로 발생한 수요다. 대규모 신경망과 생성형 모델은 기존 CPU 기반 시스템으로는 감당할 수 없는 연산 패턴을 요구한다. 이는 단순히 서버를 더 추가하는 문제가 아니라, 병렬 연산과 고대역폭 메모리, 저지연 통신을 전제로 한 새로운 아키텍처를 필요로 한다. GPU 가속 컴퓨팅은 이러한 요구에 가장 자연스럽게 부합하는 해법이었고, 그 결과 인공지능 시대의 핵심 인프라로 자리 잡았다.

젠슨 황이 말하는 전환점, 즉 tipping point는 기술의 성숙이 아니라 채택 구조의 변화에서 발생한다. 인공지능은 더 이상 일부 기업의 실험이나 연구 조직의 도구가 아니다. 인공지능은 점점 더 많은 산업에서 범용 계산 플랫폼으로 사용되기 시작했고, 그 적용 범위는 지속적으로 확장되고 있다. 제조, 물류, 로보틱스, 자율 시스템, 헬스케어, 금융 등 현실 세계의 문제를 다루는 거의 모든 영역에서 인공지능은 필수적인 계산 도구로 변모하고 있다.

버블론자들은 인공지능의 적용 속도가 기대만큼 빠르지 않다고 주장한다. 그러나 엔비디아의 관점에서 보면, 이는 속도의 문제가 아니라 범위의 문제다. 인공지능은 단일 서비스나 단일 산업에서 폭발

엔비디아 DNA

적으로 확산되는 기술이 아니다. 대신 물리적 세계와 결합하면서 점진적으로 스며들고, 그 과정에서 요구되는 연산의 양과 복잡성은 누적된다. 이러한 확산은 단기적인 지표로 측정하기 어렵지만, 구조적으로는 되돌릴 수 없는 흐름이다.

특히 엔비디아가 강조하는 개념은 Agentic AI에서 Physical AI로의 확장이다. 젠슨은 이 시장 규모를 50T$ 시장이라고 말했다. 이는 인공지능이 텍스트와 이미지 같은 디지털 콘텐츠를 다루는 단계를 넘어, 실제 물리적 환경을 인식하고 판단하며 행동하는 단계로 진입하고 있음을 의미한다. 이러한 인공지능은 기존 소프트웨어와는 비교할 수 없을 정도로 많은 연산을 요구하며, 그 수요는 일회성이 아니라 지속적이고 누적적인 특성을 갖는다.

버블론에서 자주 등장하는 또 하나의 논리는 투자 대비 수익의 불확실성이다. 인공지능 인프라에 투입되는 자본이 언제, 어떤 방식으로 회수될 수 있는지에 대한 의문이다. 그러나 엔비디아의 관점에서 이 질문은 과거의 산업 논리에 기반해 있다. 인공지능은 단일 제품이나 단일 서비스로 수익을 창출하는 기술이 아니다. 인공지능은 모든 산업의 생산성을 재정의하는 범용 계산 기반이며, 그 효과는 개별 기업의 손익계산서를 넘어 산업 구조 전반에 걸쳐 나타난다.

버블론자들이 종종 간과하는 또 다른 요소는, 인공지능 수요가 단일 시장에서만 발생하지 않는다는 점이다. 인공지능은 중앙 집중형 데이터센터를 넘어 엣지 환경, 로봇, 자율 시스템, 디지털 공장, 시뮬레이션 환경 등으로 확산되고 있다. 각 영역은 서로 다른 연산 특성을 요구하며, 이 다층적 수요 구조는 단순한 과잉 공급 논리로 설명하기 어렵다.

엔비디아의 관점에서 현재의 리스크는 인공지능이 과도하게 성장했기 때문이 아니다. 오히려 진짜 리스크는 인공지능의 속도를 따라가지 못하는 조직과 산업이 발생할 가능성에 있다. 젠슨 황이 반복해서 경고하는 것은 기술의 실패가 아니라, 변화에 적응하지 못하는 시스템의 실패다. 인공지능 인프라에 대한 투자는 이 변화에 대비하기 위한 선택이며, 선택하지 않았을 때의 비용이 오히려 더 클 수 있다.

결국 '인공지능은 전환점인가, 버블인가'라는 질문에 대한 엔비디아의 답은 일관적이다. 인공지능은 버블이 아니다. 인공지능은 컴퓨팅 역사에서 몇 차례밖에 없었던 구조적 전환이며, 지금은 그 전환이 현실 세계와 본격적으로 결합하는 단계에 있다. 단기적인 조정과 변동성은 있을 수 있지만, 그것이 장기적인 방향성을 바꾸지는 않는다.

논쟁의 초점은 더 이상 인공지능이 사라질 것인가에 있지 않다. 이제 중요한 질문은 누가 이 전환을 이해하고, 누가 그 구조 위에 산업과 조직을 다시 설계할 것인가다. 엔비디아의 관점에서 인공지능은 이미 임계점을 넘었으며, 이 변화의 시간축은 분기나 연도가 아니라 십 년 단위로 전개되고 있다.

2
Omniverse:
메타버스는 죽지 않았다

산업 현장을 위한 디지털 트윈, 현실이 가상으로 들어간 이유

메타버스라는 단어는 한때 세상을 모두 덮을 것처럼 보였다. 사람들은 가상 세계에서 회의하고, 일하고, 쇼핑하고, 결국에는 살아가게 될 것이라고 말했다. 기업들은 앞다퉈 메타버스를 선언했고, 주가는 기대를 먹고 치솟았다. 하지만 그 열기는 오래가지 않았다. 주가는 떨어졌고, 기업들은 조용해졌으며, 메타버스라는 단어는 유행처럼 사라진 것 같아 보였다. 그래서 많은 사람은 이렇게 결론 내렸다. 메타버스는 실패했다고, 결국 허상이었다고. 하지만 이것은 잘못된 생각이다. 메타버스는 죽지 않았다. 다만 아직 때가 되지 않았을 뿐이다. 이것을 가지고 프로젝트를 할 사람이 부족했던 것이다. 엔비디아의 Omniverse는 그 사실을 가장 분명하게 보여준다. 이 플랫폼을 가지고 이미 국내외의 주요기업들이 현재 프로젝트를 진행하고 있었다.

엔비디아는 색다른 질문을 던졌다. 사람을 가상으로 옮기지 말고, 현실을 가상으로 옮기면 어떨까. 이 질문에서 Omniverse가 시작됐다. Omniverse는 우리가 흔히 떠올리는 가상 세계가 아니다. 게임도 아니고, SNS도 아니며, 아바타가 모이는 커뮤니티도 아니다. Omniverse는 산업용 운영체제에 가깝다. 현실 세계를 물리 법칙까지 포함해 디지털로 복제하는 플랫폼이다. 여기서 중요한 것은 화려한 그래픽이 아니라 물리다. 공장의 기계가 어떤 속도로 움직이는지, 로봇 팔이 어떤 각도로 회전하는지, 물류 차량이 어느 순간 병목을 만드는지, 작업자의 동선이 안전 규정을 위반하는지. 이 모든 것을 현실과 동일한 조건으로 가상 공간에서 먼저 실행한다. Omniverse는 보여주기 위한 세계가 아니라 실험하기 위한 세계다.

디지털 트윈이라는 개념 자체는 새롭지 않다. 하지만 Omniverse가 구현한 디지털 트윈은 차원이 다르다. 기존의 디지털 트윈이 현실을 흉내 낸 비슷한 모델이었다면, Omniverse의 디지털 트윈은 현실과 동시에 진화하는 복제체다. 현실 공장에서 센서 데이터가 들어오면 가상 공장도 즉시 변한다. 가상 공장에서 설계를 바꾸면 현실 공정도 바뀐다. 이때 중요한 것은 속도가 아니라 정확도다. 엔비디아의 GPU와 물리 시뮬레이션 기술 위에서 Omniverse는 현실과 거의 동일한 결과를 만들어낸다. 그래서 의사결정의 방식이 바뀐다. 해보고 고치는 방식이 아니라, 미리 해보고 실패를 제거한 뒤 실행하는 방식으로 전환된다. 그래서 많은 데이터가 필요하다.

엔비디아 DNA

BMW가 새로운 공장을 지을 때 가장 먼저 Omniverse 위에 공장을 만드는 이유도 여기에 있다. 철근을 세우기 전에 픽셀로 공장을 완성한다. 자동차 공장은 수천 개의 공정이 얽혀 있다. 하나의 공정이 조금만 어긋나도 전체 생산성이 급격히 떨어진다. 그리고 이 문제는 현실에서 발견되면 이미 늦다. Omniverse 위에서는 다르다. 로봇의 동선을 바꾸고, 작업자의 이동 경로를 수정하고, 설비 배치를 재구성한다. 그리고 그 결과를 실시간으로 확인한다. BMW가 Omniverse를 선택한 이유는 멋진 가상 공간이 필요해서가 아니다. 실패의 비용을 제거하기 위해서다. 현실에서의 실패는 비싸고, 가상에서의 실패는 거의 무료다.

메르세데스-벤츠 역시 Omniverse를 공장의 핵심 도구로 사용한다. 그 이유는 눈에 보이지 않는 비용 때문이다. 공장에서 가장 비싼 것은 기계도 아니고, 땅도 아니다. 시간이다. 공정이 멈춰 있는 시간, 작업자가 헤매는 시간, 동선이 겹쳐 발생하는 비효율. 이 모든 것은 재무제표에 잘 드러나지 않지만, 기업의 경쟁력을 서서히 갉아먹는다. Omniverse는 이 보이지 않는 비용을 가시화한다. 그리고 제거할 수 있게 만든다. 그래서 벤츠에게 Omniverse는 IT 도구가 아니라 경영 도구다.

Omniverse의 진짜 힘은 AI와 결합될 때 드러난다. AI는 학습을 필요로 한다. 하지만 현실 세계의 데이터는 느리고, 비싸고, 위험하다. 특히 로봇이나 자율주행, 산업 장비 분야에서는 실험 자체가 사고로 이어질 수 있나. Omniverse는 이 문제를 근본적으로 해결한다. 가상 세계에서 수백만 번의 실험을 수행한다. 로봇이 넘어지고, 부딪히고, 실패한다. 하지만 현실에서는 아무 일도 일어나지 않는다. AI는 현실을 닮은 가상 세계에서 충분히 학습한 뒤, 성숙한 상태로 현실에 내려온다. 이 구조가 Physical AI로 이어진다.

Omniverse가 던지는 메시지는 분명하다. 메타버스는 소비재가 아니라 산업재다. 사람들이 가상 콘서트에 모이지 않아도 메타버스는 실패하지 않는다. 대신 공장과 물류센터, 발전소와 도시가 가상 공간으로 옮겨간다. 우리는 이미 메타버스 안에 살고 있다. 다만 그 공간이 보이지 않을 뿐이다.

이 지점에서 한국의 이야기가 중요해진다. 한국은 제조 강국이다. 자동차, 반도체, 조선, 배터리, 디스플레이까지. 동시에 고령화와 인력 부족이라는 구조적 문제를 안고 있다. Omniverse는 이 문제를 기술적으로 풀 수 있는 몇 안 되는 해법이다. 숙련자의 노하우를 가상 공간에 저장하고, 신입은 가상 공장에서 먼저 배우며, 공정 변경은 현실 이전에 검증한다. 이것은 단순한 자동화가 아니라 지능화다. 엔비디아가 Omniverse를 한국에 적극적으로 소개하는 이유도 여기에 있다. 이 플랫폼이 가장 큰 가치를 만들 수 있는 현실 산업을 한국이 이미 가지고 있기 때문이다.

최근 몇 년 사이, 한국의 대표 제조 기업들이 AI를 바라보는 시선은 분명히 달라졌다. 더 이상 AI를 분석 도구나 자동화 소프트웨어로만 보지 않는다. 이제 AI는 공장을 설계하고, 운영하고, 진화시키는 **산업 인프라**로 인식되기 시작했다. 이 변화의 한가운데에 NVIDIA Omniverse가 있다.

삼성전자는 반도체 제조라는 세계에서 가장 복잡한 산업 공정을 다루고 있다. 수천 개의 공정이 연속적으로 연결돼 있고, 미세한 오차 하나가 수율과 원가에 직접적인 영향을 준다. 이 구조에서 가장 큰 리스크는 '현실에서의 시행착오'다. 공정 변경을 실제 라인에서 시험하는 순간, 실패는 곧 비용이 된다. 삼성전자가 NVIDIA Omniverse에 주목한 이유는 여기에 있다. Omniverse는 반도체 공장을 가상 공간에 그대로 옮긴다. 설비 배치, 공정 흐름, 장비 간 상호작용을 물리 법칙까지 포함해 시뮬레이션한다. 실제 생산 전에 가상 공간에서 먼저 실험하고, 오류를 제거한 뒤 현실에 적용한다. 이 접근은 단순한 시각화가 아니다. 삼성은 Omniverse와 대규모 GPU 인프라를 결합해 제조 전 공정을 디지털 트윈으로 운영하는 'AI 팩토리'를 준비하고 있다. 공정을 눈으로 보는 것이 아니라, AI가 먼저 이해하고 판단하는 공장으로 가는 과정이다.

현대자동차의 방향성은 조금 다르지만, 목적지는 같다. 현대차는 자동차 제조 기업을 넘어 모빌리티와 로보틱스, 자율주행을 포함한 Physical AI 기업으로 전환하고 있다. 이 과정에서 Omniverse는 핵심 도구다. 현대차는 NVIDIA의 GPU 인프라와 Omniverse를 활용해 자동차 공장을 디지털 트윈으로 만들고, 로봇과 물류 시스템, 생산 설비를 가상 환경에서 먼저 검증한다. 여기에 그치지 않는다. 로봇 개발과 자율주행 AI 학습에도 Omniverse 기반 시뮬레이션을 활용한다. 현실에서 수집하기 어렵고 위험한 데이터를 가상 공간에서 대규모로 생성하고, AI를 충분히 학습시킨 뒤 현실로 가져온다. 현대차가 말하는 AI 팩토리는 자동화 공장이 아니라, **학습하는 공장**이다.

이 두 사례의 공통점은 분명하다. Omniverse는 메타버스처럼 사람을 가상 세계로 끌어들이는 플랫폼이 아니다. 현실 산업을 가상 공간으로 옮겨, 실패를 제거하고 의사결정을 앞당기는 도구다. 삼성에게는 수율과 공정 안정성을 위한 전략이고, 현대차에게는 제조·로봇·자율주행을 하나의 물리 AI 시스템으로 묶기 위한 기반이다.

그리고 이 협업에서 NVIDIA의 역할도 명확하다. NVIDIA는 특정 모델을 강요하지 않는다. 대신 GPU 컴퓨팅, 시뮬레이션 플랫폼, AI 소프트웨어 스택을 제공한다. 각 기업이 자기 산업, 자기 데이터, 자기 운영 방식에 맞게 AI를 설계하도록 돕는다. 그래서 이 협업은 단순한 기술 도입이 아니라, **산업 운영 방식 자체를 바꾸는 구조적 전환**에 가깝다.

정리하면, 삼성전자와 현대자동차가 Omniverse를 선택한 이유는 멋진 가상 공간이 필요해서가 아니다. 현실에서의 실패 비용을 줄이고, 의사결정 속도를 앞당기며, AI를 산업의 중심으로 끌어오기 위해서다. 이 흐름은 일회성 프로젝트가 아니다. 제조와 모빌리티 산업이 앞으로 AI를 어떻게 받아들이고, 어떻게 경쟁력을 재정의할 것인가를 보여주는 신호다. 한국의 대표 제조 기업들이 선택한 이 길은, AI가 이제 모니터를 벗어나 **현실 산업의 핵심 운영 시스템**으로 들어왔음을 분명하게 보여준다.

3
Physical AI
(Project GR00T)

뇌를 가진 로봇의 탄생:
AI가 모니터 밖으로 나와 물리 세계에 적용되는 과정

Physical AI라는 말을 처음 들으면 많은 사람은 로봇을 떠올린다. 휴머노이드가 걸어 다니고, 물건을 들고, 사람을 돕는 장면을 상상한다. 그런데 핵심은 로봇 자체가 아니다. Physical AI는 "로봇 산업이 커진다"는 이야기가 아니라 "AI 산업의 적용 영역이 바뀐다"는 이야기다. 지금까지 AI는 모니터 안에서 자랐다. 자연어 처리, 검색, 추천, 이미지 생성, 코드 생성 같은 것들은 모두 디지털 데이터로 입력을 받고 디지털 결과물을 내놓는 영역에서 성숙해 왔다. 언어와 이미지와 코드를 다루면서 인간의 판단과 생산성을 끌어올리는 방식이었다. 그런데 이 디지털 AI는 분명한 한계를 가진다. 현실 세계는 텍스트와 픽셀로만 이루어져 있지 않다. 현실은 물리 법칙으로 돌아간다. 중력과 마찰과 관성, 탄성과 충돌, 미세한 표면의 거칠기, 센서 노이즈, 조명의 변화, 물체가 가려지는 현상, 그리고 예측 불가능하게 움직이는 인간까지 동시에 존재한다. 게다가 산업 현장은 안전 규정과 책임 체계가 함께 따라온다. 디지털 AI에서 "출력"은 화면 속 답변으로 끝나지만, 물리 세계에서 "행동"은 곧바로 물리적 결과를 만든다. 그래서 아무리 똑똑한 모델이라도 안전하게 행동을 실행하지 못하면 현실로 내려올 수 없다.

Physical AI는 그 경계를 넘는 개념이다. 생성에서 행위로, 답변에서 행동으로 확장되는 지능의 단계다. 모니터 안에서 사고하고 말하던 지능이 공장과 물류센터, 건설현장, 병원과 가정 같은 물리 환경에서 센서로 세계를 인식하고, 로봇의 관절과 힘을 제어하며, 목표를 달성하도록 움직이기 시작하는 것이다. 그래서 이건 로봇이 조금 더 똑똑해지는 사건이 아니다. AI가 물리 노동과 물리 운영이라는 새로운 시장으로 진입하는 사건이다. 그리고 이 사건이 성립하려면 단일 기술이 아니라 시스템이 필요하다. 엔비디아가 Physical AI를 '프로젝트'가 아니라 '스택'으로 정의하는 이유가 여기 있다. Project GR00T는 그 스택의 핵심, 다시 말해 범용 로봇의 '뇌'를 만들려는 시도다. 기존처럼 작업을 하나하나 규칙으로 코딩하는 방식이 아니라, 대규모 경험 데이터와 시뮬레이션을 통해 물리 세계의 인과를 학습시키는 방식이다. 휴머노이드를 포함한 범용 로봇이 다양한 작업을 수행하도록 만드는 파운데이션 모델 접근이다.

여기서 자연스럽게 기존 로봇의 한계를 짚어봐야 한다. 사실 산업 현장에 로봇이 없었던 적은 없다. 자동차 공장에는 수십 년 전부터 로봇 팔이 있었고 물류센터에는 컨베이어와 자동 분류기가 있었다. 그런데 그 로봇들은 "물리적으로 강한 기계"였지, "상황을 이해하는 지능"을 갖진 못했었다. 기존 로봇이 강한 영역은 정형 환경이다. 정해진 위치에 정해진 부품이 놓이고, 정해진 각도로 용접하거나 조립하는 작업에서는 정확하고 빠르다. 하지만 환경이 조금만 바뀌면 급격히 무너진다. 카메라 각도가 바뀌거나 부품이 미세하게 어긋나거나 조명이 변하면 오류가 난다. 왜냐하면 그 로봇은 세상을 이해하는 것이 아니라 조건이 맞을 때만 실행하는 구조이기 때문이다. 이 구조에서는 범용성이 나오지 않는다. 현실 세계는 예외가 표준이다. 작업자가 지나가고 바닥이 미끄럽고 물체가 가려지고 부품이 살짝 휘고 포장 박스가 찌그러지고 손잡이 위치가 다르고 문이 덜 열려 있다. 인간은 이런 변화를 무의식적으로 보정한다. 하지만 규칙 기반 로봇은 예외를 처리하려고 예외 규칙을 계속 추가해야 하고 결국 복잡도가 폭발한다. 유지보수 비용이 늘고 확산은 느려진다. 로봇이 없어서가 아니라 로봇이 유연하지 않아서 확산이 지연된 것이다. 로봇이 인간의 공간으로 들어오려면 인간처럼 대략적으로 이해하고 실패를 감지하고 즉시 행동을 수정하는 능력이 필요했다. Physical AI는 바로 그 문제를 정면으로 다룬다. 로봇을 더 강하게 만드는 것이 아니라 로봇에게 세상에 대한 내부 모델을 부여한다. 상황과 행동과 결과의 관계를 학습시켜 예외를 예외로 처리하는 게 아니라 일반화하도록 만든다.

그런데 이걸 어떻게 현실에서 구현하느냐가 핵심이다. 여기서 엔비디아가 반복해서 강조하는 것이 '세 개의 컴퓨터' 구조다. Physical AI는 단일 장비나 단일 모델로 끝나는 게 아니다. 훈련, 시뮬레이션, 현장 배포라는 서로 다른 컴퓨팅 문제로 분해되고, 각각을 다른 컴퓨터가 담당하는 구조로 완성된다. 첫 번째는 AI 슈퍼컴퓨터다. Physical AI의 뇌를 만드는 곳이다. Project GR00T 같은 파운데이션 모델을 학습하거나, 특정 현장에 맞게 파인튜닝**하나의 작업을 위해 설계된 모델을 새로운 작업에 특화시키는 과정**하고, 정책과 플래너, 비전 모델과 멀티모달 모델을 통합하는 단계가 여기서 수행된다. 로봇 학습이 언어 학습보다 더 까다로운 이유는 데이터 형태가 훨씬 복잡하기 때문이다. 시각과 깊이, 관성, 힘과 토크, 촉각, 관절 상태, 환경 상태가 시간축으로 이어지는 시계열이고, 성공과 실패의 인과를 배워야 한다. 게다가 안전성 제약까지 포함한 상태에서 최적의 행동을 찾아야 한다. 그래서 대규모 병렬 계산과 고속 네트워킹이 필수다.

두 번째는 시뮬레이션 컴퓨터다. Omniverse와 Isaac Sim 기반으로 현실 환경을 가상 공간에 구성하고, 로봇이 수백만 번의 시행착오를 안전하게 반복하도록 만든다. 여기서 중요한 것은 현실과 가상의 연동이다. 현실에서는 얻기 어려운 희귀 케이스, 예컨대 낙하, 미끄러짐, 충돌 직전, 예상치 못한 인간 개입 같은 것들을 시뮬레이션으로 대량 생성해 데이터 다양성을 확보한다. Physical AI에서 시뮬레이션은 옵션이 아니라 필수다. 현실에서만 학습시키면 속도, 비용, 안전 문제가 동시에 발생한다. 산업용 로봇이나 휴머노이드는 한 번 넘어져도 장비 손상이 생길 수 있고, 사람이 있는 환경에서 실험 자체가 사고가 될 수 있다. 그래서 가상 세계에서 실패를 충분히 소모하고, 현실에서는 검증과 미세 조정 중심으로 접근해야 한다.

세 번째는 배포 컴퓨터다. 로봇 내부나 현장 엣지에 탑재되어 센서 데이터를 실시간 처리하고, 지연 제약 하에서 행동을 생성하며, 안전 시스템과 연동한다. 로봇은 클라우드 지연을 기다릴 수 없다. 넘어지기 직전 50~100밀리 초 안에 균형을 잡아야 하고, 사람과 가까이 움직일 때는 순간적으로 힘을 제한해야 한다. 그래서 배포 영역에서는 실시간성과 안전성이 최우선이다. 여기서 중요한 포인트가 하나 더 있다. Physical AI는 모델만으로 완성되지 않는다. 모델이 현장에서 안정적으로 돌기 위해서는 최적화된 런타임과 모니터링, 업데이트 체계가 함께 있어야 한다. 엔비디아가 스택을 강조하는 이유가 바로 이것이다. 결국 Physical AI는 훈련용 슈퍼컴퓨터, 시뮬레이션 컴퓨터, 현장 배포 컴퓨터라는 세 개의 컴퓨터가 결합될 때 현실이 된다.

이제 GR00T가 왜 중요한지 더 분명해진다. GR00T의 핵심은 범용성이다. 기존 로봇 AI는 작업별 모델이었다. 물체 집기, 문 열기, 박스 쌓기, 이동, 정리 같은 과제가 바뀌면 모델과 데이터 파이프라인도 다시 구성해야 했다. 이렇게 하면 경제성이 나오기 어렵다. 현장은 수천 개의 변형 작업으로 이루어져 있기 때문이다. GR00T는 파운데이션 모델 접근으로 이 구조를 바꾸려 한다. 하나의 큰 모델이 다양한 작업을 일반화하고, 현장별 데이터로 미세 조정해 빠르게 적응한다. 언어 모델이 일반 규칙을 학습한 뒤 특정 도메인으로 파인튜닝되는 것과 유사한 그림이다. 하지만 로봇 파운데이션 모델은 언어 모델보다 훨씬 어렵다. 언어는 인간이 만든 체계라 토큰화가 가능하고 데이터가 풍부하지만, 물리 세계는 연속적이고 센서마다 표현이 다르고 라벨링 비용이 높다. 성공과 실패도 단순한 정답 텍스트로 평가되지 않는다. 행동의 결과가 물리적으로 나타나고 안전 제약이 따라온다. 그래서 GR00T에서 가장 중요한 것은 데이터 전략이다. 현실 데이터와 시뮬레이션 데이터, 합성 데이터가 결합되어야 한다. 그리고 그 데이터는 단순 영상이 아니라 관측에서 정책으로, 제어로, 결과로 이어지는 연쇄, 즉 관측→정책→제어→결과라는 인과의 흐름이 기록되어야 한다. GR00T의 목표는 이 연쇄를 일반화하는 것이다.

그럼 이걸 실제 현장에 어떻게 구현하느냐. Physical AI는 데모가 목적이 아니고 운영이 목적이다. 그래서 절차는 현실적인 순서로 밟아야 한다. 먼저 무엇을 할 지와 안전 요구사항을 확정한다. Pick & place, 운반, 조립, 점검, 청소, 협업 같은 동작을 기능 단위로 정의하고 처리량, 성공률, 사이클타임, 다운타임 같은 KPI를 잡는다. 동시에 힘 제한, 속도 제한, 안전거리, 비상정지, 인간 감지 같은 안전 기준을 정량화한다. 목표가 '휴머노이드를 도입한다'처럼 추상적이면 이 단계에서 실패한다. 현장은 동작의 목록으로 정의되어야 하고 안전은 수치로 정의되어야 한다. 다음으로 센서와 로봇 플랫폼을 고르고 데이터 수집을 설계한다. Physical AI는 관측 품질이 성능을 결정한다. 카메라와 깊이 센서, IMU, 힘과 토크 센서, 촉각 센서 같은 구성이 작업에 맞게 설계돼야 하고, 학습용 로그 설계가 함께 들어가야 한다. 여기서 흔한 실패가 현장 데이터만으로 학습하겠다는 욕심이다. 현장 데이터는 반드시 필요하지만 초기에는 양이 부족하다. 그래서 시뮬레이션과 합성 데이터를 동시에 설계해야 한다.

그리고 디지털 트윈을 구축해 현실과 가상의 간격을 줄인다. 공장이나 물류센터, 작업 셀을 Omniverse 상에 구성하고 로봇의 동역학과 센서 모델, 조명과 재질, 마찰 같은 물리 파라미터를 가능한 범위에서 정렬한다. 여기서 목표는 완벽한 복제가 아니라 학습에 충분한 유사성이다. 완벽을 추구하면 시간이 과도하게 걸리고, 너무 대충 만들면 sim-to-real**시뮬레이션 환경에서 학습·검증한 것을 실제 현실 세계에 그대로 적용하는 과정 또는 접근 방식**전이가 안 된다. 균형이 핵심이다. 이후 데이터 전략을 확립한다. 현실 데이터는 가장 가치가 높지만 비싸고 위험하다. 시뮬 데이터는 빠르고 안전하게 대규모 반복 실험을 가능하게 한다. 합성 데이터는 희귀 케이스를 확대하고 도메인 랜덤화를 통해 일반화를 돕는다. 학습 파이프라인에서는 영상과 관절, 힘 데이터를 시간축으로 정렬하고, 실패 케이스를 강화하며, 정책 학습과 인지 모델 학습을 수행하고, 성공률과 안전 위반률, 회복 능력까지 평가한다.

그 다음이 GR00T 기반의 파인튜닝과 스택 구성이다. 현장 적용은 보통 하나의 모델이 아니라 인지, 계획, 정책, 제어의 스택이다. GR00T는 범용 지능의 기반이 되고, 현장에서는 작업 특화 데이터로 미세 조정되거나 모듈 조합으로 구성된다. 여기서 중요한 것은 정확도보다 안정성이다. 로봇은 가끔 천재가 되는 것보다 항상 안전해

야 한다. 그래서 배포 전에 시뮬레이션에서 수백만 회 수준의 검증을
수행한다. 정상 케이스뿐 아니라 방해와 예외, 실패 복구까지 포함해
서 테스트하고, 인간 접근이나 장애물 돌발 등장, 조명 변화, 물체 변
형 같은 상황에서 안전 위반률을 측정하고 개선한다. 물리 AI에서는
QA가 훨씬 중요하다. 디지털 AI는 사용자 피드백으로 수습할 수 있
는 경우가 있지만, 물리 AI는 사고가 곧 비용이기 때문이다.

검증이 끝나면 현장 파일럿 배포를 한다. 제한된 구역에서 운영하
면서 추론 지연, 센서 드롭, 제어 안정성을 검증하고, 비상정지나 힘
제한 같은 안전 모니터가 제대로 동작하는지 확인한다. 운영자 개입
인터페이스와 책임 체계를 확립하고 장애 발생 시 복구 절차를 문서
화한다. 그리고 운영이 시작되면 데이터가 쌓인다. 그 데이터로 모델
을 지속적으로 개선한다. 여기서 핵심은 업데이트 체계다. 버전 관리
와 롤백, 도메인 편차 대응, 환경 변화로 인한 성능 저하 감지, 안전 인
증과 검증 프로세스까지 유지해야 한다. Physical AI는 한 번 만들고
끝나는 기술이 아니라 운영하며 개선하는 시스템이다.

이 변화가 산업에 던지는 의미는 로봇 시장의 확대가 아니라 운영
방식의 변화다. 경쟁력의 중심은 하드웨어 단가에서 데이터와 시뮬
레이션, 운영 역량으로 이동한다. 단순한 자동화가 아니라 작업 설계
자체를 재정의하게 된다. 인력 대체가 아니라 인력 부족 대응, 위험
제거, 품질 안정화가 핵심이 된다. 제조와 물류에서 특히 큰 변화는
현장의 암묵지를 데이터로 바꾸고 시뮬레이션으로 검증한 뒤 모델로
고정하는 과정이 가능해진다는 점이다. 숙련자의 노하우가 개인에게

엔비디아 DNA

만 귀속되지 않고 조직의 자산이 된다. 휴머노이드 로봇이 주목받는 이유도 여기와 연결된다. 인간 환경은 인간을 기준으로 설계돼 있다. 인간형 로봇은 그 환경을 그대로 사용할 수 있다. 공장을 로봇에 맞춰 바꾸지 않아도 된다. 인프라 비용이 줄어들고 총비용이 임계점을 넘는 순간, 휴머노이드는 실험이 아니라 현실이 된다.

마지막으로 정리해보자. Physical AI는 시장이 아주 크다. 그리고 생성형 AI의 부속물이 아니다. 적용 영역이 완전히 다르고 필요한 스택도 다르다. 하지만 공통점이 하나 있다. 플랫폼을 가진 자가 시장을 정의한다는 점이다. 엔비디아는 Physical AI를 단일 제품으로 보지 않는다. 훈련, 시뮬레이션, 배포라는 세 개의 컴퓨터 구조로 로봇 지능이 만들어지고 검증되고 운영되는 전체 과정을 하나의 스택으로 묶으려 한다. GR00T는 그 중심에서 '뇌' 역할을 한다. 결국 Physical AI 시대의 경쟁은 이렇게 재정의된다. 누가 더 많은 로봇을 만들었는가가 아니라, 누가 더 빨리 안전하게 학습시키고, 더 싸게 운영하는가. 그 구조를 먼저 잡는 기업이 현실 산업의 다음 10년을 선점한다.

4
BioNeMo:
신약 개발의 혁명

단백질 구조 해석과 Digital Biology의 기술적 전환

생물학은 오랫동안 계산 과학이 가장 늦게 침투한 영역이었다. 이유는 단순하지 않다. 생물학적 시스템은 본질적으로 고차원이고, 비선형이며, 확률적으로 움직인다. 단백질 하나만 보더라도 고정된 형태로 존재하지 않는다. 환경, 온도, pH, 주변 분자에 따라 계속 변한다. DNA와 RNA, 세포 신호 경로 역시 독립적으로 작동하지 않는다. 서로 얽히고 영향을 주고받으며, 그 관계는 시간에 따라 달라진다. 이런 세계를 기존의 통계 모델이나 규칙 기반 알고리즘으로 설명하는 데에는 분명한 한계가 있었다.

신약 개발은 이 복잡성이 가장 극단적으로 응축된 산업이다. 하나의 신약 후보가 시장에 나오기까지 평균 10년 이상의 시간이 걸리고, 비용은 수조 원에 달한다. 실패 확률은 90%를 훌쩍 넘는다. 중요한 점은 이 실패의 상당 부분이 실험 단계 이전에 이미 결정된다는 사실이다. 생물학적 가설이 충분히 검증되지 않은 상태에서 실험이 시작되고, 그 불확실성은 결국 실패로 이어진다. 이는 실험이 부족해서가 아니라, 실험 전에 계산으로 제거할 수 있었던 가능성들이 제거되지 않았기 때문이다.

BioNeMo는 이 문제를 다른 방식으로 바라본다. 생물학을 더 많은 실험으로 풀어야 할 탐색 문제가 아니라, 대규모 계산과 확률적 예측이 가능한 문제로 재정의한다. 생물학을 계산 문제로 바꾸는 이 전환이 가능해진 데에는 두 가지 전제가 있다. 하나는 유전체, 단백질, 화합물 데이터가 폭발적으로 증가했다는 점이다. 다른 하나는 GPU 기반 가속 컴퓨팅으로 이런 데이터를 학습할 수 있는 규모의 모델을 실제로 운용할 수 있게 되었다는 점이다.

이 전환의 핵심에는 단백질 구조 문제가 있다. 질병은 대부분 특정 단백질의 기능 이상에서 시작된다. 약물은 그 단백질에 결합해 기능을 억제하거나 조절한다. 결국 단백질의 3차원 구조를 이해하는 것이 신약 개발의 출발점이다. 하지만 단백질 구조는 서열만 보고 알수 있는 문제가 아니다. 아미노산 서열은 접힘의 가능성을 제시할 뿐이고, 실제 접힘은 환경에 따라 달라진다. 이 때문에 단백질 구조 예측은 오랫동안 계산적으로 거의 불가능한 문제로 취급되어 왔다.

기존의 해법은 실험이었다. X-ray 결정학, NMR, cryo-EM 같은 기술은 정확하지만 느리고 비싸며, 모든 단백질에 적용할 수도 없다. 그 결과 대부분의 연구는 구조 정보를 알지 못한 채 진행됐고, 후보 물질 탐색 공간은 불필요하게 넓어졌다. AI 기반 단백질 구조 예측은 이 상황을 근본적으로 바꿨다. 구조 예측이 더 이상 "불가능한 계산"이 아니라 "높은 확률로 근사 가능한 계산"이 되면서, 연구의 시작점 자체가 달라졌다. 구조는 이제 실험의 결과가 아니라, 연구 설계 단계에서 주어지는 입력값이 된다.

BioNeMo는 이 변화를 개별 알고리즘 수준이 아니라 산업용 워크플로 수준에서 다룬다. BioNeMo는 하나의 AI 모델이 아니다. 생물학적 연구 흐름 전반을 GPU 가속 환경에서 일관되게 실행하기 위한 플랫폼이다. 신약 개발을 나누어 보면 질병 메커니즘 분석, 타깃 정의, 단백질 구조 예측, 구조 기반 분석, 후보 화합물 생성, 결합 친화도 예측, 물성 예측, 그리고 반복적 최적화로 이어진다. 이 각각은 서로 다른 계산 문제다. BioNeMo는 이 서로 다른 계산 문제들을 GPU 가속 AI 모델로 연결하고, 데이터 흐름과 실행 방식을 표준화한다. 연구자는 개별 모델 구현에 매달리지 않고, 과학적 가설과 설계에 집중할 수 있게 된다.

중요한 점은 BioNeMo가 닫힌 시스템이 아니라는 것이다. 각 기관과 기업은 자신들의 데이터와 목적에 맞게 모델을 학습하고 조정할 수 있다. BioNeMo는 이를 가능하게 하는 컴퓨팅과 소프트웨어 기반을 제공한다. 이는 특정 모델을 파는 접근이 아니라, 생물학을 계산 가능한 영역으로 바꾸는 기반을 제공하는 접근이다.

이 흐름은 Digital Biology라는 개념으로 정리된다. Digital

Biology는 단순한 마케팅 용어가 아니다. 생물학적 현상을 디지털 표현으로 변환하고, 이를 계산과 최적화의 대상으로 다루는 방식이다. 기술적으로 보면 세 가지 요소가 결합된다. 단백질과 분자, 세포 상태를 벡터나 그래프, 토큰으로 표현하는 문제, 생물학적 상호작용을 확률적 인과 관계로 모델링하는 문제, 그리고 효능과 안전성, 제조 가능성 같은 여러 목표를 동시에 만족시키는 설계를 최적화하는 문제다. BioNeMo는 이 모든 과정을 GPU 가속 환경에서 통합적으로 처리하도록 설계된 플랫폼이다.

이 모든 흐름에서 GPU 가속은 선택이 아니라 전제다. 생물학적 AI 모델은 계산량이 압도적으로 크다. 단백질 구조 예측, 분자 생성, 결합 시뮬레이션은 모두 고차원 텐서차원이 확장된 행렬 연산과 대규모 병렬 계산을 필요로 한다. CPU 중심 계산으로는 연구 속도가 실험 주기를 따라갈 수 없다. GPU의 가치는 단순히 빠르다는 데 있지 않다. GPU는 대규모 모델 학습을 통해 탐색 공간 자체를 줄인다. 무작위 실험을 줄이고, 계산적으로 가능성이 높은 후보만을 실험으로 넘길 수 있게 만든다.

엔비디아는 신약을 직접 만들지 않는다. 대신 신약 개발 속도를 결정하는 계산 병목을 제거한다. GPU에서 시작해 데이터센터, AI 플랫폼으로 이어진 이 전략은 BioNeMo에서 생물학 영역으로 확장된다. 계산 인프라가 산업 경쟁력을 좌우하는 구조가 바이오에도 그대로 적용되는 것이다.

이런 플랫폼이 확산되면 산업 구조는 달라진다. 대규모 실험 시설 중심의 경쟁은 데이터와 모델 중심의 경쟁으로 이동한다. 연구 인력의 규모보다 학습과 반복의 속도가 중요해진다. 실패한 뒤 교체하는 구조에서, 실패 가능성을 사전에 제거하는 구조로 바뀐다. 이는 대형 제약사뿐 아니라 중소 바이오텍에도 동일하게 작용한다. 초기 단계에서 계산 기반 검증이 가능해지면, 자본보다 데이터와 아이디어의 질이 더 중요해진다. 동시에 경쟁 속도는 훨씬 빨라진다.

한국 산업에 주는 시사점도 여기에 있다. 한국은 전통적인 바이오 산업에서는 후발 주자다. 하지만 Digital Biology 시대에는 다른 선택지가 있다. 대규모 습식 실험 인프라보다 중요한 것은 계산 인프라, 데이터 접근성, 그리고 표준화된 플랫폼이다. BioNeMo는 특정 기업의 도구를 넘어, 병원 데이터와 연구기관 데이터, 공공 인프라를 연결할 수 있는 국가 단위 기술 스택으로 확장될 수 있다. 계산 중심 바이오 연구 환경을 단기간에 구축할 수 있는 조건이 여기에 있다.

결국 BioNeMo는 신약 개발을 자동화하는 기술이 아니다. 신약 개발을 계산 가능한 문제로 바꾸는 기술이다. AI가 언어를 계산 대상으로 만들고, 이미지를 계산 대상으로 만들었듯, 이제 생명 역시 계산의 영역으로 들어오기 시작했다. "다음 AI 혁명은 생물학"이라는 말은 과장이 아니다. BioNeMo는 그 전환을 가능하게 하는 산업용 Digital Biology 플랫폼이며, AI 인프라의 가치가 어디까지 확장될 수 있는지를 보여주는 사례다.

엔비디아 DNA

5
Sovereign AI:
AI 주권 시대

국가 단위 인공지능 시스템의 기술적 정의와 구현 구조

Sovereign AI라는 개념은 종종 오해된다. 많은 사람들은 이를 '국산 AI 모델'이나 '자체 개발 LLM' 정도로 이해한다. 하지만 그것은 본질이 아니다. Sovereign AI의 핵심은 모델의 국적이나 특정 기업에 대한 의존 여부가 아니라, 통제 가능성과 운영 자립성에 있다. 다시 말해, 한 국가가 자기 데이터와 자기 언어, 자기 법과 규제 환경 안에서 AI를 설계하고 학습하고 배포하고 운영할 수 있는 기술적 능력을 갖추었느냐의 문제다.

이 개념은 선언으로 성립하지 않는다. Sovereign AI가 되기 위해서는 몇 가지 조건이 반드시 충족되어야 한다. 데이터가 국가 관할 내에서 저장되고 처리되어야 하고, 모델의 학습·추론·업데이트 경로가 통제 가능해야 한다. 단순히 번역된 언어가 아니라, 해당 국가의 언어 체계와 행정·법률 맥락이 모델 내부 표현에 반영되어야 한다. 또한 감사와 추적, 설명 가능성이 확보되어야 한다. 이 조건이 충족되지 않는다면, AI가 아무리 고성능이라 해도 그것을 주권적 시스템이라고 부르기는 어렵다.

이런 요구가 등장한 이유는 명확하다. 대규모 AI 모델의 성능은 알고리즘보다 데이터 분포에 더 크게 의존한다. 국가 운영과 직결되는 데이터, 즉 행정·사법·의료·금융·국방·산업 데이터는 공통적인 특성을 가진다. 민감도가 높고, 법적·윤리적 제약이 강하며, 외부로 반출되는 순간 실질적인 통제권을 잃게 된다. 글로벌 AI 모델이 이 데이터를 학습하거나 추론에 활용하는 경우, 데이터의 소유권은 유지될 수 있어도 활용과 판단의 주도권은 외부로 이동한다. Sovereign AI는 이 구조 자체를 기술적으로 차단하려는 시도다.

언어와 제도의 문제도 마찬가지다. 대규모 언어 모델은 언어 통계 위에서 작동한다. 현재의 글로벌 LLM은 영어 중심 데이터로 학습돼 있다. 그 결과 비영어권 국가의 행정 문서, 법률 문장, 정책 언어를 정밀하게 반영하지 못한다. Sovereign AI는 단순 번역의 문제가 아니다. 해당 국가의 언어 구조, 법률 체계, 행정 문서가 직접 학습된 모델을 요구한다. 이는 성능의 문제가 아니라 오류 비용의 문제다. 행정이나 사법, 금융 영역에서의 작은 오류는 곧바로 사회적 비용으로 이어진다.

책임성과 감사 가능성 역시 중요한 배경이다. AI가 행정·금융·사법 의사결정에 관여하는 순간, 결과에 대한 책임 소재는 명확해야 한다. 하지만 외부에서 학습되고 운영되는 블랙박스 모델은 학습 데이터 출처를 검증하기 어렵고, 모델 업데이트 이력을 관리하기도 힘들며, 특정 추론 결과를 재현하기도 어렵다. Sovereign AI는 이런 요구를 사후 대응이 아니라 시스템 설계 단계에서부터 충족하도록 요구한다.

그래서 Sovereign AI는 단일 모델이 아니다. 국가 단위의 AI 스택이다. 가장 아래에는 데이터 계층이 있다. 공공·민간·민감 데이터를 분리하고, 데이터 분류와 접근 권한 체계를 명확히 하며, 국가 내 데이터 레이크와 보안 영역을 구성한다. 이 계층의 목적은 저장이 아니라 데이터 이동 최소화와 정책 기반 접근 제어다.

그 위에는 모델 계층이 있다. 글로벌 파운데이션 모델을 쓸 수도 있고, 자체 모델을 선택할 수도 있다. 중요한 것은 선택의 자유와 통제권이다. 자국 언어와 도메인 데이터 기반의 파인튜닝, 업무별·부처별 멀티모델 전략, 버전 관리와 롤백 체계가 가능해야 한다. Sovereign AI는 특정 모델을 강제하지 않는다. 모델이 국가 인프라 안에서 통제 가능하게 작동하느냐가 핵심이다.

세 번째는 인프라 계층이다. 국가 관할 내 AI 데이터센터, GPU 클러스터, 고속 네트워크, 전력과 냉각, 물리 보안이 여기에 포함된다. 외부 클라우드 의존도를 최소화하는 것도 이 계층의 역할이다. 연산 자립성은 선언이 아니라 실제 인프라 용량으로만 결정된다.

마지막이 운영과 거버넌스 계층이다. 접근 통제와 로깅, 모니터링,

추론 결과 감사, 규제 기관 연계, 지속적인 모델 검증과 업데이트 체계가 여기에 포함된다. 이 계층이 없으면 Sovereign AI는 연구용 시스템에 머문다. 국가 운영 시스템이 되지 못한다.

이 구조 속에서 엔비디아의 역할은 분명하다. 엔비디아는 Sovereign AI를 모델 판매로 접근하지 않는다. 특정 LLM을 강제하지도 않는다. 오픈소스든 상용이든, 자체 모델이든 모두 지원한다. 엔비디아가 제공하는 것은 계산 인프라와 소프트웨어 스택이다. CUDA 기반 가속과 최적화, 데이터 로컬리티를 보장하는 구조, 그리고 국가별 요구에 맞게 확장 가능한 표준화된 컴퓨팅 스택이다. 이 때문에 엔비디아는 단순한 GPU 공급업체가 아니라, 국가 단위 AI 인프라 파트너로 포지셔닝된다.

한국의 Sovereign AI 전략은 이 지점에서 구체화된다. 한국 정부는 엔비디아와의 협력을 통해 대규모 GPU 기반 AI 인프라를 확보하고, 이를 국가 단위 AI 컴퓨팅 자산으로 확장하고 있다. 이 인프라는 단순한 클라우드가 아니라, 한국어·한국 제도·한국 데이터에 최적화된 AI를 학습하고 운영하기 위한 국가 Sovereign AI 기반으로 설계되고 있다.

이와 함께 정부는 국가대표 AI 기업 선정을 통해 민간의 역량을 하나의 구조로 묶고 있다. 네이버, LG AI 연구, SKT, KT, NC소프트, 업스테이지 등은 각기 다른 강점을 가진 AI 기업들이지만, 이들을 개별 경쟁자로 두는 것이 아니라 Sovereign AI 생태계의 구성 요소로 편입시키려는 시도다. 국가 인프라는 공통으로 제공하되, 모델과 서비스는 민간의 경쟁과 혁신을 통해 발전시키는 구조다.

이 접근은 Sovereign AI를 기업 단위로 해결하려는 시도와 다르다. 기업 단위 접근은 분산되고, 보안과 표준, 운영 측면에서 한계를 가진다. 반면 국가 단위 아키텍처는 데이터 통제, 연산 자립, 장기 확장성을 동시에 확보할 수 있다. 한국이 지금 선택하고 있는 방향이 바로 이 구조다.

Sovereign AI는 이념도 슬로건도 아니다. 데이터와 연산, 모델과 운영을 통제하는 기술 구조다. AI가 국가 핵심 시스템에 적용되는 순간, 주권은 선택이 아니라 전제 조건이 된다. 모든 국가가 같은 모델을 쓸 필요는 없다. 그러나 자기 데이터와 자기 언어를 통제할 수 있는 AI 인프라는 반드시 필요하다. 한국의 Sovereign AI 전략은 엔비디아와의 협력을 통해 그 기반을 구축하고 있으며, 국가대표 AI 기업 선정은 이 구조를 실제 산업 경쟁력으로 전환하기 위한 다음 단계다. Sovereign AI는 곧 AI 시대의 산업 정책이자, 안보 정책이며, 장기 기술 경쟁 전략이다.

‖ 사고를 흔드는 질문 ‖

 우리는 AI를 '도입'하고 있는가, 아니면 이미 의사결정과 운영이 외부 스택에 종속되는 '의존 구조'를 만들고 있는가?

토론 포인트

- 모델·플랫폼·클라우드 선택이 우리 서비스 로드맵을 얼마나 제약하는가
- 업데이트 주기와 기능 개선 속도를 우리가 통제하고 있는가, 공급자가 통제하고 있는가
- 비용 구조(OPEX)가 사용량 증가에 따라 선형적으로 통제 가능한가, 아니면 예측 불가능한가
- 장애·보안·규제 이슈 발생 시 우리가 직접 대응할 수 있는 영역은 어디까지인가
- 핵심 비즈니스 로직이 API 호출로만 유지되고 있지는 않은가
- 특정 벤더 변경 시 실제 전환 비용과 전환 기간은 얼마로 계산되는가
- AI가 멈추면 우리 업무 프로세스가 얼마나 즉시 정지되는가
- 우리는 AI를 '대체 가능한 도구'로 쓰고 있는가, '없으면 안 되는 기반 인프라'로 쓰고 있는가

경쟁 단위가 '완성된 제품'이 아니라 '실험을 반복하는 속도' 라면, 우리는 지금 무엇을 자산으로 축적하고 있는가?

토론 포인트

- 실제 환경과 유사한 시뮬레이션 또는 테스트베드가 존재하는가

- 데이터 수집-정제-학습-배포가 자동으로 이어지는 파이프라인이 구축돼 있는가

- 실패가 기록되고 다음 실험으로 연결되는 구조가 있는가, 아니면 매번 처음부터 시작하는가

- 실험 1회를 돌리는 데 걸리는 시간은 며칠인가, 몇 주인가, 몇 달인가

- 현장 피드백이 모델 개선으로 반영되기까지 몇 단계의 조직 장벽이 존재하는가

- 실험 인프라가 개발자 개인 역량에 의존하고 있지는 않은가

- 특허·보고서·PoC 결과물보다 반복 가능한 실험 환경에 더 많이 투자하고 있는가

- 우리는 결과물을 쌓고 있는가, 아니면 다음 실험을 더 빨리 돌릴 수 있는 구조를 쌓고 있는가

Q3 AI가 산업과 국가 인프라로 편입되는 순간, 우리의 경쟁 상대는 개별 기업인가, 아니면 국가 단위 시스템인가?

토론 포인트

- 전력·데이터센터·네트워크·냉각 인프라가 AI 확산 속도를 따라갈 수 있는가
- 반도체와 서버 공급망이 지정학적 리스크에 얼마나 노출돼 있는가
- 규제와 데이터 정책이 실증과 확산을 가속하는가, 아니면 차단하는가
- AI 인재 양성이 대학·기업·군·공공까지 연결된 구조로 움직이고 있는가
- 공공 데이터와 산업 데이터가 실제로 민간 혁신에 활용 가능한 형태로 개방돼 있는가
- AI를 개별 기업의 생산성 도구로만 다루고 있지는 않은가
- 스마트팩토리, 교통, 의료, 국방 등에서 실사용 단계로 넘어간 비율은 어느 정도인가
- 우리는 AI를 '기업 경쟁력의 도구'로 보는가, '국가 운영 구조를 재설계할 변수'로 보는가

엔비디아 DNA

5장

미래를 낚아채는 기술

AI 인프라 구축의 비밀

EIOFS(Early Indicator Of Future Success):

10년 후 대박을 예견한 신호 읽기(AlexNet, 테슬라 사례)

INFRASTRUCTURE

1
EIOFS:
Early Indicator Of Future Success

AlexNet, CUDA, GPGPU로 검증된 미래 성공의 기술적 신호

기술의 성공은 언제나 사후적으로는 단순해 보인다. GPGPU 이후 가속 컴퓨팅의 일반화, CUDA 이후 GPU 컴퓨팅의 확산, AlexNet 이후 딥러닝의 부상은 지금에 와서는 하나의 필연처럼 설명된다. 마치 처음부터 그 방향이 정해져 있었던 것처럼 말이다. 그러나 실제 그 시점으로 돌아가 보면 상황은 전혀 달랐다. 이 기술들은 대부분 주류가 아니었고, 비효율적이며, 경제성이 없다는 평가를 받았다. 당시의 합리적 기준으로 보면 선택하기 어려운 기술들이었다.

EIOFS, 즉 Early Indicator Of Future Success는 이런 기술을 미리 알아보는 감각이나 직관을 의미하지 않는다. 이것은 통찰의 문제가 아니라 구조의 문제다. EIOFS는 기술이 가진 **구조적 특성**을 분석

엔비디아 DNA

함으로써, 단기 성과와 무관하게 장기적인 성공 가능성을 판별하려는 프레임워크다. 여기에는 하나의 전제가 깔려 있다. 미래에 성공하는 기술은 대부분 현재의 단기적 기준으로 보면 "틀린 선택"처럼 보인다는 점이다.

그래서 EIOFS는 시장 규모, 현재 매출, 단기 ROI를 판단 기준으로 삼지 않는다. 대신 기술이 어떤 성능 곡선을 그리는지, 확장 가능한 축을 내포하고 있는지, 어떤 개발자 행동을 유발하는지, 비용 구조가 시간이 지나며 어떻게 변화하는지, 그리고 기존 산업의 가치 사슬과는 어떤 차이가 있는지를 본다. 이 관점에서 보면, AlexNet과 CUDA, 그리고 GPGPU는 단순한 성공 사례가 아니라 EIOFS의 전형적인 구현물이다.

GPGPU는 처음 등장했을 때부터 정상적인 컴퓨팅 패러다임에서 벗어난 발상이었다. GPU는 원래 그래픽 렌더링을 위해 설계된 하드웨어였고, 프로그래밍 모델 역시 그래픽 파이프라인에 깊이 종속돼 있었다. 부동소수점 정확도는 제한적이었고, 디버깅 도구나 개발 환경은 사실상 존재하지 않았다. CPU에 비해 범용성은 낮았고, 개발 난이도는 높았으며, 성능상의 이점도 특정 연산에 국한돼 있었다. 이 시점에서 GPGPU는 명백히 비경제적인 기술이었다. 그러나 구조를 들여다보면 전혀 다른 모습이 드러난다. GPU는 본질적으로 대규모 병렬 연산을 위해 설계된 장치였다. 동일한 연산을 수천 개의 스레드에 동시에 적용할 수 있었고, 연산 밀도는 CPU와 비교할 수 없을 만큼 높았다. 범용 컴퓨팅에는 부적합해 보였지만, 데이터 병렬 문제에 대해서는 구조적으로 압도적인 확장성을 내포하고 있었다. 여기서 첫 번째 EIOFS 신호가 나타난다. 중요한 것은 성능의 절대값이 아니라, **성장가능성**이였다.

이 잠재력의 가장 큰 장애물은 프로그래밍 난이도였다. CUDA 이전의 GPGPU는 그래픽 API를 우회적으로 사용해야 했고, 이는 연구자와 엔지니어에게 과도한 부담을 주었다. 이 단계에서 대부분의 기업은 동일한 결론에 도달했다. 성능은 인상적일 수 있으나, 개발 비용이 지나치게 높고, 시장은 너무 작다는 판단이었다. 기존 ROI 프레임에서는 즉시 탈락할 수밖에 없는 기술이었다.

CUDA의 등장은 이 구조를 근본적으로 바꾸었다. CUDA는 GPU를 그래픽 장치가 아닌 범용 병렬 컴퓨팅 장치로 재정의했다. C와 C++ 기반의 프로그래밍 모델을 제공했고, 메모리 모델과 스레드 모델을 명시적으로 정의했다. 디버깅과 개발 도구가 갖춰졌고, GPU 아키텍처는 세대를 거치며 확장되면서도 호환성을 유지했다. CUDA는 성능을 소폭 개선한 기술이 아니었다. GPU를 사용할 수 있는 사람의 수 자체를 질적으로 바꾼 기술이었다.

EIOFS 관점에서 보면 CUDA는 여러 신호를 동시에 충족한다. 그래픽 중심이던 기존 가치 사슬을 컴퓨팅 중심으로 전환했고, 개발자들의 접근을 급격히 증가시켰으며, 시간이 갈수록 확장되는 생태계 구조를 만들어냈다. 초기에는 특정 벤더에 종속된 기술이라는 비판을 받았고, CPU 대비 범용성이 떨어진다는 평가도 많았다. GPU 가격 대비 활용률 역시 불확실했다. 전통적인 IT 구매 기준에서는 선택

엔비디아 DNA

하기 어려운 기술이었다.

그러나 구조는 달랐다. CUDA 위에서 개발자 수는 기하급수적으로 늘어났고, 라이브러리는 누적되었으며, 적용 영역은 지속적으로 확장되었다. CUDA는 시간이 지날수록 가치가 쌓이는 플랫폼이었다. 2026년 1월, 현재 CUDA의 다운로드 횟수는 600만 회 이상이다. 경쟁사의 유사한 툴은 약 5,000회 정도 된다. 이러한 측면에서 두 번째 핵심 EIOFS 신호가 확인된다. 초기에는 쓸모없어 보이지만, 시간이 지나면 되돌릴 수 없는 락인이 발생하는 구조다.

AlexNet은 이 모든 요소가 결합된 사건이었다. AlexNet 이전에도 신경망은 존재했다. 그러나 학습 속도는 지나치게 느렸고, 데이터 요구량은 과도했으며, 과적합 문제는 해결되지 않았고, 실용적 응용은 제한적이었다. 이 모든 한계는 알고리즘의 문제가 아니라 컴퓨팅 인프라의 한계에서 비롯된 것이었다.

AlexNet의 본질은 새로운 알고리즘이 아니었다. 이미 존재하던 신경망을 GPU 위에서 대규모로 병렬 학습시켰다는 점이 핵심이었다. GPGPU의 병렬 연산 구조, CUDA가 제공한 개발 용이성, 그리고 데이터 증가에 따른 성능의 지수적 개선이 하나로 결합된 결과였다. AlexNet은 단일 논문이 아니라 컴퓨팅 패러다임 전환을 실증한 사건이었다. 실제적인 AI의 시작을 알린 사건이었다.

2012년 시점에서 AlexNet을 EIOFS로 판별할 수 있었는지는 명확한 질문에 달려 있었다. 이 성능 향상이 일시적인 현상인지, 구조적인 변화인지. 데이터와 연신이 늘어날수록 성능이 계속 개선되는지.

기존 CPU 중심 컴퓨팅 아키텍처로 이 흐름을 따라잡을 수 있는지. 이 질문에 대한 기술적 답은 이미 나와 있었다. GPU의 병렬 구조는 확장 가능했고, CUDA 생태계는 누적형이었으며, CPU 중심 구조는 병렬 확장에 구조적 한계를 가지고 있었다. 성공은 이미 구조적으로 결정돼 있었고, 시장이 이를 인식하지 못했을 뿐이다.

CUDA, GPGPU, AlexNet을 종합해 보면 EIOFS의 공통 패턴은 분명해진다. 이 기술들은 모두 초기에는 학계와 산업의 주류에서 무시됐다. 그러나 하드웨어와 데이터가 증가할수록 성능이 개선되는 구조적 확장성을 가지고 있었고, 소수의 집요한 개발자 집단이 생태계를 밀어 올렸다. 기존 KPI로는 평가가 불가능했으며, 결국 소프트웨어 차원을 넘어 컴퓨팅 인프라 자체를 전환시켰다.

이 때문에 EIOFS는 투자 기준이 아니라 인프라 구축 시점을 판단하는 기준에 가깝다. AI 인프라는 초기에는 과잉 투자처럼 보이고, 단기 활용률은 낮으며, 시간이 지날수록 단가는 급격히 하락한다. 그리고 한 번 늦으면 따라잡기 어렵다. CUDA와 GPU 인프라는 EIOFS가 보였을 때 투자한 조직만이 오늘날의 압도적인 격차를 만들었다.

대부분의 기업과 국가는 여전히 잘못된 질문을 던진다. 지금 시장이 얼마나 큰지, 지금 고객이 있는지, 지금 수익이 나는지를 묻는다. 그러나 EIOFS는 전혀 다른 질문을 요구한다. 이 기술이 시간이 지날수록 큰 시장을 형성하는지, 확장 비용이 감소하는 구조인지, 경쟁자가 구조적으로 따라오기 어려운지를 묻는다. 이 질문을 하지 않으면 EIOFS는 항상 지나간 뒤에만 보인다.

EIOFS는 미래를 맞히는 능력이 아니다. 이미 시작된 미래를 인식하는 기술적 능력이다. AlexNet과 CUDA, GPGPU는 성공했기 때문에 EIOFS가 된 것이 아니라, EIOFS였기 때문에 성공했다. AI 인프라는 시장이 확인된 뒤에 구축하는 자산이 아니다. EIOFS가 확인되는 순간, 아직 대부분이 고개를 젓는 시점에 구축해야 하는 자산이다. 그 선택의 누적이 10년 뒤의 압도적인 격차를 만든다.

2
실전:
엔비디아 기반 AI 인프라 구축의 정석

GPU만 사면 AI가 된다는 착각에 대하여

많은 기업이 AI 도입에 실패하는 이유는 기술력이 부족해서가 아니다. 실패의 원인은 대부분 AI를 하나의 제품처럼 구매할 수 있다고 생각하는 인식에서 비롯된다. GPU 서버를 도입하고 오픈소스 프레임워크를 설치하면, AI가 곧바로 작동할 것이라는 기대다. 그러나 AI는 소프트웨어도, 하드웨어도 아니다. AI는 시스템이며, 인프라 위에서만 성능을 발휘하는 계산 구조다.

이 착각을 가장 잘 설명하는 비유가 있다. 슈퍼카를 구매했지만, 그 차를 비포장도로에서만 운전하는 상황이다. 엔진은 최고 성능이지만, 도로·연료·정비·운전 체계가 이를 받쳐주지 못한다. 이 경우 차량의 성능은 발휘되지 않고, 고장은 빨라지며, 유지 비용만 증가한다. 오늘날 많은 기업의 AI 인프라는 정확히 이 상태에 놓여 있다.

GPU는 AI 인프라의 핵심 구성 요소이지만, 출발점일 뿐 완성물이 아니다. GPU를 중심으로 한 AI 인프라는 연산, 통신, 데이터 공급, 소프트웨어 최적화, 운영 체계가 하나의 아키텍처로 결합될 때 비로소 작동한다. 이 중 어느 하나라도 설계가 잘못되면, 전체 시스템의 성능은 급격히 저하된다.

전통적인 데이터센터는 CPU 중심의 범용 처리를 전제로 설계된다. 반면 AI 인프라는 대규모 병렬 연산과 지속적인 데이터 흐름을 전제로 한다. 이 차이를 이해하지 못한 채 기존 데이터센터 개념을 그대로 적용하면, GPU를 아무리 많이 구매해도 성능은 기대에 미치지 못한다.

AI 인프라의 중심은 단일 GPU가 아니라, GPU 집합을 하나의 논리적 연산 자원으로 묶는 구조다. 대규모 모델 학습은 단일 칩의 성능보다 GPU 간 통신과 동기화 효율에 의해 좌우된다. 이 지점에서 NVLink와 NVSwitch와 같은 스케일업 기술의 중요성이 드러난다. GPU를 단순히 병렬로 나열하는 것과, 고대역폭 인터커넥트로 하나의 연산 공간처럼 묶는 것은 전혀 다른 성능 결과를 만든다. 그러나 많은 기업은 여전히 GPU를 개별 서버 단위의 장비로 취급한다. 이 경우 학습 과정에서 발생하는 파라미터 교환과 그라디언트 동기화가 네트워크 병목에 걸리고, GPU는 계산이 아니라 대기를 하게 된다. GPU 활용률이 30~40%에 머무는 사례가 흔한 이유다. 이 상태에서는 GPU 성능이 아니라 아키텍처 설계 실패가 비용을 잠식한다.

네트워크는 AI 인프라에서 단순한 연결 수단이 아니다. 대규모 학습 환경에서 네트워크는 연산 파이프라인의 일부다. 모델 파라미터 이동, 체크포인트 저장, 다중 노드 간 동기화는 모두 통신 비용을 수반한다. 이 통신이 지연되면 전체 학습 속도는 즉시 저하된다. 엔비디아가 고속 네트워크, RDMA, 그리고 DPU를 강조하는 이유는 네트워크를 단순한 병목이 아니라 연산을 보조하는 구성 요소로 끌어올리기 위해서다.

스토리지 역시 종종 간과되는 요소다. AI 학습은 연산 집약적이지만 동시에 데이터 집약적이다. 스토리지는 데이터를 보관하는 장치가 아니라, GPU가 멈추지 않도록 지속적으로 데이터를 공급하는 장치다. 데이터 로딩이 느리면 GPU는 즉시 유휴 상태에 들어간다. 이는 비용 측면에서 가장 비효율적인 상태다. AI 인프라에서 스토리지는 용량보다 지속 처리량과 병렬 접근성이 중요하다.

하드웨어 설계만으로 AI 인프라는 완성되지 않는다. 실제 성능 차이를 만드는 요소는 소프트웨어 스택이다. CUDA, cuDNN, NCCL, TensorRT, 그리고 최근의 추론 최적화 스택은 단순한 개발 도구가 아니다. 이들은 메모리 관리, 연산 스케줄링, 통신 최적화를 통해 같은 하드웨어에서 몇 배의 실효 성능 차이를 만든다. FLOPS 수치만으로 GPU 성능을 비교하는 것은 실전 환경에서는 거의 의미가 없다.

많은 기업이 이 지점에서 또 하나의 오해에 빠진다. 오픈소스 프레임워크만 설치하면 충분하다고 생각하는 것이다. 그러나 프레임워크는 기본 기능을 제공할 뿐, 하드웨어를 최적화해 제공해주지는 않는다. 엔비디아 기반 AI 인프라의 핵심은 하드웨어와 소프트웨어가 공동 설계co-design된다는 점이다. 이 결합을 이해하지 못하면, 동일한 GPU를 사용하고도 경쟁사 대비 현저히 낮은 성능을 경험하게 된다.

AI 인프라는 구축보다 운영이 더 어렵다. 모델은 지속적으로 업데이트되고, 데이터 분포는 변하며, 사용자의 요구는 고정되지 않는다. 이 변화에 대응하지 못하는 인프라는 빠르게 기술 부채로 전락한다. 성공적인 AI 시스템은 모두 운영을 전제로 설계된 인프라를 갖는다. 모델 버전 관리, 자원 스케줄링, 비용 모니터링, 장애 대응 체계가 없는 AI 인프라는 일회성 데모에 그친다.

실무에서 반복적으로 관찰되는 실패 패턴은 명확하다. GPU 수량만 늘리고 네트워크와 스토리지를 고려하지 않는 경우, 실험 환경을 그대로 서비스로 확장하는 경우, 소프트웨어 최적화를 경시하는 경우다. 이 실패들은 기술 역량의 문제가 아니라 설계 단계에서의 판단 오류에서 발생한다.

엔비디아 기반 AI 인프라의 정석은 복잡해 보이지만, 접근 순서는 명확하다. 먼저 워크로드를 정의해야 한다. 학습 중심인지, 추론 중심인지, 모델의 크기와 성장 경로는 무엇인지가 분명해야 한다. 그 다음 스케일 전략을 결정한다. 단순한 노드 확장이 필요한지, 고속 인터커넥트를 통한 스케일업이 필요한지 판단해야 한다. 이와 동시에 네트워크와 스토리지를 설계하고, 소프트웨어 스택을 통합하며, 운영 자동화를 전제로 한 구조를 만들어야 한다. 엔비디아가 GPU만 판매하지 않고 풀스택을 강조하는 이유는 여기에 있다. AI 성능은 칩 하나로 결정되지 않는다. GPU, 네트워크, 소프트웨어, 운영이 결합될 때만 AI는 연구 단계를 넘어 산업화된다. 이 접근은 초기 비용만 보면 비싸 보일 수 있다. 그러나 장기적으로 보면 가장 낮은 총소유비용을 만드는 구조다.

　AI 인프라는 유행 기술이 아니다. 한 번 구축되면 경쟁 구조를 고정시키는 장기 자산이다. GPU만 구매하는 것은 출발선에 서는 것에 불과하다. 진짜 차이는 그 위에 어떤 아키텍처를 올리고, 어떤 소프트웨어 스택을 얹고, 어떤 운영 체계를 구축하느냐에서 발생한다.

3
AI 도입 성공과 실패를 가르는
세 가지 핵심 조건

데이터·모델·GPU가 맞물리는 순간,
AI는 프로젝트가 아니라 자산이 된다

AI 도입이 실패하는 이유는 더 이상 "기술을 몰라서"가 아니다. 오히려 실패의 상당수는 기술을 안다고 생각하기 때문에 발생한다. 모델을 고르고, GPU를 사고, 프레임워크를 설치하면 AI가 만들어질 것이라는 기대다. 그러나 AI는 그렇게 만들어지지 않는다. AI는 단일기술이 아니라, 데이터의 흐름과 모델의 형태, 그리고 연산 능력이라는 세 축이 결합된 시스템이다. 이 세 축은 따로 존재하지 않으며, 어느 하나만으로 성공을 보장하지 않는다.

AI 프로젝트가 "파일럿"을 넘어 "운영"으로 넘어가려면, 조직은 세가시 조건을 동시에 만족해야 한다. 첫째, 데이터가 자산으로 축적되고 순환되는 구조를 갖추어야 한다. 둘째, 모델을 선택하고 적용하는 방식이 조직의 데이터 성숙도와 리스크 구조에 맞아야 한다. 셋째, 그 모델을 실제로 돌릴 수 있는 연산 인프라, 특히 GPU가 충분한 규모와 안정성을 갖추어야 한다.

이 세 조건은 순서가 아니라 맞물림이다. 데이터가 강해도 GPU가 부족하면 AI는 느리고 비싸며 불안정하다. GPU가 많아도 데이터가 빈약하면 AI는 멋진 데모에 그친다. 모델이 아무리 좋아도 선택 방식이 잘못되면 성능은 불안정하고 운영 비용은 폭발한다.

이 장에서는 AI 도입 성공과 실패를 가르는 세 가지 조건을, "노하우"가 아니라 구조적 조건으로 기술한다. 그리고 그 구조는 결국 데이터-모델-GPU로 수렴한다.

첫 번째 조건: 데이터가 축적되는 기업이 결국 이긴다

AI의 원유는 데이터가 아니라, "조직 내부에 쌓인 의미 있는 데이터"다. AI는 데이터 없이 작동할 수 있지만, 경쟁력 있는 AI는 데이터 없이 존재할 수 없다. 모델은 범용 지능을 제공할 수 있다. 그러나 기업이 실제로 원하는 것은 범용 지능이 아니다. 기업이 원하는 것은 "우리 고객", "우리 제품", "우리 공정", "우리 규정", "우리 계약", "우리 리스크"에 최적화된 판단과 실행이다. 이 영역은 외부의 공개 데이터로 채워지지 않는다. 결국 기업이 경쟁 우위를 가지려면, 기업 내부에 축적된 데이터가 AI의 판단 근거가 되어야 한다. 데이터가 많은 기업일수

엔비디아 DNA

록 유리하다는 말은 흔하다. 그러나 이 말은 단순한 양의 문제가 아니다. AI에서 데이터가 "많다"는 것은 다음을 동시에 의미한다.

1) 데이터가 지속적으로 생성되고흐름, 2) 구조화 또는 준구조화되어 있으며형태, 3) 의미와 맥락이 함께 저장되고문맥, 4) 결과가 다시 데이터로 환류되는피드백 구조를 가진다순환.

이 네 가지가 갖춰진 기업의 데이터는 단순한 기록이 아니라 학습 가능한 자산이 된다. 그때부터 AI는 성능이 개선될수록 더 많은 데이터를 끌어들이고, 더 많은 데이터는 다시 성능을 개선하는 자기증폭 구조로 들어간다. AI 도입에서 가장 무서운 것은 경쟁사가 더 좋은 모델을 쓰는 것이 아니라, 경쟁사가 이 자기증폭 구조에 먼저 들어가는 것이다.

젠슨이 "데이터가 많은 기업은 금광을 갖고 있다"는 취지의 말을 한 이유도 여기에 있다. 금광은 땅속에 금이 묻혀 있다고 해서 자동으로 부가 되는 것이 아니다. 채굴 장비가 필요하고, 정제 공정이 필요하며, 유통 체계가 필요하다. 데이터도 동일하다. 기업 내부에 데이터가 쌓여 있다는 사실은 잠재력일 뿐이다. 그 데이터가 AI에 의해 "채굴"되고 "정제"되어 "지능"으로 생산될 수 있을 때, 비로소 금광이 된다. 여기서 많은 기업이 첫 번째로 착각하는 지점이 있다. 데이터가 많으면 AI가 된다고 믿는 것이다. 그러나 데이터가 많아도 다음 문제가 해결되지 않으면 AI는 작동하지 않는다.

- 데이터가 사일로로 분리되어 있음

- 데이터 정의가 부서마다 다름

- 최신성과 정확성이 관리되지 않음

- 민감 정보PII, 영업기밀 처리 기준이 불명확함

- 데이터 품질을 측정할 수 없음

- "정답"이 무엇인지 합의되어 있지 않음

이 상태에서 AI를 도입하면, 모델이 아니라 데이터가 프로젝트를 무너뜨린다. AI 성능 저하의 상당수는 모델의 한계가 아니라 데이터의 불완전성에서 발생한다. 데이터가 섞여 있고, 기준이 다르고, 신뢰할 수 없다면 모델은 그 불완전성을 학습한다. 그 결과는 "똑똑한 듯 보이지만 결정적인 순간에 틀리는 AI"로 나타난다. 기업 운영에서 이 유형의 AI는 가장 위험하다. 사람들은 AI를 신뢰하다가 한 번의 실패로 신뢰를 완전히 잃는다. 그 순간 AI는 사용되지 않는 시스템이 된다.

성공하는 기업은 이 문제를 기술 문제가 아니라 데이터 운영 문제로 처리한다. 데이터를 단지 저장하는 것이 아니라, AI가 읽고 학습하고 검색할 수 있도록 정리한다. 즉, AI 도입의 첫 단계는 모델 구매가 아니라 데이터를 지능 생산에 적합한 형태로 바꾸는 과정이다. 이 과정은 보통 다음의 변화로 구체화된다. 데이터를 "업무의 부산물"로 보던 조직이, 데이터를 "생산 자산"으로 보기 시작한다. 로그, 상담 기록, 계약 문서, 품질 검사 기록, 설비 센서 데이터, 콜센터 대화, 내부 지식 문서, 개발 티켓, 장애 리포트, 영업 활동 기록 같은 것들이 단순 기록이 아니라 AI의 학습·검색·추론의 재료가 된다.

데이터가 많은 기업이 유리하다는 말은 결국 이렇게 번역된다. **데이터가 많고, 데이터가 연결되어 있으며, 데이터가 순환하는 기업은 더 좋은 AI를 만들 수 있다.** 그리고 그 AI는 다시 더 많은 데이터 흐름을 만든다. 이 구조가 만들어지면 경쟁자는 모델로 따라잡기 어렵다. 왜냐하면 경쟁자가 따라잡아야 하는 것은 모델이 아니라 데이터의 누적과 순환이기 때문이다.

두 번째 조건: 모델을 "고르는" 것이 아니라 "사용 구조를 설계"해야 한다

① 그대로 쓰기 ② 파인튜닝 ③ 조합RAG·LoRA·LangChain**의 선택은 기술이 아니라 운영 구조의 선택이다.**

많은 조직이 AI 도입에서 가장 중요한 의사결정이 "어떤 모델을 선택할 것인가"라고 생각한다. 그러나 실전에서는 모델 선택은 단일한 문제가 아니다. 기업이 직면하는 선택은 대체로 세 가지 형태로 정리된다. 그리고 이 세 가지는 성능의 우열이라기보다 리스크·비용·통제·속도·차별화의 균형점이 어디에 있는지를 결정한다.

첫 번째 선택은 글로벌 테크 기업이 제공하는 모델을 그대로 사용하는 방식이다. 이 접근은 도입 속도가 빠르고, 초기 구축 난이도가 낮으며, 모델의 범용 성능은 이미 검증되어 있다. 그러나 이 방식은 기업 고유의 업무 맥락과 내부 지식이 충분히 반영되기 어렵다. 또한 데이터 보안, 규제 준수, 지식 유출에 대한 우려가 큰 산업에서는 적용 범위가 제한될 수 있다. 무엇보다 이 방식은 "누구나 같은 모델을 쓸 수 있다"는 사실 때문에 차별화가 어렵다. 범용 모델은 업무 생산성을 올려줄 수 있지만, 경쟁 우위를 보장하지는 않는다.

두 번째 선택은 글로벌 모델을 기반으로 자체 데이터를 파인튜닝해 사용하는 방식이다. 이 방식은 이론적으로 이상적이다. 범용 지능 위에 기업 고유의 지식과 문체, 정책, 용어 체계를 얹을 수 있기 때문이다. 그러나 이 접근은 운영 난이도가 높다. 파인튜닝은 단지 학습 한 번으로 끝나지 않는다. 데이터 정제, 라벨링, 재학습 주기, 모델 버전 관리, 평가 체계, 안전성 검증까지 모두 필요하다. 기업 내부에 이 과정을 지속적으로 수행할 수 있는 역량이 없다면, 파인튜닝은 비용만 증가시키고 효과는 제한될 수 있다. 잘못된 데이터로 파인튜닝을 하면 성능이 좋아지는 것이 아니라 "특정 오류를 더 강하게 학습"하는 역효과가 발생하기도 한다.

이 두 선택 사이에서 현실적으로 가장 많이 선택되는 것이 세 번째 방식이다. 글로벌 모델과 AI 툴을 기반으로 하되, RAG, LoRA 같은 경량 적응 기법, 그리고 LangChain류의 오케스트레이션 도구를 활용해 모델을 바꾸기보다 모델을 둘러싼 사용 구조를 바꾸는 방식이다. 이 방식이 선호되는 이유는 명확하다. 기업이 AI로 얻고 싶은 것은 "모델 자체의 지식"이 아니라 "기업 내부 데이터에 기반한 정확한 답변과 실행"이다. RAG는 모델이 가진 내부 지식을 늘리려 하지 않는다. 대신 모델이 답을 만들 때 참고해야 할 근거를 기업 데이터에서 가져오게 한다. 즉, 학습을 통한 변화가 아니라, 검색을 통한 근거 공급으로 정확도를 끌어올린다. 이 접근은 다음 장점을 갖는다.

첫째, 데이터가 내부에 남는다. 기업 데이터는 학습 데이터로 외부로 이동하지 않아도 된다. 벡터화된 임베딩과 인덱스 형태로 내부에 존재하며, 접근 통제와 로그가 남는다. 규제 산업에서 특히 중요한 구조다.

둘째, 업데이트가 빠르다. 정책이 바뀌고, 제품이 바뀌고, 문서가 바뀌면 모델을 재학습할 필요 없이 데이터베이스를 업데이트하면 된다. 기업 환경은 변한다. 모델을 재학습하는 방식은 그 변화 속도를 따라가기 어렵다.

셋째, 운영 비용과 리스크가 낮다. 대규모 파인튜닝은 비용과 리스크가 크다. 반면 RAG 기반 구조는 비교적 작은 변경으로 성능을 개선할 수 있다. 물론 RAG도 설계가 미흡하면 환각을 줄이지 못하고, 오히려 근거 품질 문제를 드러낼 수 있다. 그러나 그 경우에도 문제는 모델이 아니라 데이터와 검색 구조로 귀결되므로, 개선 경로가 명확하다.

넷째, 시스템으로 확장하기 쉽다. LangChain류의 도구가 의미를 갖는 지점은 "모델 호출"이 아니라 "업무 흐름 구성"이다. 모델 한 번 호출로 끝나는 업무는 드물다. 실제 업무는 검색, 요약, 비교, 검증, 계산, 승인 요청, 기록 저장 같은 단계로 구성된다. 이 단계들을 오케스트레이션하는 구조가 마련되면 AI는 챗봇이 아니라 업무 엔진이 된다.

다섯째, 필요한 만큼만 적용시킬 수 있다. LoRA 같은 경량 기법은 전체 모델을 바꾸지 않고도 특정 도메인 적응을 가능하게 한다. 파인 튜닝의 비용과 리스크를 줄이면서도, 일정 수준의 도메인 정렬을 얻을 수 있다.

그래서 대부분의 기업은 ③을 선호한다. 그 이유는 "기술적으로 더 뛰어나서"가 아니라, 기업이 감당할 수 있는 운영 구조 안에서 가장 현실적인 성능－비용－통제의 균형점을 제공하기 때문이다. 결국 모델 선택은 "모델의 IQ"를 고르는 문제가 아니라, "우리 조직의 데이터와 운영 역량에 맞는 사용 구조"를 설계하는 문제다.

세 번째 조건: GPU가 부족하면 AI는 느리고 비싸며 불안정해진다

③ 방식일수록 GPU가 덜 필요하다는 착각이 가장 위험하다.

세 번째 조건은 GPU다. 많은 조직은 AI를 도입할 때 GPU를 "학습을 위한 장비"로만 이해한다. 그래서 학습을 하지 않겠다고 결정하면 GPU 부담이 줄어든다고 생각한다. 그러나 실제 운영에서 가장 많은 연산 비용을 발생시키는 것은 종종 학습이 아니라 추론inference이다. 특히 기업이 ③ 방식—RAG·오케스트레이션 기반—을 선호할수록, GPU는 결코 덜 필요해지지 않는다. 오히려 GPU가 부족하면 ③ 방식은 즉시 운영 한계에 부딪힌다.

RAG는 검색 기반이라고 해서 가볍지 않다. RAG를 제대로 구현하

엔비디아 DNA

면 다음 연산이 필연적으로 발생한다. 문서 임베딩 생성**대량의 배치 연산**, 실시간 쿼리 임베딩 생성**저지연 필요**, 벡터 검색**메모리·인덱스·CPU/GPU 조합**, 리랭킹**정확도를 위해 모델 호출 추가**, 프롬프트 구성**컨텍스트 윈도우 관리**, LLM 추론**토큰 생성**, 결과 검증**정책·근거·금칙어·PII 필터링**, 툴 호출**계산·검색·DB 업데이트· 워크플로우.**

즉, ③ 방식은 모델을 "학습"하지 않더라도, 모델을 "운영"하는 과정에서 연산을 지속적으로 소비한다. 그리고 기업 환경에서 가장 중요한 것은 "한 번의 데모"가 아니라 "수천 명이 매일 쓰는 운영"이다. 운영으로 들어가는 순간, GPU 요구량은 선형이 아니라 기하급수적으로 커진다. GPU는 단지 빨라지는 장치가 아니다. GPU는 비용 구조를 바꾸는 장치다. 모델이 CPU에서도 돌 수는 있다. 그러나 기업이 원하는 응답 시간, 동시 사용자 수, 안정성을 만족시키려면 GPU가 사실상 필수다. 특히 에이전트형 업무 자동화가 결합되면 모델 호출 횟수는 급증한다. 한 번 질문에 한 번 답하는 것이 아니라, 질문하나에 검색-요약-검증-계산-보고서 작성이 연쇄적으로 일어나기 때문이다. 이때 GPU가 부족하면 시스템은 느려지고, 느려지면 사용자는 떠나고, 사용자가 떠나면 AI는 "쓸모없는 시스템"이 된다.

GPU 요구는 학습이 아니라 "토큰 생산량"에 의해 결정된다. 기업이 AI를 도입한다는 것은, 내부에서 매일 엄청난 양의 토큰을 생성한다는 의미다. 이 토큰 생산량은 곧 고객 응대 속도, 문서 처리량, 개발 생산성, 리스크 검토 속도를 결정한다. 더 많은 GPU는 더 많은 토큰을 더 낮은 비용으로 생산하게 한다. GPU가 많고 강력할수록 AI 운영은 안정적이고 예측 가능해진다. 여기서 AI 도입 실패의 반복 패턴이 나타난다. 초기에는 소규모 GPU로 파일럿을 한다. 성능이 괜찮아 보인다. 그래서 서비스로 확장한다. 그 순간 동시 접속이 늘고, 쿼리가 늘고, 문서가 늘고, 호출이 늘면서 GPU는 포화된다. 응답은 느려지고, 비용은 올라가고, 장애는 잦아진다. 결국 "AI는 아직 이르다"는 결론이 나온다. 그러나 실제로 이 결론은 틀렸다. AI가 이른 것이 아니라, GPU 규모가 운영을 감당하지 못한 것이다.

③ 방식을 제대로 운영하려면 GPU가 필요하다. 오히려 ③ 방식은 "모델-검색-리랭킹-추론-검증-툴 호출"이라는 다단계를 만들기 때문에, GPU가 충분하지 않으면 전체 파이프라인이 병목에 빠진다. 특히 리랭킹과 검증 단계는 품질을 올릴수록 연산 비용이 증가한다. 기업이 "정확도"를 중요하게 생각할수록 GPU는 더 필요해진다. 정확도는 공짜가 아니다. 정확도는 연산으로 구매한다.

결국 세 번째 조건은 이렇게 정리된다. AI 도입은 모델을 구매하는 것이 아니라, 연산 능력을 확보하는 경영 의사결정이다. AI가 만든 생산성은 토큰 생산량과 직결되고, 토큰 생산량은 GPU로 결정된다. 더 많은, 더 강력한 GPU를 확보한 조직은 더 빠르게 시도하고, 더 많이 운영하고, 더 빨리 개선한다. 반대로 GPU가 부족한 조직은 시도 자체가 느리고, 운영은 불안정하며, 개선 속도는 떨어진다.

세 조건의 결합: 데이터가 금광이라면, 모델은 제련 기술이고, GPU 는 채굴 장비다

세 가지 조건은 별개가 아니다. 데이터는 금광이고, 모델은 금을 제련하는 기술이며, GPU는 금을 캐고 정제 공정을 돌리는 장비다. 금광이 있어도 장비가 없으면 금은 땅속에 묻힌 채로 남는다. 제련 기술이 있어도 원석이 없으면 공장은 멈춘다. 장비가 있어도 원석이 없으면 헛돌 뿐이다. AI 도입의 성공은 이 세 요소를 같은 속도로 성숙시키는 능력에서 발생한다. 데이터가 많은 기업이 AI에 유리한 이유는 단순히 학습이 쉬워서가 아니다. 그 기업은 AI가 사용할 수 있는 근거를 가지고 있고, 그 근거를 업데이트할 수 있으며, 그 근거를 운영 과정에서 다시 개선할 수 있다. 이 구조는 모델보다 강력한 해자다. 모델은 바뀐다. 그러나 데이터의 누적과 순환은 쉽게 복제되지 않는다.

대부분의 기업이 ③ 방식RAG·LoRA·LangChain 등을 선호하는 이유도 여기에 연결된다. 데이터를 학습시키는 것이 아니라 연결함으로써 성과를 빠르게 내고, 운영하면서 데이터 품질을 올리는 방식이 현실적이기 때문이다. 그러나 그 방식이 성공하려면 마지막으로 GPU가 필요하다. 운영 규모가 커질수록 GPU는 필수 인프라가 된다. GPU가 부족하면, 결국 품질·속도·비용 중 하나를 포기해야 한다. 기업은 대부분 속도와 비용을 포기할 수 없다. 그래서 GPU는 "옵션"이 아니라 "조건"이 된다.

AI 도입은 기술 프로젝트가 아니다. 데이터 자산화, 모델 사용 구조 설계, GPU 기반 운영 체계의 결합이다. 이 결합을 만든 조직만이 AI를 파일럿에서 운영으로, 운영에서 경쟁력으로 전환한다. 반대로 이 결합을 만들지 못한 조직은 AI를 "한 번 해본 기술"로 남긴다.

4
디지털 트윈 혁명:
제조와 물류를 근본적으로
바꾸는 '가상 현실 공장'

디지털 트윈은 새로운 개념이 아니다. 그러나 지금의 디지털 트윈은 과거와 전혀 다른 의미를 갖는다. 과거의 디지털 트윈이 설비나 공정을 "그려보는 것"에 가까웠다면, 오늘날의 디지털 트윈은 현실 세계의 의사결정과 실행을 대신 설계하고 검증하는 계산 시스템에 가깝다. 이 변화는 단순한 기술 발전이 아니라, 제조와 물류 산업이 더 이상 기존 방식으로는 확장될 수 없다는 구조적 한계에서 비롯됐다.

제조와 물류는 오랫동안 물리 세계의 산업이었다. 설비를 설치하고, 공정을 설계하고, 사람과 장비가 움직이며, 문제가 생기면 현장에서 수정했다. 이 방식은 규모가 작고 변화가 느릴 때는 작동했다. 그러나 오늘날의 제조·물류 환경은 전혀 다르다. 제품 수명은 짧아졌고, 수요 변동성은 커졌으며, 글로벌 공급망은 불안정해졌다. 이 환경에서 "일단 만들어보고, 문제가 생기면 고친다"는 방식은 더 이상 감당 가능한 리스크가 아니다.

디지털 트윈이 필수가 된 이유는 단순하다. 현실에서 실험하기에는 비용과 리스크가 너무 커졌기 때문이다. 생산 라인을 한 번 멈추는 비용, 물류 동선을 잘못 설계했을 때의 손실, 설비 배치를 바꾸기 위한 시간과 자본은 점점 감당하기 어려운 수준으로 커지고 있다. 디지털 트윈은 이 리스크를 현실이 아니라 가상 공간에서 먼저 소모하게 만드는 장치다. 그러나 디지털 트윈을 단순한 3D 시각화로 이해하면, 이 기술은 곧 한계에 부딪힌다. 진정한 디지털 트윈은 "보여주는 기술"이 아니라 "계산하는 기술"이다. 설비가 어떻게 생겼는지가 아니라, 어떻게 움직이고, 어떻게 상호작용하며, 어떤 조건에서 병목이 발생하는지를 계산해야 한다. 이 계산이 가능해지는 순간, 디지털 트윈은 시뮬레이션을 넘어 의사결정 엔진이 된다.

제조 공정을 예로 들면, 디지털 트윈은 단순히 공장 레이아웃을 재현하지 않는다. 설비의 가동 주기, 작업자 이동 경로, 로봇의 동작 시간, 자재 흐름, 에너지 소비, 유지보수 주기까지 모두 변수로 포함한다. 이 변수들은 서로 독립적이지 않다. 하나의 변경이 연쇄적으로 다른 요소에 영향을 준다. 현실에서는 이 연쇄 효과를 사전에 계산하기 어렵다. 디지털 트윈은 이 복잡한 상호작용을 가상 공간에서 반복적으로 계산할 수 있게 만든다.

이 지점에서 디지털 트윈은 AI와 결합한다. AI는 과거 데이터를 학습해 패턴을 발견하고, 디지털 트윈은 그 패턴이 현실에서 어떻게 전개될지를 시뮬레이션한다. 예를 들어, 특정 설비의 고장 확률이 높아졌을 때, 그 고장이 전체 생산량에 어떤 영향을 미치는지, 대체 경로를 선택하면 어떤 비용과 시간이 발생하는지를 미리 계산할 수 있다. 이는 단순한 예측이 아니라, 행동 가능한 시나리오 생성이다.

물류 영역에서는 이 효과가 더욱 극명하게 나타난다. 물류는 본질적으로 공간과 시간의 문제다. 어느 창고에 어떤 물량을 배치할 것인지, 어떤 경로로 이동시킬 것인지, 어느 시점에 어떤 차량을 투입할 것인지에 따라 비용과 속도는 크게 달라진다. 기존 방식은 경험과 규칙 기반 최적화에 의존했다. 그러나 물류 환경이 복잡해질수록 이 방식은 한계를 드러낸다. 디지털 트윈 기반 물류 시스템은 모든 이동과 적재, 대기 시간을 계산 가능한 상태로 만든다. 차량 한 대의 동선 변경이 전체 배송 지연에 어떤 영향을 주는지, 특정 창고의 처리 능력이 떨어질 때 병목이 어디서 발생하는지를 가상 환경에서 먼저 확인할 수 있다. 이 구조에서는 물류 운영이 "감각"이 아니라 계산 결과에 의해 결정된다.

여기서 중요한 점은, 디지털 트윈이 정적인 모델이 아니라는 사실이다. 현실 세계의 데이터가 지속적으로 유입되고, 그 데이터가 디지털 트윈을 업데이트한다. 센서 데이터, 생산 로그, 물류 이동 기록, 재고 변화, 주문 패턴이 실시간 또는 준실시간으로 반영된다. 이 순간 디지털 트윈은 과거를 복제하는 모델이 아니라, 현재를 반영하고 미래를 예측하는 동적 시스템이 된다.

이러한 디지털 트윈은 막대한 연산을 요구한다. 수천 개의 설비, 수만 개의 이벤트, 복잡한 물리 법칙과 확률 모델을 동시에 계산해야 한다. 단순 CPU 기반 시스템으로는 이 계산을 실시간에 가깝게 수행하기 어렵다. 이 지점에서 GPU 기반 시뮬레이션의 의미가 등장한다. GPU는 병렬 계산을 통해 수많은 시나리오를 동시에 평가할 수 있다. 디지털 트윈이 "현실보다 느린 모형"이 아니라, 현실과 거의 동시에 반응하는 계산 환경이 되기 위해서는 GPU가 필수적이다.

디지털 트윈이 제조와 물류를 근본적으로 바꾸는 이유는, 이 기술이 단순히 효율을 높이기 때문이 아니다. 디지털 트윈은 의사결정의 위치를 바꾼다. 기존에는 현장이 의사결정의 중심이었다. 문제를 보고, 판단하고, 수정했다. 디지털 트윈 환경에서는 의사결정의 상당 부분이 가상 공간에서 먼저 이루어진다. 현실은 그 결과를 실행하는 단계가 된다.

이 변화는 조직의 역할도 바꾼다. 현장 운영자는 문제를 "해결하는 사람"에서, 디지털 트윈이 제안한 시나리오를 검증하고 선택하는 사람으로 이동한다. 엔지니어는 설비를 직접 조정하는 역할에서, 시뮬레이션 모델을 설계하고 개선하는 역할로 이동한다. 이는 인력 구조의 변화이자, 기술 숙련도의 변화다. 디지털 트윈은 자동화의 마지막 단계를 가능하게 한다. 자동화는 단순 반복 작업을 기계로 대체하는 것에서 시작해, 점점 의사결정 영역으로 확장돼 왔다. 그러나 의사결정 자동화는 항상 위험을 동반한다. 잘못된 판단의 비용이 크기 때문이다. 디지털 트윈은 이 위험을 낮춘다. 자동화된 판단을 현실에 적용하기 전에, 가상 환경에서 충분히 검증할 수 있기 때문이다.

이 구조가 완성되면, 제조와 물류는 더 이상 "사후 대응 산업"이 아니다. 문제가 발생한 뒤에 고치는 산업이 아니라, 문제가 발생하기 전에 시나리오를 바꾸는 산업이 된다. 이는 생산성과 비용 구조뿐 아니라, 기업의 경쟁 전략 자체를 바꾼다. 더 빠르게 실험하고, 더 안전하게 확장하며, 더 낮은 리스크로 혁신할 수 있기 때문이다. 디지털 트윈은 결국 AI와 물리 세계를 연결하는 다리다.

AI는 데이터에서 패턴을 찾고, 디지털 트윈은 그 패턴이 현실에서 어떻게 작동할지를 계산한다. 이 결합이 없으면 AI는 추상적 예측에 머무르고, 디지털 트윈은 정적인 시각화에 머문다. 두 기술이 결합될 때, 제조와 물류는 처음으로 계산 가능한 산업이 된다. 이것이 디지털 트윈 혁명의 본질이다. 가상 현실 공장은 보여주기 위한 기술이 아니다. 그것은 현실을 더 잘 통제하기 위한 사전 계산의 공간이다. 제조와 물류가 이 공간을 받아들이는 순간, 경쟁의 기준은 설비 규모가 아니라 시뮬레이션과 의사결정 속도로 이동한다.

엔비디아 DNA

5
트레이닝보다 훨씬 큰 시장, 인퍼런스

AI 수요의 중심은 이미 '학습'에서 '사용'으로 이동하고 있다

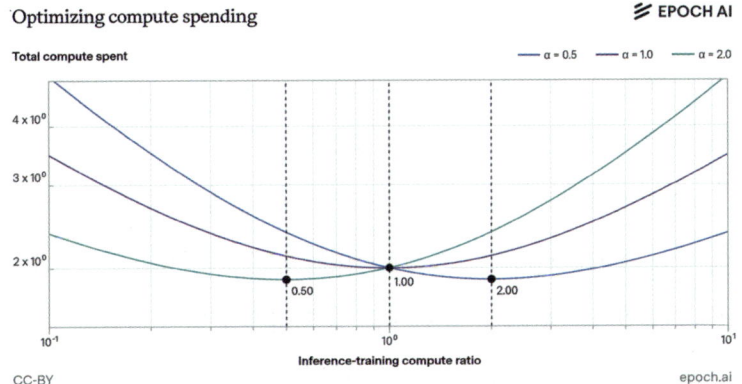

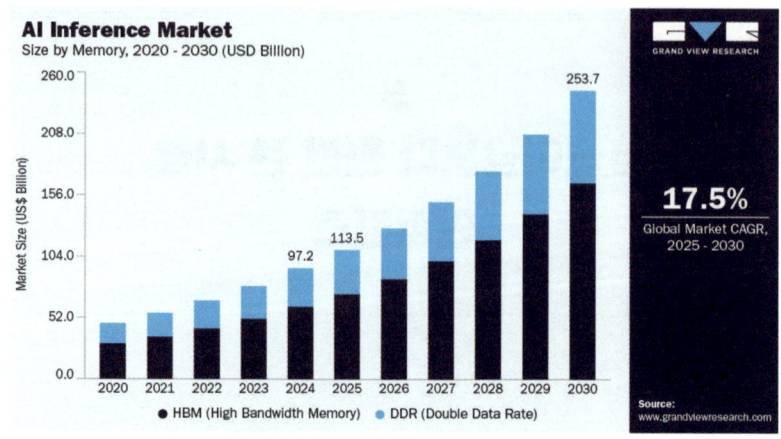

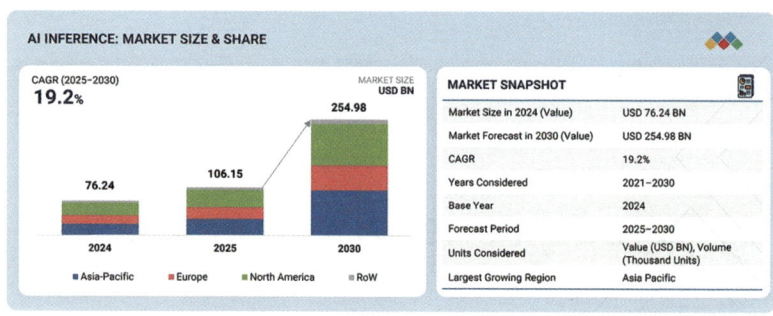

AI 수요를 설명할 때 오랫동안 중심에 놓여 있던 것은 트레이닝이었다. 얼마나 큰 모델을 학습할 수 있는지, 얼마나 많은 GPU를 동원해 학습을 완료했는지가 AI 기술력의 척도처럼 받아들여졌다. 이 관점에서 보면 AI 시장은 대규모 트레이닝 경쟁의 연장선으로 보인다. 그러나 이 인식은 AI가 연구 단계를 넘어 실제 산업과 기업 운영으로 진입하는 순간, 급격히 현실과 어긋나기 시작한다.

별첨의 곡선이 보여주는 메시지는 단순하다. 트레이닝은 짧고 집중된 수요인 반면, 인퍼런스는 지속적이고 폭발적으로 증가하는 수요라는 점이다. 이 차이는 일시적인 현상이 아니라, AI가 사용되는 방식 자체에서 비롯된 구조적 결과다.

트레이닝은 이벤트다. 모델을 한 번 만들거나, 주기적으로 업데이트할 때 발생한다. 반면 인퍼런스는 행위다. 사용자가 질문할 때마다, 문서가 처리될 때마다, 에이전트가 판단을 내릴 때마다 발생한다. 이 차이가 누적되면 시장의 크기는 비교 자체가 불가능해진다.

별첨 그래프에서 왼쪽의 가파른 피크는 트레이닝을 상징한다. 짧은 시간에 막대한 연산 자원이 투입되지만, 그 이후에는 급격히 수요가 줄어든다. 반대로 오른쪽으로 갈수록 완만하지만 지속적으로 상승하는 곡선은 인퍼런스를 나타낸다. 이 곡선은 시간이 지날수록 가속된다. 이유는 단순하다. AI가 '도입'되는 것이 아니라 '상시 사용'되기 시작하기 때문이다.

기업 환경에서 AI는 더 이상 실험용 도구가 아니다. 고객 응대, 내부 문서 처리, 개발 보조, 법무 검토, 영업 지원, 제조·물류 최적화, 디지털 트윈, 에이전트 기반 업무 자동화까지 AI는 일상 업무의 한가운데로 들어왔다. 이 순간부터 AI는 "가끔 쓰는 기술"이 아니라, 항상 작동해야 하는 인프라가 된다. 그리고 항상 작동하는 AI는 항상 인퍼런스를 소비한다.

여기서 중요한 전환이 발생한다. AI 시장의 중심은 더 이상 "누가 가장 큰 모델을 학습했는가"가 아니라, "누가 가장 많은 AI 사용량을 안정적으로 감당할 수 있는가"로 이동한다.

이 변화는 수요 곡선의 형태를 근본적으로 바꾼다 트레이닝 수요는 상한이 있다. 한 모델을 학습하는 데 필요한 연산량은 정해져 있고, 효율이 개선될수록 오히려 줄어들 수 있다. 반면 인퍼런스 수요는 상한이 없다. 사용자가 늘어날수록, AI가 연결되는 업무가 늘어날수록, 에이전트가 자율적으로 행동할수록 인퍼런스 호출은 기하급수적으로 증가한다.

별첨 이미지에 표시된 "71,000x"라는 수치는 이 구조적 변화를 상징적으로 보여준다. 에이전트형 AI가 본격적으로 확산되면, 인퍼런스는 더 이상 "질문에 답하는 행위"에 머무르지 않는다. 에이전트는 목표를 받고, 계획을 세우고, 여러 도구를 호출하며, 결과를 검증한다. 이 과정에서 하나의 사용자 요청은 수십, 수백 번의 인퍼런스 호출로 분해된다. 이때 발생하는 연산량은 기존의 챗봇 기반 인퍼런스와 차원이 다르다.

즉, 인퍼런스 수요는 사용자 수 × 업무 깊이 × 에이전트 자율성의 곱으로 증가한다. 이 곱셈 구조가 만들어지는 순간, 트레이닝과 인퍼런스를 같은 시장으로 비교하는 것은 의미를 잃는다. 트레이닝은 준비 단계의 비용이고, 인퍼런스는 운영 단계의 매출과 비용 구조다.

이 변화는 GPU 수요의 성격도 바꾼다. 트레이닝 GPU는 주로 대규모 배치 작업을 처리한다. 일정 기간 동안 집중적으로 사용되고, 이후에는 유휴 상태로 전환될 수 있다. 반면 인퍼런스 GPU는 항상 켜져 있어야 한다. 지연이 허용되지 않고, 동시 요청을 감당해야 하며, 예측 불가능한 피크를 흡수해야 한다. 이 때문에 인퍼런스 중심 환경에서는 GPU의 수요가 더 분산되고, 더 넓게, 더 오래 유지된다.

기업 입장에서 보면 이 차이는 결정적이다. 트레이닝은 CAPEX 성격이 강하다. 한 번 투자하고, 일정 기간 사용한다. 반면 인퍼런스는 OPEX 성격이 강하다. 매일, 매시간, 매분 비용이 발생한다. AI가 핵심 업무로 들어갈수록, 인퍼런스 비용은 기업의 고정비에 가까워진다. 이때 인퍼런스를 효율적으로 처리하지 못하면, AI는 경쟁력이 아니라 비용 폭탄이 된다. 그래서 AI 실전 배포의 성공 여부는 트레이닝이 아니라 인퍼런스에서 갈린다. 모델의 정확도가 1~2% 높은 것보다, 응답 속도가 빠르고 비용이 예측 가능한 것이 훨씬 중요해진다. 사용자는 최고의 답보다 즉시 사용할 수 있는 답을 원한다. 기업은 최고의 모델보다 지속적으로 운영 가능한 모델을 원한다.

이 지점에서 "Private AI"와 같은 개념이 등장한다. 기업 내부 데이터와 규제, 보안 요구사항을 만족시키기 위해 AI를 내부 인프라 또는 전용 환경에서 운영하려는 움직임이다. 이 역시 트레이닝보다는 인퍼런스 중심의 요구다. 모델을 내부에서 새로 학습하는 것이 아니라, 내부 데이터에 기반한 대규모 인퍼런스를 안정적으로 처리하는 것이 목적이기 때문이다.

결국 AI 수요의 미래는 이렇게 정리된다. 트레이닝은 계속 중요하다. 그러나 시장의 크기, 지속성, 반복성, 그리고 매출과 비용에 미치는 영향은 인퍼런스가 압도적으로 크다. AI가 "기술"이 아니라 "서비스"가 되는 순간, 인퍼런스는 선택이 아니라 필수가 된다.

별첨의 곡선은 단순한 예측이 아니다. 이미 시작된 현실을 압축해서 보여주는 그림이다. AI가 더 많은 업무에 연결될수록, 더 많은 사용자에게 배포될수록, 더 많은 에이전트가 자율적으로 움직일수록, 인퍼런스는 AI 수요의 중심이 된다. 이 변화는 되돌릴 수 없다. AI 시대의 경쟁력은 더 이상 "누가 더 큰 모델을 학습했는가"에 있지 않다. 누가 더 많은 인퍼런스를, 더 빠르게, 더 싸게, 더 안정적으로 처리할 수 있는가에 있다. 그리고 이 질문에 답할 수 있는 기업과 국가만이, AI를 실험이 아니라 산업으로 완성하게 된다.

‖ 사고를 흔드는 질문 ‖

 당시 시점에서 CUDA·GPGPU·AlexNet을 "지금은 작고 비경제적이지만 10년 뒤엔 표준이 된다"라고 판단하게 만드는 EIOFS 신호는 무엇이었나?

토론 포인트

- 절대 성능이 아니라 성능 증가 곡선(스케일링) 이 보였는가
- 하드웨어 성능 향상이 소프트웨어 성능 향상으로 직결되는 구조였는가
- 소수지만 집요한 개발자 집단이 먼저 몰리는 현상이 있었는가
- 시간이 갈수록 비용 대비 성능($/연산) 이 급격히 낮아지는 구조였는가
- 기존 산업 가치사슬(그래픽, CPU 중심)을 대체하거나 전환하는 방향이었는가
- 당시의 KPI(ROI, 매출, 시장 크기)로는 평가가 불가능한 기술이었는가

"GPU만 사면 AI가 된다"는 착각을 깨기 위해, AI 인프라를 설계할 때 가장 먼저 던져야 할 단 하나의 질문은 무엇인가?

토론 포인트

- 우리 AI의 중심은 트레이닝인가, 인퍼런스인가, 둘 다인가

- 현재 성능 병목은 연산(FLOPS)인가, 통신, 스토리지, 운영 자동화 중 어디인가

- 확장 전략은 스케일업(NVLink/NVSwitch) 인가, 스케일아웃(노드 추가)인가

- 모델 업데이트와 서비스 확장을 사람이 수작업으로 감당할 수 있는가

- GPU 활용률이 낮을 때, 원인은 칩 성능 부족인가 아키텍처 설계 실패인가

- 지금 설계가 1년 뒤 사용량 증가를 구조적으로 감당할 수 있는가

AI 수요의 중심이 트레이닝에서 인퍼런스로 이동한다면, 조직이 'AI 성과'를 측정하는 기준은 모델 정확도가 아니라 무엇으로 바뀌어야 하는가?

토론 포인트

- 사용자 체감 성능: 지연 시간(latency)과 안정성(SLA)

- 비용 구조: 토큰당 비용($/token), 요청당 비용, 총 운영비(OPEX)

- 확장성: 피크 트래픽에서 성능이 유지되는가

- 업무 연결도: AI가 실제 업무 프로세스를 얼마나 자동화하는가

- 에이전트 확산 시 호출 폭증을 인프라가 감당할 수 있는가

- 모델 성능 1% 향상 vs 인퍼런스 비용 30% 절감 중 무엇이 더 큰 경쟁력인가

6장

직업의 진화

AI와 함께 사는
개인의 생존법

INDIVIDUAL
STRATEGY

1
직업의 종말인가, 진화인가?

단순 코딩과 번역의 소멸 시계,
그리고 프롬프트 엔지니어 이후의 세계

AI가 등장할 때마다 사람들은 같은 질문을 던진다. "이번에는 정말 일자리가 사라지는 것 아닌가?"

이 질문은 사실 처음이 아니다. 인류는 거의 모든 기술 혁명 앞에서 같은 두려움을 반복해 왔다. 1차 산업혁명 때 방직기와 증기기관이 도입되었을 때도 마찬가지였다. 수공업자들은 생계가 무너질 것을 두려워했고, 영국에서는 실제로 기계를 파괴하는 러다이트 운동까지 일어났다. 기술은 일자리를 파괴하는 괴물처럼 보였다.

하지만 결과는 달랐다. 대량생산 체제가 확산되면서 공장 노동이 늘었고, 기계 설비를 다루는 기술자, 유지보수 인력, 관리자가 새롭게 등장했다. 사라진 것은 '손으로 실을 잣는 방식'이었지, 일 그 자체가 아니었다. 기능의 구조가 바뀌었을 뿐이다.

자동차가 등장했을 때도 상황은 비슷했다. 마부와 마차 산업은 붕괴될 것처럼 보였고, 실제로 많은 사람들이 직업적 불안을 느꼈다. 영국에서는 자동차를 제한하기 위한 적기조례까지 등장했다. 하지만 자동차는 하나의 산업을 무너뜨린 것이 아니라, 훨씬 더 큰 산업 생태계를 만들어냈다. 정유 산업, 도로 건설, 물류, 자동차 정비, 운송업이 폭발적으로 성장했고, 운전사와 기술자라는 새로운 직업이 생겨났다.

은행 ATM 도입 역시 좋은 사례다. 1960~70년대 ATM이 보급될 때, 은행 창구 직원의 대량 실직이 예상됐다. 그러나 실제로는 반대의 결과가 나타났다. ATM 덕분에 지점 운영 비용이 줄어들자 은행은 지점을 더 많이 열 수 있었고, 전체 고용은 오히려 증가했다. 창구 직원의 역할도 단순 현금 처리에서 고객 상담과 금융 서비스로 이동했다. 이 모든 사례가 말해주는 것은 하나다. 기술 혁명은 일자리를 없애는 것이 아니라, 일의 구조를 재배치한다는 점이다.

AI도 정확히 같은 궤적 위에 있다. AI는 사람의 일을 빼앗는 기술이 아니다. 사람이 하던 일을 어떻게 분해하고, 어떤 기능을 기계에 맡기고, 어떤 기능을 인간에게 남길지를 다시 설계하는 기술이다. 문제는 많은 사람들이 여전히 직업을 하나의 고정된 '업무 묶음'으로 이해한다는 데 있다. AI 시대에는 이 묶음이 유지되지 않는다.

단순 코딩과 번역이 가장 먼저 흔들리는 이유도 여기에 있다. 이 일들은 오랫동안 고급 지식 노동으로 여겨졌지만, 구조적으로 보면 입력과 출력이 비교적 명확했다. 요구사항이 주어지면 코드를 작성하고, 원문이 주어지면 목표 언어로 옮긴다. 이 구조는 AI에게 매우 적합하다. 그래서 이 영역에서 AI는 인간을 빠르게 따라잡았고, 일부 기능은 이미 넘어섰다.

하지만 이것이 코딩이나 번역이라는 직업이 사라진다는 의미는 아니다. 코드 작성이라는 행위 자체가 사라진 것이 아니라, 코드 작성의 위치가 바뀌었다. 과거에는 사람이 직접 모든 코드를 썼다면, 이제는 사람이 방향을 정하고 AI가 생성한 코드를 검증하고 통합한다. 번역 역시 문장을 옮기는 역할에서, 의미를 판단하고 책임지는 역할로 이동하고 있다.

이 변화의 한가운데에서 등장한 것이 프롬프트 엔지니어다. AI에게 무엇을 어떻게 요청해야 원하는 결과를 얻을 수 있는지를 연구하는 역할은 초기에는 분명 중요했다. 하지만 프롬프트 엔지니어는 장기적으로 독립된 직업이라기보다는 과도기적 역할에 가깝다. 기술이 성숙할수록 프롬프트는 개인의 기술이 아니라 플랫폼의 기능으로 흡수되기 때문이다.

프롬프트 엔지니어가 하던 일은 사라지지 않는다. 다만 더 상위 단계로 이동한다. 단순히 문장을 잘 쓰는 사람이 아니라, 문제를 정의하고 작업을 분해하며 전체 흐름을 설계하는 사람이 중요해진다. 프롬프트는 그 사고 과정의 부산물일 뿐이다.

AI 시대에 직업의 생존을 결정하는 기준은 더 이상 "무엇을 할 줄

아는가"가 아니다. "어떤 단계의 일을 맡고 있는가"다. AI는 반복적이고 규칙적인 하위 단계를 빠르게 흡수한다. 반대로 정의, 판단, 연결, 책임이라는 상위 단계의 역할은 오히려 더 중요해진다. 코딩에서 단순 구현 능력은 빠르게 가치가 하락하지만, 시스템 설계와 아키텍처 판단 능력은 더 중요해진다. 번역에서도 문장 변환은 자동화되지만, 의미 해석과 책임은 인간에게 남는다.

이 변화는 특정 직업에만 국한되지 않는다. 회계사는 숫자를 입력하는 사람이 아니라, AI가 계산한 결과를 해석하고 리스크를 판단하는 역할로 이동한다. 마케터는 콘텐츠를 직접 만드는 사람이 아니라, AI가 생성한 수많은 시안을 평가하고 전략적으로 선택하는 사람이 된다. 연구자는 데이터를 처리하는 사람이 아니라, 어떤 질문을 던질지를 결정하는 사람이 된다.

결국 AI 시대에 사라지는 것은 직업이 아니라, 중간 단계의 역할이다. 정의하지 않고, 판단하지 않고, 책임지지 않는 위치는 AI로 대체된다. 반대로 문제를 정의하고, 결과를 선택하며, 그 결과에 책임지는 역할은 오히려 더 희소해진다. 그래서 직업의 종말을 말하는 담론은 늘 과장처럼 보인다. 하지만 직업의 진화는 언제나 조용하고, 준비되지 않은 사람에게는 잔인하다. 과거 방직기와 자동차, ATM이 그랬듯, AI 역시 같은 선택을 강요한다. 구조를 이해하지 못한 사람에게는 위기이고, 구조를 이해한 사람에게는 기회다.

결국 질문은 이것이다. "이 직업이 사라질까?"가 아니라, "이 직업의 어떤 기능이 사라지고, 어떤 기능이 더 중요해질까?"

이 질문에 답할 수 있는 개인만이, AI와 경쟁하는 사람이 아니라, AI와 함께 중심으로 이동하는 사람이 된다.

2
뜨는 직업의 조건

AI를 가르치는 '튜터링 엔지니어',
AI와 인간을 잇는 '브릿지 아키텍트'

AI 시대의 직업 변화는 분명 빠르다. 하지만 더 중요한 특징은 이 변화가 전혀 우연적이지 않다는 점이다. 새로운 직업은 어느 날 갑자기 생겨난 것처럼 보이지만, 실제로는 기술 구조가 바뀔 때마다 반드시 필요해지는 역할이 뒤늦게 이름을 얻는 경우가 대부분이다. 튜터링 엔지니어**AI가 잘 배우도록 가르치는 엔지니어**와 브릿지 아키텍트**사람·기술·시스템 사이를 연결하는 설계자** 역시 마찬가지다. 이들은 유행어처럼 붙은 직업명이 아니라, AI 기술이 성숙 단계로 들어가면서 필연적으로 드러난 기능의 이름이다.

AI가 확산되면서 가장 흔하게 발생하는 오해 중 하나는 "AI가 스스로 똑똑해진다"는 인식이다. AI는 분명 학습한다. 하지만 그 학습은 자동적인 진화가 아니다. 데이터가 주어져야 하고, 무엇을 잘한 것인지에 대한 기준이 있어야 하며, 어떤 결과가 위험한지에 대한 판단이 함께 주어져야 한다. 다시 말해, AI는 가르침을 전제로 움직이는 시스템이다. 문제는 이 가르침의 방식이 기존의 소프트웨어와 완전히 다르다는 데 있다. 그래서 새로운 역할이 필요해진다.

이 지점에서 등장하는 역할이 튜터링 엔지니어다. 튜터링 엔지니어는 코드를 많이 작성하는 사람도 아니고, 새로운 모델 구조를 설계하는 연구자도 아니다. 이 역할의 핵심은 AI가 올바른 방향으로 학습하고 추론하도록 환경을 설계하는 데 있다. AI에게 무엇이 정답인지, 무엇이 잘못된 판단인지, 어떤 맥락이 중요한지를 지속적으로 교정한다.

전통적인 규칙 기반 시스템에서는 이런 역할이 필요하지 않았다. 사람이 모든 조건과 규칙을 미리 정의했기 때문이다. 하지만 AI 시스템에서는 모든 경우의 수를 사전에 규정할 수 없다. 대신 예시를 주고, 결과를 평가하고, 피드백을 반복하면서 AI의 행동을 조정한다. 이 과정은 완전히 자동화될 수 없고, 도메인에 대한 이해와 기술에 대한 이해를 동시에 요구한다. 튜터링 엔지니어는 바로 이 교차점에서 있는 역할이다.

흥미로운 점은 모델의 성능이 높아질수록 튜터링 엔지니어의 가치가 줄어드는 것이 아니라, 오히려 커진다는 사실이다. 모델이 단순할 때의 오류는 눈에 띄게 잘못된 경우가 많다. 하지만 모델이 고도화될수록 오류는 미묘해지고, 특정 맥락에서만 문제가 된다. 이때 필요한 것은 "틀렸다"는 판단이 아니라, "이 상황에서는 위험하다"거나 "이 맥락에서는 부적절하다"는 해석이다. 이 판단은 여전히 인간의 영역이다.

튜터링 엔지니어는 AI의 평균 성능을 끌어올리는 사람이 아니다. 대신 AI가 실전 환경에서 일관되게 작동하도록 만드는 사람이다. 실무에서 AI의 가장 큰 문제는 성능보다 신뢰다. 특정 상황에서 예측하지 못한 판단을 내리면, 그 순간 AI는 사용되지 않게 된다. 튜터링 엔지니어는 이 불안정성을 줄이는 역할을 맡는다. 이 역할이 없으면 AI는 실험 단계를 넘어서기 어렵다.

AI가 조직 안으로 깊이 들어갈수록 또 하나의 역할이 필요해진다. 그것이 바로 브릿지 아키텍트다. AI는 기술적으로는 강력하지만, 그 결과를 조직과 사람이 이해할 수 있는 형태로 연결하지 못하면 아무 의미가 없다. 브릿지 아키텍트는 이 간극을 메운다.

브릿지 아키텍트의 본질은 번역이다. 하지만 이 번역은 언어의 번역이 아니다. 기술의 언어를 비즈니스와 조직의 언어로 바꾸는 작업이다. AI가 "이 선택이 최적이다"라고 말했을 때, 왜 그런지 설명하고, 그 판단이 조직의 의사결정 구조와 책임 체계 속에서 어떻게 사용되어야 하는지를 설계한다.

AI 시대에 가장 위험한 순간은 AI의 판단이 맞는지 틀린지 아무도 설명하지 못하는 상황이다. 이때 조직은 AI를 완전히 신뢰하지도 못하고, 그렇다고 완전히 배제하지도 못한 채 혼란에 빠진다. 브릿지 아키텍트는 이 공백을 채운다. AI의 판단 근거를 구조화하고, 인간의 의사결정 흐름 속에 자연스럽게 삽입한다.

이 역할은 기술자만으로는 수행할 수 없다. 동시에 비즈니스 이해만으로도 부족하다. 브릿지 아키텍트는 모델의 한계와 가능성을 이해하면서도, 조직의 목표와 리스크를 함께 고려해야 한다. 그래서 이 역할은 희소하다. 그리고 바로 그 희소성 때문에, AI가 확산될수록 그 가치는 더 커진다.

튜터링 엔지니어와 브릿지 아키텍트는 공통점을 가진다. 이들은 AI가 대체할 수 없는 위치에 있다. 이유는 단순하다. 이 역할들은 단순히 작업을 수행하는 것이 아니라, 판단의 기준과 연결 구조를 설계하는 역할이기 때문이다. AI는 주어진 기준을 적용할 수는 있지만, 그 기준을 사회적·조직적 맥락에서 정의하지는 못한다.

또 하나 중요한 공통점이 있다. 이 역할들은 특정 산업이나 직무에 국한되지 않는다는 것이다. 제조, 금융, 헬스케어, 공공, 교육 등 AI가 사용되는 모든 영역에서 동일하게 필요해진다. 이는 이 직업들이 특정 기술 트렌드에 의존하는 것이 아니라, AI라는 패러다임 자체가 요구하는 역할이라는 뜻이다.

AI 시대에 떠오르는 직업의 조건은 이제 분명하다. AI가 수행하는 하위 작업을 관리하고 교정하며 연결하는 역할일 것, 기술과 인간 조직의 경계면에 위치할 것, 자동화의 대상이 아니라 자동화의 방향을 결정하는 위치에 있을 것. 튜터링 엔지니어와 브릿지 아키텍트는 이 세 가지 조건을 모두 충족한다.

그래서 이들은 단순히 "유망한 직업"이 아니다. AI 시대에 반드시 등장할 수밖에 없는 직업이다. 이 역할을 맡는 사람의 출발점은 중요하지 않다. 개발자일 수도 있고, 기획자일 수도 있으며, 연구자일 수도 있다. 중요한 것은 어디에서 시작했느냐가 아니라, AI 파이프라인 안에서 어느 위치로 이동하느냐.

AI와 함께 살아남는 개인은 기술을 가장 많이 아는 사람이 아니다. AI가 일하는 구조 속에서, 인간만이 할 수 있는 자리를 차지하는 사람이다. 튜터링 엔지니어와 브릿지 아키텍트는 그 자리가 어디인지를 가장 분명하게 보여주는 사례다.

이 직업들의 이름은 앞으로 바뀔 수도 있다. 하지만 기능은 사라지지 않는다. AI가 존재하는 한, 누군가는 AI를 가르쳐야 하고, 누군가는 AI와 인간을 연결해야 한다. 그리고 바로 그 지점에, AI 시대 개인에게 열리는 가장 현실적인 기회가 있다.

3
문과와 이과의
경계 붕괴

'기술을 이해하는 인문학적 사고'가 최고의 무기가 되는 이유

AI 시대를 이야기할 때 가장 흔하게 등장하는 표현 중 하나가 "문과의 위기"다. 기술이 모든 것을 대체하고, 수학과 코드가 경쟁력을 결정하며, 인문학적 사고는 더 이상 실용적이지 않다는 주장이다. 하지만 이 진단은 절반만 맞고, 절반은 구조를 놓친 해석이다. 실제로 AI 시대에 붕괴되고 있는 것은 문과냐 이과냐의 문제가 아니라, 문과와 이과를 나누던 기존의 역할 구분 방식 자체다.

문과와 이과의 구분은 원래 산업 구조의 산물이었다. 문과는 해석과 판단을 맡고, 이과는 계산과 구현을 맡았다. 계산이 느리고 비싸던 시절에는 이 분업이 합리적이었다. 인간이 직접 할 수 있는 계산에는 분명한 한계가 있었고, 그 한계를 넘는 영역은 전문 기술자의 몫이었다. 하지만 AI는 이 전제를 근본적으로 무너뜨렸다. 계산은 더 이상 희소한 능력이 아니다. 오히려 넘쳐나는 자원이 되었다.

이 변화의 핵심은 단순하다. AI는 계산을 자동화했을 뿐 아니라, 이과가 담당하던 영역의 상당 부분을 도구로 만들어버렸다. 코드 작성, 수식 계산, 데이터 처리, 시뮬레이션은 이제 인간이 직접 수행해야 할 노동이 아니라, AI가 대신 수행하는 기능이 되었다. 이 순간부터 이과적 능력의 가치는 '직접 잘하는 것'이 아니라, 언제 어떻게 사용해야 하는지를 아는 능력으로 이동한다.

하지만 문과라고 해서 안전한 것도 아니다. 기존의 문과적 역할 중 상당 부분은 언어와 텍스트를 다루는 일이었다. 번역, 요약, 보고서 작성, 설명, 커뮤니케이션은 오랫동안 문과의 전통적인 영역이었다. 그러나 AI는 이 영역에서도 인간을 빠르게 따라잡았다. 문장을 만드는 능력, 정보를 정리하는 능력, 기본적인 논리를 구성하는 능력은 더 이상 인간만의 전유물이 아니다.

이 지점에서 중요한 전환이 일어난다. AI가 이과의 '계산'과 문과의 '표현'을 동시에 흡수하면서, 기존의 문과·이과 구분은 기능적으로 의미를 잃기 시작한다. 그리고 남는 것은 하나다. 기술을 이해한 상태에서 의미를 해석하고, 판단을 내리는 능력이다. 이것이 바로 AI 시대에 인문학적 사고가 다시 중심으로 올라오는 이유다.

여기서 말하는 인문학적 사고는 고전 텍스트를 많이 읽는 능력이 아니다. AI 시대의 인문학은 인간과 조직, 사회, 책임, 맥락을 이해하는 사고 방식이다. 기술이 무엇을 할 수 있는지를 아는 것만으로는 충분하지 않다. 그 기술이 어떤 선택을 강제하고, 어떤 결과를 만들어내며, 누가 그 결과에 책임을 지게 되는지를 이해해야 한다. 이 질문들은 코드로 답할 수 없다.

AI 시스템은 언제나 판단을 내린다. 추천을 하고, 분류를 하고, 우선순위를 정한다. 수학적으로 보면 이 판단은 최적일 수 있다. 하지만 사회적으로는 문제가 될 수 있다. 공정성, 책임, 설명 가능성, 윤리, 규제는 모두 기술 바깥에 존재하는 변수다. 이 변수들을 이해하고 조정하는 일은 전통적인 이과 교육만으로는 감당하기 어렵다.

그래서 AI 시대에 가장 가치가 높아지는 인재는 문과 출신도 아니고, 이과 출신도 아니다. 기술의 작동 원리를 이해하면서, 그 결과를 인간의 언어와 사회적 구조로 해석할 수 있는 사람이다. 이 사람은 두 세계의 경계에 서 있다. 그리고 AI가 확산될수록, 이 경계는 가장 중요한 전략적 위치가 된다.

앞서 살펴본 튜터링 엔지니어와 브릿지 아키텍트는 이 변화를 가장 상징적으로 보여준다. 이들은 코드를 가장 많이 쓰는 사람도 아니고, 글을 가장 잘 쓰는 사람도 아니다. 이들은 AI의 행동을 교정하고, AI의 출력을 조직과 사회의 언어로 번역한다. 이 역할은 문과적 사고와 이과적 이해가 동시에 없으면 수행할 수 없다.

문제는 기존의 교육 시스템이 이런 인재를 잘 길러내지 못했다는 점이다. 문과는 기술을 피했고, 이과는 인간과 사회를 부차적인 요소로 취급했다. 하지만 AI 시대에는 이 분리가 치명적이다. 기술을 이해하지 못하는 인문학은 공허해지고, 인간을 이해하지 못하는 기술은 위험해진다. 둘 중 하나라도 빠지면 AI는 제대로 작동하지 않는다.

기업 현장에서는 이 변화가 이미 드러나고 있다. AI 프로젝트가 실패하는 이유는 대부분 기술 부족이 아니다. 문제 정의가 잘못되었거나, 조직이 결과를 받아들일 준비가 되어 있지 않거나, 책임 구조와 의사결정 체계가 맞지 않기 때문이다. 겉으로 보면 기술 외부의 문제처럼 보이지만, 실제로는 기술을 이해하지 못한 인문학적 판단의 부재에서 비롯된 경우가 많다.

반대로 성공 사례를 보면 공통점이 있다. AI를 잘 활용하는 조직에는 기술팀과 비즈니스팀 사이의 경계를 허무는 사람이 있다. 이 사람은 모델의 한계를 설명할 수 있고, 동시에 경영진의 우려를 기술적 요구사항으로 바꿀 수 있다. 이 역할은 자동화되지 않는다. 오히려 AI가 강해질수록 더 중요해진다.

그래서 AI 시대의 개인 전략은 전공 선택의 문제가 아니다. 사고 방식의 문제다. 기술을 두려워하지도 않고, 기술을 맹신하지도 않는 태도다. AI가 무엇을 잘하는지, 무엇을 못하는지를 이해한 상태에서, 인간이 책임져야 할 판단의 영역을 명확히 구분하는 능력이다. 이것이 바로 '기술을 이해하는 인문학적 사고'의 핵심이다.

이 사고 방식은 특정 직업에만 필요한 것이 아니다. 경영자에게는 AI 전략을 결정하는 기준이 되고, 정책 입안자에게는 규제를 설계하는 토대가 되며, 실무자에게는 AI를 제대로 활용하는 능력이 된다. 같은 기술을 써도 어떤 조직은 혼란에 빠지고, 어떤 조직은 성과를 내는 이유는 바로 이 사고 방식의 유무에 있다.

엔비디아 DNA

문과와 이과의 경계가 무너진다는 말은 모두가 개발자가 된다는 뜻도 아니고, 모두가 철학자가 된다는 뜻도 아니다. 기술과 인간을 분리해서 사고할 수 없는 시대가 왔다는 뜻이다. AI는 인간의 사고를 대체하지 않는다. 대신 인간의 사고를 확장하거나, 왜곡하거나, 증폭시킨다.

이 힘을 통제할 수 있는 능력은 기술 그 자체에 있지 않다. 그 기술을 어떤 맥락에서, 어떤 기준으로, 어떤 책임 구조 속에서 사용하는지를 이해하는 사고에 있다. AI 시대에 최고의 무기는 더 많은 코드도, 더 많은 데이터도 아니다. 기술을 이해한 상태에서 인간의 질문을 던질 수 있는 능력이다. 이 능력을 갖춘 사람은 문과도 이과도 아닌, AI 시대의 새로운 중심 인재가 된다.

4
'평생 학습'을 넘어
'평생 재설계'로

자기 계발이 아닌 '자기 리부팅'의 시대

오랫동안 사회는 개인에게 같은 메시지를 반복해 왔다. "평생 학습하라."

기술이 빠르게 변하니 새로운 지식을 배우고, 새로운 도구를 익히고, 끊임없이 자신을 업그레이드하라는 요구였다. 이 전략은 한동안 유효했다. 기술 변화의 속도가 인간의 학습 속도를 크게 앞지르지 않았기 때문이다. 조금 늦더라도 따라잡을 수 있었고, 꾸준히 배우면 경쟁력을 유지할 수 있었다.

그러나 AI 시대에 이 전제는 무너진다. 문제는 더 이상 "배우지 않아서 뒤처진다"가 아니다. 배우는 속도 자체가 구조적으로 따라갈 수 없는 영역에 진입했다는 데 있다. AI 모델은 몇 달 단위로 진화하고,

엔비디아 DNA

도구는 분기마다 바뀌며, 직무의 정의 자체가 계속 재편된다. 이 환경에서 평생 학습은 더 이상 전략이 아니다. 이미 끝없이 뒤쫓는 방식이 되어버렸다.

AI 시대에 개인이 직면한 진짜 과제는 지식의 부족이 아니다. 문제는 자신이 맡고 있는 역할이 앞으로도 구조적으로 유효한가다. 어떤 기술을 더 배우느냐보다 중요한 질문은 이것이다. "지금 내가 수행하는 역할이 AI 파이프라인 안에서 앞으로도 인간의 영역으로 남아 있는가?" 이 질문에 답하지 못하면, 아무리 많은 학습을 해도 그 노력은 빠르게 가치가 떨어진다.

이 지점에서 '자기 계발'이라는 개념은 분명한 한계를 드러낸다. 자기 계발은 기본적으로 현재의 정체성을 전제로 한다. 지금 하고 있는 일, 지금의 역할, 지금의 직무를 유지한 채 거기에 스킬을 덧붙이는 방식이다. 하지만 AI는 기존 역할 자체를 분해하고 재배치한다. 이런 환경에서 기존 역할에 집착한 자기 계발은, 구조적으로 사라질 영역을 더 열심히 파고드는 행위가 될 수 있다.

그래서 AI 시대에 필요한 것은 자기 계발이 아니라 자기 리부팅외부의 강제나 지시 없이, 스스로 상태를 점검하고 초기화한 뒤 다시 작동하는 것이다. 자기 리부팅은 현재의 역할을 당연한 전제로 두지 않는다. 오히려 그 역할을 잠시 내려놓고 다시 묻는다. "이 역할은 앞으로도 인간이 담당해야 하는가?" 이 질문이 리부팅의 출발점이다. 답이 불확실하다면, 그 역할은 장기적으로 안전하지 않다.

자기 리부팅은 직업을 바꾸는 결단과 동일하지 않다. 그것은 직무

타이틀을 바꾸는 일이 아니라, 내가 제공하는 가치의 정의를 다시 쓰는 일이다. 같은 직업을 유지하더라도, 그 안에서 맡는 기능은 달라질 수 있다. AI가 흡수하는 하위 기능을 내려놓고, AI가 대체하지 못하는 상위 기능으로 이동하는 과정, 그것이 리부팅이다.

앞서 살펴본 튜터링 엔지니어와 브릿지 아키텍트는 이 리부팅의 전형적인 결과다. 이들은 처음부터 그런 직업을 목표로 준비한 사람들이 아니다. 대부분은 기존 직무 안에서 AI가 가져가는 영역과 남는 영역을 구분했고, 남는 영역으로 스스로를 이동시켰다. 이 이동은 더 많이 배우는 문제가 아니라, 자신의 정체성을 다시 설계하는 문제였다.

AI 시대의 자기 리부팅에는 분명한 특징이 있다. 기술 스택이 아니라 역할의 위치를 기준으로 판단한다는 점, 단기 효율이 아니라 장기 생존 가능성을 기준으로 선택한다는 점, 그리고 하나의 완성형 목표를 두지 않고 지속적인 재설계를 전제로 한다는 점이다.

그래서 자기 리부팅은 불편하다. 지금까지 쌓아온 커리어 스토리를 스스로 부정해야 하고, 오랫동안 쌓아온 전문성을 믿지 말아야 하며, 때로는 후퇴처럼 보이는 선택을 해야 한다. 하지만 AI 시대에는 이 불편함을 피하는 것이 오히려 가장 큰 리스크가 된다. 안정적으로 보이는 역할일수록, 구조적 붕괴는 더 갑작스럽게 찾아온다.

이 변화는 개인에게만 해당되지 않는다. 조직에서도 같은 일이 벌어진다. AI 도입에 실패하는 조직은 직원들에게 "새로운 기술을 배워라"라고 말한다. 반면 성공하는 조직은 "역할을 다시 정의하라"고 요구한다. 학습 중심 조직은 교육 프로그램을 늘리지만, 재설계 중심 조직은 업무 구조 자체를 바꾼다. 개인 역시 같은 선택 앞에 서 있다.

자기 리부팅의 핵심은 다시 시작하는 용기가 아니다. 그것은 미래에도 남아 있을 문제 영역으로 이동하는 전략적 판단이다. AI가 발전할수록 인간의 역할은 사라지는 것이 아니라 더 또렷해진다. 정의, 판단, 책임, 해석, 연결이라는 영역은 자동화되지 않는다. 리부팅은 바로 이 영역으로 자신을 옮기는 과정이다.

그래서 AI 시대의 커리어는 더 이상 직선이 아니다. 한 번 선택한 길을 끝까지 밀고 가는 구조가 아니라, 환경 변화에 따라 여러 번 다시 설계되는 곡선이다. 이 곡선을 위기로만 인식하면 버겁지만, 자유도로 받아들이면 선택지는 오히려 넓어진다.

평생 학습은 여전히 중요하다. 그러나 그것은 목적이 아니라 수단이다. 방향이 잘못된 학습은 아무리 많이 해도 의미가 없다. 반대로 방향이 명확한 재설계는 최소한의 학습으로도 큰 전환을 만들어낸다. AI 시대의 차이는 학습량이 아니라 방향 설정에서 갈린다.

자기 리부팅은 한 번으로 끝나지 않는다. AI는 계속 진화하고, 그에 따라 인간의 역할도 계속 이동한다. 중요한 것은 완벽한 미래를 예측하는 것이 아니라, 언제든 자신을 다시 설계할 수 있는 상태를 유지하는 것이다. 이 상태가 바로 AI 시대 개인의 가장 강력한 안전장치다.

AI와 함께 사는 개인의 생존법은 결국 단순하다. 배우는 사람이 되는 것이 아니라, 다시 설계할 수 있는 사람이 되는 것이다. 이 선택

을 받아들이는 순간, AI는 위협이 아니라 자신의 커리어를 다시 정의
할 수 있는 가장 강력한 계기가 된다.

5
학습 속도가 생존 속도다

가장 빠르게 배우고 적용하는 엔비디아식 개인 문화

AI 시대에 학습은 더 이상 경쟁력의 원천이 아니다. 학습은 생존의 조건이 되었다.

하지만 여기서 말하는 학습은 강의를 듣고, 책을 읽고, 자격증을 따는 전통적인 의미의 학습이 아니다. AI 시대의 학습은 지식을 얼마나 많이 쌓았느냐의 문제가 아니라, 변화에 얼마나 빠르게 반응하느냐의 문제다. 이 반응 속도가 느린 개인은 실력이 있어도 도태된다. 반대로 완벽하지 않아도 빠르게 움직이는 개인은 살아남는다.

엔비디아의 문화가 특별한 이유는, 이 학습 속도를 조직과 개인의 기본 전제로 삼았기 때문이다. 엔비디아는 "얼마나 많이 아는가"를 묻지 않는다. 대신 "얼마나 빨리 배웠고, 얼마나 빨리 적용했는가"를 묻는다. 이 질문은 평가 기준이자 생존 기준이다. 기술 변화가 극단적으로 빠른 환경에서는 과거의 전문성이 오히려 현재의 판단을 흐리는 장애물이 되기 때문이다.

엔비디아에서 학습은 이벤트가 아니다. 연례 교육이나 정기 트레이닝으로 학습을 정의하지 않는다. 학습은 업무 그 자체에 내재돼 있다. 새로운 기술이 등장하면, 충분히 검증될 때까지 기다리지 않는다. 완벽하게 이해한 다음에 쓰지도 않는다. 일단 써보고, 깨지고, 수정하는 과정 자체가 학습이다.

이 문화의 핵심에는 하나의 전제가 있다. "틀리는 것은 허용되지만, 늦는 것은 허용되지 않는다."

이 전제는 개인의 학습 태도를 완전히 바꾼다. 실수를 두려워하면 학습 속도는 느려진다. 반대로 빠른 실험과 빠른 수정이 허용되는 환경에서는 개인의 학습 곡선이 가파르게 형성된다. 엔비디아식 학습은 정확성보다 속도와 반복을 우선한다.

이 문화는 조직 차원에서 끝나지 않는다. 개인에게도 그대로 적용된다. AI 시대에 개인이 생존하기 위해 필요한 것은 완벽한 준비가 아니다. 불완전한 상태에서도 시작할 수 있는 용기다. 기술을 100% 이해한 뒤 움직이겠다는 태도는, 사실상 아무것도 하지 않겠다는 선언과 다르지 않다. AI 기술은 이해가 끝나기를 기다려주지 않는다.

엔비디아식 개인 문화에서 학습은 단순한 원칙이 아니라, 실제 작동하는 구조로 설계돼 있다. 내가 엔비디아 코리아에서 적용했던 방식도 이 구조 위에 있었다.

매달 월간 knowledge sharing지식 공유을 통해, 각 SA솔루션 아키텍트들이 현장에서 얻은 기술적 인사이트와 사례를 sales영업직 대표들과 함께 공유했다. 특정 개인의 전문성이 사장되지 않도록, 기술 지식이 영업 조직 전체로 빠르게 전파되도록 설계한 것이다. 누군가 혼자 깊이 아는 것보다, 조직 전체가 얕게라도 빠르게 이해하는 것이 더 중요했기 때문이다.

파트너들에게도 같은 철학을 적용했다. 분기별 Knowledge Sharing Meeting을 통해 기술 변화와 회사의 방향, 시장 상황을 지속적으로 업데이트했다. 완성된 메시지를 일방적으로 전달하는 자리가 아니라, 지금 무엇이 바뀌고 있고, 어디까지가 확실하며, 어디부터는 함께 실험해야 하는지를 공유하는 자리였다. 이 구조 덕분에 파트너의 학습 속도는 회사의 학습 속도와 동기화될 수 있었다.

이 경험이 보여준 것은 단순하다. 학습은 개인의 문제가 아니라 구조의 문제라는 점이다. 개인이 아무리 열심히 배워도, 그 학습이 공유되지 않으면 속도에는 한계가 있다. 반대로 학습이 네트워크로 연결되는 순간, 개인의 학습 속도는 조직 전체의 학습 속도로 증폭된다.

엔비디아식 학습 문화에서 개인의 학습은 세 단계로 반복된다. 새로운 기술이나 개념이 등장하면, 즉시 자신의 문제와 연결한다. 완벽하지 않아도 제한된 범위에서 실제로 적용해 본다. 그리고 결과를 분석해, 필요 없는 부분은 버리고 핵심만 남긴다.

이 세 단계는 매우 짧은 주기로 반복된다. 학습과 적용 사이의 간격이 거의 없다. 이 과정에서 중요한 것은 깊이가 아니라 주파수다. 한 번 깊게 파는 것보다, 여러 번 빠르게 접촉하는 것이 더 중요하다. 반복 접촉을 통해 기술의 본질과 한계를 몸으로 이해하게 된다. 이 체득은 문서 학습으로는 얻기 어렵다. AI 시대의 진짜 학습은 책상이 아니라 현장에서 발생한다.

이 문화가 개인에게 요구하는 태도는 분명하다. 자신의 기존 전문성을 절대적인 기준으로 삼지 말 것. 새로운 기술 앞에서 "이건 내 분야가 아니다"라고 말하지 말 것.

AI는 분야를 가리지 않는다. 오히려 분야 간 경계를 무너뜨린다. 기존 정체성에 집착할수록 학습 속도는 느려진다. 엔비디아식 개인 문화에서 개인은 항상 초보자의 위치를 유지한다. 이것은 무능함이 아니라, 자신이 알고 있는 것과 모르는 것을 명확히 구분할 수 있는 상태다. 이 상태에서는 질문이 빠르고, 피드백이 즉각적으로 반영된다. 질문을 잘하는 능력은 AI 시대의 핵심 역량이다.

또 하나 중요한 요소는 학습의 공유다. 엔비디아에서는 개인의 학습이 개인에게만 머무르지 않는다. 새로운 인사이트는 빠르게 공유되고, 다른 사람이 재사용한다. 이 구조는 개인의 학습 속도를 조직의 학습 속도로 증폭시킨다. 혼자 배우는 속도에는 한계가 있지만, 연결된 학습은 가속된다.

AI 시대의 개인 역시 이 구조를 가져와야 한다. 혼자 완벽히 이해하려 애쓰지 말고, 학습 결과를 빠르게 외부화해야 한다. 글로 정리하고, 말로 설명하고, 메모로 남기는 순간, 학습은 두 배로 빨라진다.

설명할 수 없는 지식은 아직 자신의 것이 아니다.

그래서 "학습 속도가 생존 속도다"라는 말은 과장이 아니다. AI는 인간의 학습 곡선보다 훨씬 빠르게 진화한다. 이 격차를 메우는 유일한 방법은 학습을 느리게 하지 않는 것이다. 완벽을 기다리지 않고, 실패를 두려워하지 않으며, 계속 적용하는 태도만이 이 속도를 관리할 수 있다.

이제 개인의 경쟁력은 "얼마나 많은 지식을 갖고 있는가"가 아니다. 얼마나 빠르게 새로운 지식을 흡수하고, 얼마나 과감하게 기존 사고를 버릴 수 있는가다. 이 능력은 타고나는 재능이 아니다. 반복 훈련을 통해 만들어지는 습관이다. 엔비디아식 개인 문화는 바로 이 습관을 전제로 작동한다.

AI와 함께 사는 시대에 개인은 더 이상 완성형 인재가 아니다. 항상 업데이트 중인 시스템이다. 이 시스템의 성능을 결정하는 것은 CPU나 메모리가 아니라, 업데이트 주기다. 업데이트 주기가 빠른 개인은 오래 살아남는다. 느린 개인은 아무리 높은 성능을 갖고 있어도 금방 구식이 된다.

그래서 AI 시대의 마지막 생존 전략은 단순하다. 더 많이 배우려 하지 말고, 더 빨리 배우고 더 빨리 버려라. 이 태도를 받아들이는 순간, 학습은 부담이 아니라 변화의 속도를 즐길 수 있는 능력이 된다. 이것이 엔비디아식 개인 문화의 본질이며, AI 시대에 개인이 선택할 수 있는 가장 현실적인 생존 전략이다.

미래는 예측되지 않는다. 이미 구조로 고정되어 있다

미래는 예측되지 않는다. 이미 구조로 고정되어 있다. Part 2에서 다룬 내용은 미래 전망이 아니다. 이 장들에서 반복적으로 드러난 메시지는 하나다. AI의 미래는 아직 오지 않은 가능성이 아니라, 이미 구조적으로 결정된 현실이라는 점이다. 기술이 얼마나 빨리 발전하느냐의 문제가 아니라, 그 기술이 사회와 산업 속에 스며드는 방식이 이미 방향을 고정해 버렸다는 사실이다. AI는 더 이상 "무엇이 가능해질 것인가"의 문제가 아니다. 이미 질문은 바뀌었다. "어디까지 사용될 것인가"의 문제다.

이 질문에 대한 답은 명확하다. AI는 모든 산업으로 들어간다. 모든 조직의 의사결정 과정에 스며든다. 그리고 모든 개인의 일상적인 판단 속으로 들어온다. 이 진입은 선택이 아니라 필연이며, 되돌릴 수 없는 흐름이다.

Part 2의 출발점이었던 4장은 이 변화의 방향을 가장 선명하게 보여주었다. 챗GPT 이후의 세계에서 엔비디아가 그리고 있는 그림은 단순한 AI 모델 경쟁이 아니었다. 옴니버스를 통한 디지털 트윈, Physical AI를 통한 로봇과 현실 세계의 결합, BioNeMo를 통한 생물학의 계산화,

그리고 Sovereign AI를 통한 국가 단위 전략의 전환까지. 이 모든 사례는 하나의 결론으로 수렴한다. 바로, AI는 소프트웨어가 아니라 인프라가 되고 있다는 사실이다.

이 인프라는 눈에 보이지 않는다. 그러나 산업의 작동 방식을 근본적으로 바꾼다. 공장은 더 이상 현실에서만 설계되지 않고, 가상 공간에서 먼저 계산된다. 로봇은 단순한 자동화 장비가 아니라, 학습하고 판단하는 존재로 진화한다. 신약 개발은 시행착오의 산업에서 시뮬레이션의 산업으로 이동한다. 국가는 데이터와 언어를 기반으로 AI 주권을 정의하기 시작한다. 이 변화는 선택의 문제가 아니라, 생존의 조건이 되고 있다.

5장은 이 미래를 가능하게 만드는 현실적인 조건을 다뤘다. AI 인프라는 GPU 한 대로 완성되지 않는다. 데이터, 네트워크, 스토리지, 소프트웨어 스택, 그리고 운영 방식이 하나의 시스템으로 결합되어야 한다. GB300 같은 시스템이 의미를 갖는 이유도 여기에 있다. 그것은 더 빠른 칩이 아니라, AI를 실제로 운영 가능한 상태로 만드는 계산 단위이기 때문이다.

이 장에서 중요한 전환이 하나 있었다. AI의 중심이 트레이닝에서 인퍼런스로 이동하고 있다는 사실이다. 학습은 이벤트다. 하지만 인퍼런스는 일상이다. AI가 실제 업무에 사용되는 순간, 비용과 속도, 안정성은 모두 인퍼런스에서 결정된다. 이 구조를 이해하지 못한 조직은 AI를 도입할수록 비용이 늘어난다. 반대로 이 구조를 이해한 조직은 같은 기술로도 압도적인 생산성을 만들어낸다.

이 변화는 단순한 기술 전략의 변화가 아니다. 경영 전략의 변화다. AI는 더 이상 연구비의 문제가 아니라, 운영비와 생산성의 문제가 된다. AI를 잘 쓰는 기업은 더 많은 토큰을 더 싸게 생산하는 기업이 된다. 그리고 이 토큰 생산 능력이 곧 경쟁력이 된다. 이 지점에서 AI는 분명한 산업이 된다.

6장은 이 거대한 구조 변화 속에서 개인의 위치를 다뤘다. 직업은 사라지지 않는다. 그러나 역할은 끊임없이 재편된다. 단순 코딩과 번역이 자동화되는 이유는 그 직업이 하찮아서가 아니다. 구조적으로 AI에 적합했기 때문이다. 반대로 튜터링 엔지니어와 브릿지 아키텍트 같은 역할이 떠오르는 이유는, AI가 결코 대신할 수 없는 판단과 연결의 영역이 분명히 존재하기 때문이다.

문과와 이과의 경계가 무너진다는 말은, 모두가 기술자가 된다는 뜻이 아니다. 기술을 이해하지 못한 인문학과, 인간을 이해하지 못한 기술은 모두 무력해진다는 뜻이다. AI 시대의 핵심 역량은 기술을 이해한 상태에서 인간의 판단을 수행하는 능력이다. 이 능력은 전공의 문제가 아니라, 사고 방식의 문제다.

그래서 Part 2의 결론은 개인에게도, 조직에게도 동일하다. 더 열심히 배우는 것만으로는 충분하지 않다. 역할을 다시 설계해야 한다. 자기 계발이 아니라 자기 리부팅이 필요하다. 그리고 이 리부팅은 한 번으로 끝나지 않는다. AI가 계속 진화하는 한, 개인과 조직 역시 계속해서 재설계되어야 한다.

엔비디아식 문화가 시사하는 바도 여기에 있다. 완벽한 이해를 기다리지 않는다. 빠르게 배우고, 빠르게 적용하고, 빠르게 버린다. 학습 속도가 곧 생존 속도가 된다. 이 태도를 가진 개인과 조직만이 AI 시대의 변화를 부담이 아니라 기회로 전환할 수 있다.

Part 2에서 반복적으로 드러난 메시지는 분명하다. AI는 위협이 아니다. 그러나 아무 준비 없는 상태에서는 가장 잔인한 구조 조정자가 된다. 기술을 두려워할 필요는 없다. 하지만 기술이 요구하는 구조 변화를 외면하는 것은 가장 위험한 선택이다.

이제 질문은 더 이상 "AI 시대가 올 것인가"가 아니다. 이미 왔다. 이제 남은 질문은 하나다. 이 구조 변화 속에서, 누가 중심에 설 것인가.

‖ 사고를 흔드는 질문 ‖

 "AI는 직업을 없애는가, 아니면 직업을 구성하는 '기능의 위치'를 재배치하는가?"

토론 포인트

- 역사적 사례(방직기, 자동차, ATM)에서 사라진 것은 직업인가, 특정 업무 단계인가

- 코딩·번역에서 실제로 AI가 가져간 것은 '직업'인가, '하위 작업 단계'인가 – 정의·판단·책임·연결 같은 상위 기능은 왜 자동화되기 어려운가

- '프롬프트 엔지니어'가 과도기적 역할이라면, 그 기능은 어떤 상위 역할로 이동하는가

- "무엇을 할 줄 아는가"보다 "어느 단계의 일을 맡는가"가 더 중요한 이유는 무엇인가

- 현재 사라질 위험이 큰 것은 직업 타이틀인가, 아니면 특정 업무 패턴인가

엔비디아 DNA

Q2 "문과·이과 구분이 무너진 시대에, 가장 희소해지는 역량은 기술인가, 해석과 책임인가?"

토론 포인트

- AI가 이과의 계산과 문과의 표현을 동시에 흡수하면 전공의 의미는 어떻게 바뀌는가

- AI 판단의 사회적 문제(공정성·책임·윤리)는 왜 기술만으로 해결되지 않는가

- 조직에서 AI 프로젝트가 실패하는 주요 원인이 기술이 아닌 구조·의사결정 문제인 이유

- 브릿지 아키텍트 같은 역할이 자동화되지 않는 근본 이유는 무엇인가

- '기술을 이해한 인문학적 사고'란 실제로 어떤 판단 능력을 의미하는가

- 미래 경쟁력은 전문 지식의 깊이인가, 경계 영역을 연결하는 능력인가

Q3 "AI 시대 개인 전략은 더 많이 배우는 것인가, 아니면 스스로의 역할을 다시 설계하는 것인가?"

토론 포인트

- 기술 변화 속도가 인간 학습 속도를 앞지를 때 '평생 학습' 전략의 한계는 무엇인가

- 현재 맡은 역할이 AI 파이프라인에서 계속 인간 영역으로 남을지 판단하는 기준은 무엇인가

- 스킬을 추가하는 자기계발과, 역할 위치를 바꾸는 리부팅의 구조적 차이

- 기존 전문성을 유지하려는 선택이 오히려 리스크가 되는 이유는 무엇인가

- 튜터링 엔지니어·브릿지 아키텍트 사례는 어떤 커리어 이동 패턴을 보여주는가

- '커리어는 직선이 아니라 곡선'이라는 말이 의미하는 전략적 함의는 무엇인가

WAR:

총성 없는 전쟁,
칩 워(Chip War)

지정학적 위기→
글로벌 동맹 현황 → 한국의 전략

7장

지정학적 전쟁

칩 워(Chip War)와
엔비디아의 줄타기

GEOPOLITICS

1
미국 vs 중국:
샌드위치가 된 엔비디아

수출 규제 속에서도 중국 시장을 놓지 않으려는
젠슨 황의 묘수(H200)와 고뇌

AI 시대의 전쟁은 총성과 함께 시작되지 않는다. 대신 문서가 먼저 움직인다. 수출 통제 조항, 승인 대상 고객 목록, 관세와 수수료라는 숫자가 전쟁의 신호다. 이 조용한 문장들이 모여 기술의 흐름을 바꾸고, 산업의 방향을 틀고, 국가 간 힘의 균형을 재편한다. 이 전쟁의 이름이 바로 칩 워다.

칩 워는 반도체를 둘러싼 경쟁이지만, 반도체만의 전쟁은 아니다. 칩은 전략 자산이 되었고, 그중에서도 AI 칩은 정점에 올라섰다. AI 칩은 단순히 연산 속도를 높이는 부품이 아니다. 국가의 생산성, 군사력, 정보력, 산업 경쟁력을 동시에 규정하는 '능력' 그 자체가 되었다. 이 인식이 공유되는 순간부터 AI 칩은 더 이상 시장 논리만으로 거래될 수 없게 된다. 자유무역의 상품이 아니라 국가 전략의 통제 대상이 되었기 때문이다.

이 지점에서 엔비디아 같은 기업은 더 이상 단순한 기술기업으로 설명되지 않는다. 엔비디아는 미국 기업이지만, 그 비즈니스는 미국이라는 국경 안에서만 성립하지 않는다. AI 인프라는 글로벌 시장이고, 데이터센터 투자도, 산업 적용도 국경을 가리지 않는다. 엔비디아의 칩이 전 세계에서 돌아가야 CUDA 생태계가 확장되고, 생태계가 확장되어야 엔비디아는 단순한 반도체 회사가 아니라 플랫폼으로 남을 수 있다.

이 구조를 현장에서 가장 뚜렷하게 느낀 것은, 내가 7년 동안 엔비디아 코리아의 대표로 재직하던 시기였다. 그 기간 동안 분기마다 글로벌 실적을 보며 한 가지 사실을 반복해서 확인했다. NVIDIA 전체 매출의 20% 이상이 중국 시장에서 발생하고 있었다는 점이다. 이는 단순히 "중국이 큰 시장이다"라는 추상적인 표현이 아니다. 중국은 이미 NVIDIA 비즈니스 구조 안에서 무게 중심의 한 축을 차지하고 있었다.

플랫폼은 기술만으로 완성되지 않는다. 플랫폼은 많은 사람이 사용할 때 더 굳건하게 완성된다. 누가 더 뛰어난 칩을 만들었느냐보다, 누가 더 많은 개발자와 기업, 산업 현장을 자기 생태계 안으로 끌어들였느냐가 플랫폼의 생존을 결정한다. 내가 대표로 재직하던 시절에도 중국 시장의 흐름이 둔화되거나 막히는 조짐이 보일 때마다 내부에서는 단순한 매출 감소 이상의 긴장감이 흘렀다. 그것은 곧 플랫폼의 저변이 약해질 수 있다는 신호였기 때문이다.

이 샌드위치 구조는 단순한 매출의 문제가 아니다. 중국은 매출 규모만 큰 시장이 아니다. AI 수요가 가장 격렬하게 분출되는 공간이다. 데이터가 쌓이고, 서비스가 만들어지고, 파생 산업이 생기고, 개발자가 몰린다. 이 공간을 포기하면 엔비디아는 매출의 일부만 잃는 것이 아니다. 플랫폼을 지탱하는 사용자 층, 즉 생태계의 두께 자체를 잃게 된다. 엔비디아가 진짜로 파는 것은 칩이 아니라 생태계이고, 생태계는 사람들이 떠나는 순간 급격히 약해진다.

미국의 수출 통제는 단순한 금수 조치가 아니다. 그 목표는 특정 제품을 막는 것이 아니라, 상대국이 획득할 수 있는 AI '능력'의 상한선을 제한하는 데 있다. AI 능력은 칩 하나로 결정되지 않는다. 연산 성능, 메모리 대역폭, 시스템 확장성, 네트워크 구성, 소프트웨어 생태계가 결합되어야 비로소 군사적·산업적 의미를 갖는다. 미국은 바로 이 결합이 만들어내는 능력을 억제하려 한다.

그래서 규제는 제품 이름이 아니라, 그 제품이 만들어내는 능력을 기준으로 설계된다. 문제는 이 기준이 고정되어 있지 않다는 점이다. AI 기술은 너무 빠르게 진화한다. 오늘의 상한선이 내일의 중간이 된다. 규제는 계속 조정되고, 기업은 그 조정의 틈에서 살아남아야 한다. 이 틈을 걷는 행위가 바로 줄타기다.

2025년 12월 8일, 이 줄타기는 새로운 국면으로 들어간다. 그날 미국 대통령은 엔비디아의 H200 칩을 중국 등으로 '승인된 고객'에 한해 수출할 수 있도록 허용하겠다고 밝혔다. 전면 개방이 아니라 조건부 허용이었고, 그 허용에는 25%라는 국가 몫이 결합되었다. 이 순간 수출 통제의 문법이 바뀐다. 이전까지의 문법은 막는다 또는 허용한다는 이분법이었다. 그러나 이 발표는 허용하되 조건을 붙이고, 허용하되 국가가 거래의 일부가 되는 방식이었다. 규제가 단순한 금지가 아니라, 시장 구조를 다시 설계하는 도구로 변한 것이다.

이 과정에서 젠슨 황이 전면에 나설 수밖에 없는 이유도 분명하다. 중국은 엔비디아 입장에서 "있으면 좋은 시장"이 아니라, 이미 전체 비즈니스 구조의 20% 이상을 떠받치고 있던 핵심 사용자 기반이었기 때문이다. 이 시장을 단절하는 결정은 단기 실적 조정이 아니라, 플랫폼의 저변을 스스로 깎아내리는 선택이 될 수 있다. 그래서 젠슨 황의 설득은 감정이 아니라 구조의 언어였을 것이다. 중국 수요를 완전히 막으면 중국은 자국 칩 생태계를 더 빠르게 키울 것이다. 미국 기업이 중국 시장에서 퇴출되면 미국은 기술 우위뿐 아니라 플랫폼 주도권을 잃는다. 제한된 방식의 수출은 많은 사용자가 남아 있는 생태계를 유지하면서도, 통제 가능한 범위 안에 두는 절충안이 된다.

H200은 단순한 제품명이 아니다. 그 칩이 의미하는 것은 특정 수준의 AI 능력이다. 그래서 허용 발표 직후 즉각적인 반발이 이어진다. AI는 범용 기술이기 때문에 상업용과 군사용을 완전히 분리할 수 없다. 수출은 곧 능력 이전으로 해석될 수밖에 없다. 그래서 이 결정은 끝이 아니라 시작이다. 허용 이후의 전장은 라이선스, 고객 승인, 중국 내부 규제, 동맹국의 시선 관리로 이동한다. 칩 위는 늘 이렇게 다

음 단계로 옮겨간다.

기업들은 흔히 시장을 매출로 판단한다. 그러나 AI 플랫폼 기업에게 시장은 시간이고, 사용자 밀도다. 내가 현장에서 느낀 것도 바로 이것이다. 중국 시장을 잃는다는 것은 숫자 하나를 잃는 것이 아니라, 가장 많은 사용자가 가장 빠르게 학습하는 전장에서의 시간을 잃는 것이었다.

이 모든 요소가 결합되면 엔비디아의 줄타기는 묘수이자 고뇌가 된다. 그러나 동시에 미국과 중국 양쪽에서 압박을 받는 구조는 깊은 고뇌를 만든다. 어느 한쪽을 만족시키는 순간, 다른 한쪽의 반발은 더 커진다. 그래서 2025년 12월 8일은 단순한 날이 아니라, 칩 워가 새로운 국면으로 들어간 날이었다. 금지와 허용의 단순한 문법에서, 조건부 승인과 수수료라는 복합 문법으로 전환한 순간이다. 그리고 이 국면에서 젠슨 황은 한 기업의 CEO를 넘어, 많은 사용자를 품은 플랫폼이 지정학적 전장에서 어떻게 생존하는지를 보여주는 상징적 인물이 되었다.

줄타기는 위험하다. 그러나 글로벌 플랫폼은 때때로 줄 위에 서지 않으면 살아남을 수 없다. 그리고 이제 질문은 다음 장으로 넘어간다. 미국은 왜 이런 방식의 허용을 선택했는가? 중국은 이 허용을 어떻게 받아들이고 어떤 조건을 붙일 것인가? 그리고 한국은 이 전쟁에서 어떤 위치와 전략을 가져야 하는가?

2
TSMC와의 혈맹,
그리고 미묘한 긴장

파운드리 최강자와의 공생 관계, 패키징(CoWoS) 병목 해결 스토리, 그리고 추론 전용 아키텍처가 만든 권력의 재배치

칩 전쟁을 이야기하면 사람들은 보통 나노미터부터 꺼낸다. 5나노냐 3나노냐, 트랜지스터가 얼마나 촘촘히 들어갔느냐, 전력 효율이 몇 퍼센트 좋아졌느냐 같은 이야기다. 하지만 AI 시대가 본격화되면서 전쟁의 규칙은 이미 바뀌었다. 성능의 상한선이 더 이상 공정 노드 하나로만 결정되지 않기 시작했다. 이제는 칩이 얼마나 좋으냐보다 완성품이 얼마나 많이, 얼마나 빨리, 얼마나 안정적으로 나올 수 있느냐가 기업의 운명을 가른다. 생산이 경쟁이고, 출하가 경쟁이며, 납기가 경쟁이 되는 순간이 온 것이다.

이 변화는 파운드리 시장 점유율 숫자에서도 그대로 드러난다. 지금 TSMC는 전 세계 파운드리 시장의 70%가 넘는 비중을 차지하고 있고, 삼성은 7% 안팎에 머물러 있다. 여기서 중요한 건 누가 1등이냐가 아니다. 이 숫자가 말해주는 건 AI 시대의 제조 병목과 물량의 흐름이 얼마나 한쪽으로 쏠려 있는가다. 전쟁의 룰이 기술에서 제조 체력으로 이동하고 있다는 사실이 이미 점유율에 반영돼 있는 셈이다.

AI 시대가 되면 반도체 산업의 권력은 전공정에서 후공정으로 이동한다. 이제 패키징은 단순한 마지막 포장이 아니다. 패키징은 성능을 규정하는 설계가 되고, 공급을 규정하는 병목이 되고, 시장 점유율을 규정하는 배분 권력이 된다. AI 가속기는 더 이상 단일 다이 하나로 끝나는 제품이 아니다. 로직 다이와 고대역폭 메모리, 인터커넥트, 전력과 열 설계가 하나의 시스템으로 결합돼야 한다. 이 결합이 성공해야만 AI 가속기는 비로소 시장에서 작동하는 제품이 된다. 이 구조를 상징하는 이름이 CoWoS다. CoWoS는 좋은 패키징 기술이라는 수준을 넘어, AI 가속기의 기본 형태를 만들어 버렸다. 로직과 HBM이 초고밀도로 붙어 있고, 그 사이를 초고속 통로로 연결해 시스템 단위 성능을 끌어올리는 구조다. AI 가속기의 표준 구조가 이 형태로 굳어질수록, 이 구조를 만들 수 있는 능력 자체가 곧 시장을 결정하게 된다. 그래서 이제 중요한 질문은 누가 가장 빠른 칩을 설계하느냐가 아니라, 누가 이 구조를 가장 안정적으로, 가장 많이 찍어 낼 수 있느냐다.

이 구조의 중심에 TSMC가 있다. AI 시대의 TSMC는 단순한 공정

노드 최강자가 아니다. 이제 TSMC는 완성품 생산의 결절점흐름의 마디
가 되는 시점이 된다. 웨이퍼 위에 트랜지스터를 새기는 전공정뿐 아니라,
그 위에 어떤 메모리를 어떤 방식으로 붙여 어떤 시스템을 만들 것
인지까지 산업의 핵심이 되었고, 그 후공정의 핵심이 바로 CoWoS로
대표되는 첨단 패키징이기 때문이다.

　그리고 바로 이 지점에서 한국이 마주한 현실도 분명해진다. 삼성
은 메모리에서는 여전히 세계 최강이고, HBM에서도 다시 추격을 시
작했다. 하지만 파운드리에서는 TSMC와 구조적으로 다른 위치에 서
있다. 삼성은 공정 기술 자체는 결코 뒤처지지 않는다. 오히려 트랜지
스터 구조나 차세대 공정 로드맵에서는 선제적인 시도를 계속해 왔
다. 문제는 기술이 아니라 고객 신뢰다.

　AI 시대의 파운드리는 단순히 공정을 잘 만드는 사업이 아니다. 대
형 고객의 물량을 수년 단위로 소화할 수 있는 생산 안정성과, 설계·
패키징·검증까지 함께 묶어 제공하는 종합 제조 서비스가 요구된다.
TSMC는 수십 년 동안 축적된 고객 생태계와 설계 파트너십, 그리고
CoWoS를 중심으로 한 후공정 스택을 이미 완성해 놓았다. 반면 삼
성은 공정과 메모리, 패키징 역량을 모두 가지고 있으면서도, 이 세
축을 하나의 통합된 고객 경험으로 묶는 데에서는 아직 완전히 자리
잡지 못한 상태다. 이 간극이 점유율 차이로 그대로 드러난다. 그렇
다고 한국에 기회가 없다고 생각하지는 않는다. 오히려 AI 시대의 제
조 스택이 복잡해질수록, 메모리와 시스템 반도체, 패키징을 동시에
이해하는 역량은 더 중요해진다. HBM의 중요성이 계속 커지고, 칩렛

구조와 3D 적층이 보편화될수록, 메모리와 로직의 통합 최적화는 경쟁력이 된다. 이 지점은 한국이 다시 판을 흔들 수 있는 영역이기도 하다. 문제는 기술이 아니라 전략과 속도다. 개별 공정 경쟁이 아니라, AI 시스템 전체를 묶는 제조 플랫폼 전략으로 전환할 수 있느냐가 관건이 된다.

그리고 다시 엔비디아로 돌아오면 엔비디아는 AI 시대에 칩 회사에서 플랫폼 회사로 올라섰다. 하지만 플랫폼은 설계도만으로는 존재할 수 없다. 플랫폼은 반드시 물량이 되어야 한다. 고객이 주문하고, 데이터센터가 설치되고, 실제 서비스가 돌아가기 시작해야 플랫폼은 현실이 된다. 그 물량을 현실로 바꾸는 마지막 관문이 바로 제조 스택이다. 그래서 엔비디아와 TSMC의 관계는 단순한 고객과 공급자를 넘어선 혈맹의 형태를 띠게 된다.

처음 AI 가속기 경쟁은 성능 경쟁처럼 보였다. 누가 더 빠르냐, 메모리 대역폭이 얼마나 넓으냐, 소프트웨어가 얼마나 성숙했느냐가 승부의 기준처럼 보였다. 하지만 수요가 폭발하면서 경쟁의 중심은 완전히 다른 곳으로 이동한다. 이제 중요한 건 누가 더 좋은 칩을 만드느냐가 아니라, 누가 그 칩을 가장 많이, 가장 빨리 출하할 수 있느냐다. 그리고 이 출하 경쟁에서 TSMC의 압도적 점유율은 제조 권력이 어디에 집중돼 있는지를 그대로 보여준다.

하지만 혈맹은 강력한 만큼 취약하다. 한쪽이 멈추면 다른 쪽도 함께 멈추기 때문이다. 특히 CoWoS 같은 첨단 패키징은 단기간에 늘릴 수 있는 공정이 아니다. 그래서 수요가 폭발하는 순간 병목이 되고, 병목은 곧 권력이 된다. 배분이 문제가 되는 순간 제조사는 심판이 된다.

이 구조적 리스크를 엔비디아도 모르지 않는다. 그래서 최근 엔비디아가 파운드리 벤더 밸런싱을 위해 인텔에 50억 달러를 투자하기로 결정한 것은 매우 상징적이다. 이것은 단순한 재무 투자가 아니라, 제조 리스크를 분산하기 위한 전략적 보험이라고 생각한다. TSMC와의 혈맹은 유지하되, 모든 미래를 하나의 제조 스택에만 맡기지는 않겠다는 선언이다. 인텔 파운드리 서비스가 아직 TSMC 수준에 도달했다고 보기는 어렵지만, 엔비디아는 지금부터라도 공정과 패키징, 공급망의 다변화를 장기 전략으로 깔기 시작한 것이다.

이 흐름 속에서 삼성의 선택지도 더 분명해진다. 단순히 TSMC를 따라잡겠다는 접근으로는 승산이 없다. AI 시대에는 공정 단독 경쟁이 아니라, 메모리와 패키징, 시스템 통합까지 포함한 제조 플랫폼 경쟁이 벌어지고 있기 때문이다. 삼성이 진짜로 승부를 걸어야 할 지점은 바로 이 통합 스택이다. HBM, 패키징, 로직 공정을 하나의 AI 시스템 제조 플랫폼으로 묶어낼 수 있다면, 시장에서 다시 의미 있는 대안으로 부상할 수 있다. 하지만 이 전략은 기술 투자만으로 되는 일이 아니다. 고객과 공동 설계를 하고, 물량을 장기적으로 약속하고, 제조 리스크를 함께 짊어지는 구조까지 만들어야 한다.

그리고 또 한가지 생각할 것은 AI 산업의 중심이 훈련에서 추론으로 이동하면서, 모든 워크로드가 동일한 형태의 초대형 패키지를 요구하지는 않게 된다는 것이다. 비용과 전력, 지연시간이 중요한 서비스 영역에서는 다른 형태의 아키텍처가 경쟁력을 가질 수 있다. 이 흐름은 엔비디아에게는 리스크를 줄이는 기회이고, 삼성에게는 새로운 진입 지점이 될 수도 있다.

결국 AI 시대의 패권은 기술 하나로 결정되지 않는다. 공정, 패키징, 메모리, 시스템 통합으로 이어지는 제조의 스택이 승패를 가른다. 지금 그 중심에는 여전히 TSMC가 서 있다. 하지만 엔비디아는 인텔 투자로 제조 리스크를 분산시키기 시작했고, 시장은 추론 중심 구조로 이동하며 또 다른 설계와 제조 방식을 요구하고 있다. 이 변화의 파도 위에서 한국이 어떤 선택을 하느냐에 따라, 반도체 산업의 다음 10년 지형도는 다시 그려질 수 있다. 시간은 많지 않다. AI 시대의 제조 경쟁은 이미 속도전으로 들어갔기 때문이다.

3
빅테크들의 반란:
탈(脫) 엔비디아는 가능한가?

구글·아마존·MS 자체 칩 개발의 위협과 실체

엔비디아가 만든 시대는 "GPU가 빠르다"에서 시작했지만, 지금은 "GPU로 생태계를 묶는다"로 완성됐다. 숫자가 이를 증명한다. AI 가속기 시장에서 엔비디아는 여전히 90%가 넘는 점유율을 유지하고 있다. 이건 단순한 시장 지배가 아니다. 사실상 표준의 지위다. 프레임워크, 라이브러리, 개발자 교육, 인력 시장까지 하나의 축으로 묶여 있다. AI를 한다는 말은 곧 엔비디아를 쓴다는 말과 거의 같은 의미가 되어 왔다.

하지만 AI가 산업의 기본 인프라가 되는 순간, 고객의 성격이 달라진다. 고객은 더 이상 칩을 '사는' 기업이 아니라, 칩을 '운영'하는 기업이 된다. 운영의 세계로 들어가면 질문이 달라진다. "가장 빠른가?"가 아니라 "얼마나 싸게, 얼마나 오래, 얼마나 안정적으로 돌릴 수 있는가?"다. 이 질문이 쌓이면서, 엔비디아를 향한 불만이 점점 더 노골적으로 드러나기 시작했다.

첫 번째 불만은 가격이다. 훈련 단계에서는 GPU 가격이 감내 가능해 보인다. 한 번의 대규모 학습으로 모델을 만든다는 명분이 있기 때문이다. 하지만 추론은 다르다. 추론은 매일, 매시간, 초당 반복된다. 이때 GPU 단가는 곧 서비스 원가가 된다. "GPU가 너무 비싸다"는 말은 결국 "AI 서비스의 마진이 계속 깎인다"는 의미로 바뀐다.

두 번째 불만은 전력과 열이다. 엔비디아 GPU는 성능을 끌어올린 만큼 전력 소모와 발열도 함께 커졌다. 이제 데이터센터의 병목은 칩 자체보다 전력 공급, 냉각, 랙 밀도 쪽으로 이동하고 있다. 추론 트래픽이 폭증할수록 "이 정도 전력과 열을 감당하면서까지 GPU를 써야 하는가?"라는 질문은 피할 수 없어진다.

세 번째 불만은 구조 리스크다. 엔비디아가 90% 이상을 차지하는 시장 구조는 편리하지만, 동시에 위험하다. 가격, 공급, 로드맵이 사실상 한 회사에 집중된다. AI를 핵심 인프라로 보는 빅테크 입장에서는, 이 구조 자체가 전략적 리스크가 된다. 그래서 언젠가는 대안을 가져야 한다는 생각이 자연스럽게 떠오른다.

이 불만들이 한꺼번에 힘을 얻는 지점이 바로 추론 시장의 확대다. AI 산업의 중심은 분명히 훈련에서 추론으로 이동하고 있다. 훈련은 이벤트다. 거대한 비용을 들여 한 번 한다. 하지만 추론은 일상이다. 모델이 서비스에 붙는 순간, 비용은 매초 발생한다. 이때 범용 GPU

는 과한 해법이 될 수 있다. 특정 추론 워크로드에서는 더 싸고, 더 시원하고, 더 결정론적인 칩이 경쟁력을 가질 수 있다.

이 배경 위에서, 최근 시장에 큰 충격을 준 이야기가 등장한다. Google이 Gemini 3.0 Pro를 TPU 기반으로 만들었고, 이 TPU 기반 추론 역량을 내부에만 쓰는 것이 아니라 외부, 특히 Meta에도 제공한다는 이야기다. 이 소식이 왜 큰 임팩트를 가졌는지는 구조를 보면 분명해진다. 구글이 TPU로 자기 모델을 돌리는 건 새로운 일이 아니다. 진짜 의미는 외부 제공이다. TPU가 "구글만 쓰는 특수 칩"이 아니라, 다른 빅테크도 선택할 수 있는 추론 인프라로 한 단계 올라왔다는 신호이기 때문이다. 이는 TPU가 더 이상 실험이 아니라, 실제 서비스에 투입 가능한 대안이라는 메시지를 시장에 던진다.

이 메시지는 정확히 엔비디아의 약점을 찌른다. Gemini 3.0 Pro는 훈련 성능 경쟁을 과시하기보다, 대규모 서비스 추론을 얼마나 효율적으로 돌릴 수 있는가에 초점이 맞춰진 모델이다. 바로 이 지점에서 "GPU는 너무 비싸고, 너무 뜨겁다"는 불만과 맞닿는다. TPU는 처음부터 구글의 대규모 서비스 추론을 전제로 설계된 칩이다. 전력 효율, 지연시간, 비용 구조가 메시지의 중심에 놓인다.

여기에 Meta라는 이름이 더해지면서 상징성은 커진다. Meta는 AI를 연구 프로젝트가 아니라, 글로벌 서비스 인프라로 운영하는 회사다. 이 Meta가 TPU 기반 추론을 선택지로 검토하거나 활용한다는 신호는, "엔비디아 GPU 말고도 대안이 존재한다"는 첫 번째 분명한 사례가 된다. 물량이 크든 작든, 이 신호의 의미는 작지 않다.

엔비디아 DNA

물론 이 사건이 곧 엔비디아의 몰락을 의미하지는 않는다. 엔비디아는 여전히 훈련과 초대형 시스템에서 압도적이다. CUDA 생태계, 개발자 풀, 소프트웨어 스택은 단기간에 흔들리지 않는다. 그래서 전면적 탈 엔비디아는 여전히 어렵다. 빅테크조차도 모든 워크로드를 단번에 옮길 수는 없다.

하지만 분명한 건 균열이 시작됐다는 점이다. 이 균열은 칩 성능에서 시작된 게 아니다. 비용, 전력, 열, 운영 효율, 그리고 추론 중심 시장이라는 현실에서 시작됐다. 구글의 TPU, AWS의 Trainium, 마이크로소프트의 Maia는 모두 같은 질문에 대한 다른 답이다. "AI를 운영하는 회사로서, 언제까지 엔비디아 하나에만 의존할 것인가?"

여기서 내 개인적인 생각을 덧붙이면 이렇다. 엔비디아의 AI 시장 점유율은 앞으로 점진적으로 하락할 가능성이 크다. 추론 시장이 커질수록, 특정 워크로드에서는 엔비디아가 아닌 선택지가 늘어날 것이기 때문이다. 구글 TPU 같은 사례는 그 시작을 보여준다. 그러나 동시에, 엔비디아의 매출은 오히려 지속적으로 상승할 가능성이 높다. 이유는 단순하다. AI 시장 전체가 너무 빠르게 커지고 있다. 시장의 파이가 커지는 속도가 점유율 하락 속도보다 훨씬 빠르다. 설령 점유율이 90%에서 80%, 70%로 내려가더라도, 그 70%가 차지하는 절대 금액은 지금보다 훨씬 커질 수 있다. 게다가 훈련과 초대형 시스템, 최고급 인프라 영역에서 엔비디아의 지위는 당분간 대체되기 어렵다.

결국 빅테크들의 반란은 "딜 엔비디아" 선언이 아니다. 그것은 엔비디아가 너무 비싸고, 너무 뜨겁고, 너무 중심에 서 있다는 현실에 대한 구조적 조정이다. 부분적 탈 엔비디아는 이미 진행 중이다. 특히 추론 영역에서, 특정 서비스와 특정 워크로드에서는 대안이 현실이 되고 있다. 하지만 전면적 탈 엔비디아는 여전히 표준과 생태계의 전쟁이다. 그리고 그 전쟁이 이어지는 동안, 엔비디아는 점유율은 조금씩 내주더라도 매출과 영향력은 계속 키워갈 가능성이 크다. 아이러니하게도, 점유율 하락과 매출 증가는 동시에 일어날 수 있다. 이것이 AI 시대의 가장 역설적인 장면이다.

‖ 사고를 흔드는 질문 ‖

 "글로벌 플랫폼 기업은 국가 전략에 어디까지 종속되어야 하는가?"

토론 포인트

- 엔비디아는 미국 기업인가, 글로벌 플랫폼 운영자인가, 아니면 둘 다인가

- 국가 안보 논리와 기업 생태계 논리가 충돌할 때 우선순위는 누구에게 있는가

- 중국 시장을 유지하는 것이 단기 매출 때문인가, 플랫폼 표준을 유지하기 위한 구조적 선택인가

- 완전 차단이 오히려 중국의 기술 자립을 더 가속하는 역설은 어떻게 해석해야 하는가

- CEO가 기술 경영자를 넘어 사실상 외교 행위자가 되는 구조는 정상적인가

- 앞으로 AI 플랫폼 기업의 의사결정은 시장 논리보다 지정학 논리에 더 많이 좌우될 것인가

"AI 시대의 승부는 기술력이 아니라 제조 체력에서 갈린다고 볼 수 있는가?"

토론 포인트

- 성능 경쟁보다 출하량 경쟁이 더 중요해진 산업 구조는 언제부터 형성되었는가
- CoWoS와 HBM이 공정보다 더 중요한 전략 자산이 된 이유는 무엇인가
- AI 가속기가 '칩'이 아니라 '시스템 제품'이 되었다는 말의 실제 의미는 무엇인가
- 제조 병목이 발생하는 순간, 파운드리는 공급자가 아니라 배분 권력이 되는가
- 삼성의 과제는 기술 격차인가, 고객 신뢰와 제조 통합 경험의 문제인가
- 한국 반도체 전략은 공정 추격인가, 시스템 제조 플랫폼 전환인가

Q3 "빅테크의 자체 AI 칩은 엔비디아 지배력 약화의 신호인가, 시장 성숙의 자연스러운 단계인가?"

토론 포인트

- 훈련 중심 구조와 추론 중심 구조에서 요구되는 칩 아키텍처는 왜 달라지는가

- 비용·전력·열 문제가 기술 성능보다 더 중요한 의사결정 요소가 되는 순간은 언제인가

- 자체 칩은 진정한 플랫폼 대체 전략인가, 아니면 비용 절감용 내부 최적화 수단인가

- CUDA 생태계와 개발자 표준을 대체하는 것이 왜 그렇게 어려운가

- 점유율 하락과 매출 증가가 동시에 일어날 수 있는 구조를 어떻게 이해해야 하는가

- 전면적 탈(脫) 엔비디아보다 '부분적 분산'이 더 현실적인 전략인 이유는 무엇인가

8장

패권 경쟁의 지형

AI 동맹과 한국의 생존 전략

ALLIANCE

1
AI 동맹 지도:
삼성, SK, 현대차, 네이버의
넥스트 스텝

AI 패권 경쟁은 기술 경쟁이 아니다. 정확히 말하면, 기술만으로는 절대 이길 수 없는 경쟁이다. 과거의 산업 패권은 비교적 단순했다. 반도체, 자동차, 통신, 가전은 한 기업, 혹은 소수 기업의 기술 우위가 승패를 갈랐다. 누가 더 미세한 공정을 만들었는지, 누가 더 효율적인 엔진을 만들었는지가 곧 국가 경쟁력이었다. 그러나 AI는 다르다. AI는 하나의 기술이 아니라, 여러 산업과 기술이 동시에 결합된 거대한 시스템이기 때문이다.

AI를 작동시키기 위해서는 모델 하나로는 아무것도 할 수 없다. 반도체가 필요하고, 메모리가 필요하며, 네트워크와 전력이 필요하다. 데이터와 소프트웨어가 있어야 하고, 그 모든 것을 실제 산업 현장에 적용할 수 있는 기업이 필요하다. 이 요소들 가운데 하나라도 빠지면

AI는 연구실의 기술로 머물 뿐, 산업이 되지 못한다. 이 모든 조각이 동시에 맞물릴 때에만 AI는 '기술'이 아니라 '산업'이 된다. 이 순간부터 AI 경쟁의 성격은 완전히 바뀐다. 이제 경쟁은 개별 기업 간의 싸움이 아니다. 동맹의 경쟁이다. 누가 더 뛰어난 모델을 가졌는가보다, 누가 더 강력한 동맹 구조 안에 있는가가 더 중요해진다.

AI 동맹의 시대는 과거의 군사 동맹과 닮아 있으면서도 전혀 다르다. 영토나 병력 대신, 칩·데이터·에너지·네트워크·표준이 동맹의 핵심 자산이 된다. 그리고 이 자산은 어느 한 나라, 어느 한 기업이 독점할 수 없다. 미국은 모델과 플랫폼을, 대만은 제조를, 유럽은 장비와 규제를, 중국은 내수와 국가 주도 확산 전략을 갖고 있다. 그 사이에서 한국은 애매해 보이지만, 사실은 독특한 위치에 서 있다. 한국은 AI 모델의 주도국도 아니고, 글로벌 플랫폼을 장악한 국가도 아니다. 그러나 동시에 한국은 AI 공급망의 심장부에 깊이 연결된 나라다. 메모리, 파운드리, 통신, 제조, 모빌리티, 데이터, 서비스까지 AI 산업의 핵심 조각들이 한국에 흩어져 있다.

문제는 이 조각들이 아직 하나의 전략으로 묶여 있지 않다는 점이다. AI 시대의 생존은 기술을 갖고 있느냐의 문제가 아니다. 이 조각들을 어떻게 엮어 동맹 구조 속에서 '없으면 안 되는 위치'를 차지하느냐의 문제다.

삼성은 한국 AI 전략의 출발점이다. 삼성 없는 한국 AI 전략은 사실상 성립하지 않는다. 삼성은 AI 시대의 핵심 자산인 메모리, 특히 HBM을 생산한다. AI 가속기의 성능은 이제 연산 코어보다 메모리

대역폭에 의해 결정되는 경우가 많다. HBM은 단순한 부품이 아니라 AI 연산의 혈관이다. 비록 현재까지 SK Hynix에 비하여 경쟁력이 떨어지지만 이러한 사실은 삼성에게 막강한 협상력을 부여한다. 그러나 삼성의 한계도 분명하다. 삼성은 모델도 없고, 개발자 플랫폼을 장악하지 않으며, 소프트웨어 표준을 만들지 않는다. 여전히 '단순히 HBM메모리를 파는 회사'의 위치에 머물러 있다. AI 시대에 이 위치는 위험하다. 삼성이 나아가야 할 방향은 단순한 반도체 공급자가 아니라, AI 시스템을 함께 설계하는 파트너다. AI 데이터센터, AI 팩토리, AI 클러스터를 칩이 아니라 시스템을 만드는 수준으로 발전해야 한다. 삼성은 '부품 강국'이 아니라 시스템 동맹의 핵심 축으로 이동해야 한다.

SK Hynix는 이미 엔비디아 AI 가속기 생태계와 가장 깊이 연결된 기업이다. HBM 공급망은 단순한 거래 관계가 아니다. AI 가속기 구조가 유지되는 한, 메모리 공급사는 플랫폼 기업과 사실상 운명을 공유한다. 그러나 이 구조는 동시에 위험을 내포한다. 엔비디아 의존도가 높아질수록 SK의 전략적 선택지는 줄어든다. 그래서 SK Hynix의 다음 단계는 메모리를 넘어야 한다. AI 인프라의 병목은 이제 메모리만이 아니다. 전력, 냉각, 에너지, 네트워크가 동시에 문제다. SK가 메모리와 에너지, 인프라 역량을 하나의 패키지로 묶는 순간, SK Hynix는 단순한 HBM메모리 기업이 아니라 AI 국가 전략의 핵심 파트너가 된다.

마지막으로, 한국 AI 전략에서 가장 중요한 축 중의 하나가 AI 스타트업이다. Upstage, Konan AI, MAUM AI, Saltlux 같은 기업들은 한국형 AI의 실질적인 '두뇌'다. 이들의 문제는 기술력이 아니라 스케일이다. 단독으로는 글로벌 경쟁을 버티기 어렵다. 그래서 이 스타트업들이 가야 할 길은 명확하다. 글로벌 빅테크를 흉내 내는 것이 아니라, 삼성·SK·LG·Naver등과 같은 AI 회사들과 동맹 구조 안에서 역할을 갖는 것이다. 산업 특화 모델, 한국어·도메인 특화 AI, B2B 솔루션은 이들이 가장 잘할 수 있는 영역이다.

AI 시대의 국력은 GDP가 아니다. 동맹 내 위치다. 한국은 모든 것을 가질 수는 없다. 그러나 연결의 중심은 될 수 있다. 삼성과 SK는 하드웨어 동맹의 축이 되고, 현대차는 Physical AI의 실증 거점이 된다. 네이버는 언어와 데이터 주권을 지키고, KT와 SKT는 AI를 사회 인프라로 연결한다. 그리고 그 사이를 AI 스타트업들이 촘촘히 메운다. 이 모든 조각이 글로벌 AI 플랫폼과 연결되는 순간, 한국은 패권 경쟁의 주변국이 아니라 없으면 안 되는 필수 동맹국이 된다.

2
메모리 강국 한국의 숙명: 엔비디아 생태계에서 '파트너'로 살아남기

한국은 AI 시대에 가장 중요한 자원을 갖고 있다. 그러나 그 자원을 스스로의 이름으로 지배하지는 못한다. 그 자원이 바로 HBM메모리다. AI가 계산의 문제를 넘어 데이터 이동의 문제로 진화하면서, 메모리는 더 이상 보조 장치가 아니다. 메모리는 AI 성능을 규정하는 구조적 요소가 되었다. 연산 코어가 아무리 빨라져도 메모리가 그 속도를 따라가지 못하면 AI 시스템 전체는 멈춘다. 이 구조속에서 한국은 세계에서 가장 중요한 위치에 서 있다. AI 가속기 시장에서 사용되는 고대역폭 메모리, 즉 HBM의 글로벌 공급망은 사실상 한국을 중심으로 돌아간다. 그러나 이 사실은 곧 다른 질문으로 이어진다. 메모리 강국인 한국은 AI 패권 경쟁에서 주도권을 쥐고 있는가, 아니면 누군가의 생태계 안에서 살아남이야 하는가 이 질문에 대한 답은 불편하지만 명확하다. 한국은 플랫폼의 주인이 아니라 플랫폼 안에서 살아남아야 하는 파트너다. 그리고 이 사실을 인정하는 순간부터 비로소 현실적인 전략이 시작된다.

과거 반도체 산업에서 메모리는 곧 패권이었다. DRAM과 NAND의 미세 공정 경쟁에서 앞선 기업은 가격과 물량, 기술에서 모두 우위를 점할 수 있었다. 그러나 AI 시대의 메모리는 다르다. 메모리는 여전히 필수지만, 메모리만으로는 시스템을 지배할 수 없다. AI 가속기는 단일 부품이 아니다. 연산 코어와 메모리, 패키징, 네트워크, 소프트웨어가 하나의 구조로 결합된 결과물이다. 이 구조를 정의하는 쪽은 메모리 기업이 아니라 플랫폼 기업이다. 엔비디아는 이 사실을 누구보다 빨리 이해했다. 엔비디아는 단순히 GPU를 파는 회사가 아니라 GPU를 중심으로 한 연산 생태계 전체를 설계하는 회사가 되었다. CUDA와 라이브러리, 프레임워크, 개발자 커뮤니티, 그리고 데이터센터 단위의 시스템 설계까지. 이 생태계 안에서 메모리는 없으면 안 되는 핵심 요소이지만, 결정권을 가진 요소는 아니다. 이것이 한국이 직면한 현실이다.

엔비디아 생태계를 흔히 수직 통합 플랫폼으로 오해하지만 실제로는 다르다. 엔비디아는 모든 것을 직접 만들지 않는다. 파운드리는 외부에 맡기고, 메모리는 파트너에게 의존하며, 시스템 구축은 고객과 함께 한다. 그럼에도 불구하고 엔비디아가 생태계를 지배하는 이유는 구조를 정의하기 때문이다. 어떤 연산이 중요한지, 어떤 메모리 구조가 필요한지, 어떤 패키징이 성능을 좌우하는지, 어떤 소프트웨어

엔비디아 DNA

인터페이스가 표준이 되는지를 엔비디아가 먼저 결정한다. 이 구조 안에서 메모리 기업의 선택지는 많지 않다. 구조에 맞춰 진화하거나, 구조에서 밀려나거나. 한국 메모리 기업들이 엔비디아 생태계에서 살아남기 위해 파트너라는 위치를 선택할 수밖에 없는 이유가 여기에 있다.

파트너라는 말은 듣기 좋다. 그러나 산업 구조 안에서의 파트너는 동등한 지위를 의미하지 않는다. 파트너란 필수적이지만 동시에 항상 대체 가능성을 검증받는 존재다. 엔비디아는 메모리 기업을 필요로 한다. 그러나 동시에 언제나 같은 질문을 던진다. 더 빠른 메모리는 가능한가, 더 낮은 전력은 가능한가, 더 안정적인 공급은 가능한가, 더 유연한 패키징은 가능한가. 이 질문에 답하지 못하는 순간, 파트너는 교체 대상이 된다. 따라서 한국 메모리 기업의 숙명은 단순히 파트너가 되는 것이 아니라, 교체 불가능한 파트너가 되는 것이다.

엔비디아 생태계에서 메모리 기업이 교체 불가능해지기 위해서는 단순한 기술 우위를 넘어서는 조건이 필요하다. 첫째는 성능이 아니라 구조를 바꿀 수 있어야 한다는 점이다. HBM의 진화는 단순한 속도 경쟁이 아니다. 스택 구조와 인터페이스, 전력 효율과 발열 특성은 AI 가속기 전체 설계를 바꾸는 요소다. 메모리 기업이 엔비디아의 요구에 맞춰 따라가는 수준을 넘어, 다음 세대 가속기 구조에 영향을 미칠 수 있을 때 파트너의 지위는 달라진다. 둘째는 공급망 안정성이 기술이 되어야 한다는 점이다. AI 시대의 병목은 기술보다 공급에서 발생한다. 메모리가 아무리 뛰어나도 제때 공급되지 않으면 그 가치는 사라진다. 한국 메모리 기업은 대규모 양산 능력과 안정성을 무기로 엔비디아 생태계의 리스크를 흡수하는 완충 장치가 되어야 한다. 이때 공급 안정성은 단순한 운영 능력이 아니라 전략적 자산이 된다. 셋째는 메모리 밖으로 사고를 확장해야 한다는 점이다. 메모리 기업이 메모리만 이야기하는 순간, 파트너의 지위는 고정된다. 전력과 냉각, 패키징, 테스트, 신뢰성, 그리고 데이터센터 단위의 운용까지 사고의 범위를 넓혀야 한다. 쉽지는 않지만 이때 비로소 메모리 기업은 부품 공급자를 넘어 시스템 파트너로 이동할 수 있다.

한국은 현실적으로 글로벌 AI 플랫폼을 새로 만들 수 있는 위치에 있지 않다. 자본과 시장, 개발자 규모에서 미국 빅테크와 정면 경쟁은 어렵다. 그러나 플랫폼을 소유하지 못한다고 해서 패권 경쟁에서 배제되는 것은 아니다. AI 시대의 패권은 플랫폼 소유 여부만으로 결정되지 않는다. 플랫폼이 작동하지 못하게 만들 수 있는 지점을 누가 쥐고 있는지도 중요하다. 메모리는 바로 그 지점 중 하나다. 그러나 그 힘은 플랫폼과의 대립에서 나오지 않는다. 플랫폼 안으로 얼마나 깊이 들어가 있느냐에서 나온다. 한국의 전략은 엔비디아를 대체하는 것이 아니라, 엔비디아가 한국 없이 진화하기 어렵게 만드는 것이다.

이 지점에서 메모리는 더 이상 기업 차원의 문제가 아니다. 국가 전략의 문제가 된다. 메모리 공급망은 AI 패권 경쟁에서 국가 간 협상의 카드가 된다. 한국이 해야 할 일은 메모리 산업을 보호하는 것이 아니라, 메모리 산업이 세계 AI 생태계에서 대체 불가능한 위치를 유지하도록 만드는 것이다. 연구개발과 인력, 전력과 인프라, 그리고 외교까지, 이 모든 요소가 메모리 산업을 중심으로 다시 설계되어야 한다.

결국 한국은 선택해야 한다. 주도권을 꿈꾸며 현실을 부정할 것인가, 아니면 파트너의 위치를 인정하고 그 위치를 극대화할 것인가. AI 시대의 패권은 항상 1등이 가져가지 않는다. 가장 깊이 연결된 존재가 가져간다. 메모리 강국 한국의 숙명은 엔비디아 생태계에서 단순한 공급자가 아니라, 없으면 안 되는 파트너로 살아남는 것이다. 이 숙명을 회피하는 순간 한국은 AI 패권 경쟁의 변방으로 밀려난다. 그러나 이 숙명을 받아들이고 전략으로 만들 수 있다면, 한국은 동맹의 핵심 노드로 남을 수 있다.

3
중국의 추격과 엔비디아의 '로우-컷' 전략: AI 기술이 지정학적 무기가 된 현실

　　AI 기술은 더 이상 기업 간 경쟁의 도구가 아니다. 지금의 AI는 국가 전략, 산업 정책, 안보 논리, 그리고 외교 갈등이 직접적으로 얽혀 있는 지정학적 무기가 되었다. 그리고 이 전환이 가장 극적으로 드러나는 무대가 바로 미·중 기술 패권 경쟁이며, 그 중심에 엔비디아가 서 있다.

　　미국 정부의 대중 반도체 수출 규제는 단순히 "최신 칩을 못 팔게 한다"는 수준의 조치가 아니다. 그것은 중국이 대규모 AI 모델을 학습시키고, 자율 무기, 감시 시스템, 산업 자동화를 가속화하는 핵심 연료를 차단하겠다는 전략적 선택이다. AI는 이제 경제 성장의 도구이자, 군사력과 정보 통제 능력을 동시에 강화하는 기술이 되었고, 따라서 GPU는 사실상 전략 자원으로 분류되기 시작했다.

이 환경 속에서 엔비디아는 전례 없는 선택을 해야 했다. 중국은 엔비디아 전체 매출에서 차지하는 비중이 작지 않은 시장이었고, 동시에 세계에서 가장 공격적으로 AI 인프라를 구축하는 국가 중 하나였다. 하지만 미국 정부의 규제가 강화되면서, 엔비디아는 더 이상 기존의 최고 성능 GPU를 그대로 공급할 수 없는 상황에 놓였다. 이때 엔비디아가 선택한 전략이 바로 이른바 '로우-컷Low-Cut' 전략이다.

로우-컷 전략이란, 규제 기준을 정확히 계산해 그 이하의 성능으로 인위적으로 제한한 전용 칩을 만들어 중국 시장에 공급하는 방식이다. 연산 성능, 인터커넥트 대역폭, 메모리 속도 등을 일부 낮춰 수출 규제 문턱을 넘지 않도록 설계된 GPU들이다. 겉으로 보면 합법적인 시장 대응 전략이지만, 그 이면에는 매우 복잡한 정치·기술·사업적 계산이 동시에 작동하고 있다.

첫째, 엔비디아는 중국 시장을 완전히 포기할 수 없다. 중국은 단순한 소비 시장이 아니라, AI 개발자와 시스템 통합업체, 데이터센터 운영사, 클라우드 기업이 동시에 밀집한 거대한 실험장이다. 이 시장에서 완전히 빠져나오는 순간, 중국 생태계는 빠르게 국산화 가속 페달을 밟게 되고, 장기적으로는 엔비디아 플랫폼 자체가 배제될 위험이 커진다. 따라서 엔비디아 입장에서는 규제 범위 안에서라도 플랫폼 점유율을 유지하는 것이 전략적으로 중요하다.

둘째, 그러나 로우-컷 전략은 기술적으로도 부담이 크다. GPU는 단순히 성능을 낮추면 끝나는 제품이 아니다. 데이터센터 시스템은 GPU, 네트워크, 소프트웨어 스택, 전력 설계가 함께 최적화되어 움직인다. 특정 성능을 의도적으로 제한한 칩은 기존 시스템 아키텍처와의 호환성, 소프트웨어 최적화, 효율성 측면에서 여러 부작용을 낳는다. 다시 말해, 로우-컷 제품은 기술적으로도 '비자연스러운' 설계다.

셋째, 그리고 가장 중요한 문제는 시간이다. 로우-컷 전략은 어디까지나 완충 장치일 뿐, 장기 해법이 아니다. 중국 정부와 기업들은 이미 반도체 자립을 국가적 목표로 설정했고, GPU, AI 가속기, 메모리, 패키징까지 전방위적인 투자에 들어가 있다. 현재 성능 격차가 존재하더라도, 시간이 흐를수록 자체 생태계의 성숙도는 높아질 수밖에 없다. 엔비디아의 로우-컷 제품은 이 시간을 벌기 위한 전략이지, 구조적 우위를 영구히 보장하는 방패는 아니다.

반대로 중국의 시각에서 보면, 이 상황은 또 다른 기회다. 수출 규제는 단기적으로는 타격이지만, 동시에 내부 기술 개발에 대한 정치적 정당성과 예산을 무제한으로 제공하는 명분이 된다. 실제로 중국은 GPU 아키텍처, AI 프레임워크, 클라우드 소프트웨어까지 자국 중심 생태계를 구축하려는 움직임을 빠르게 강화하고 있다. 비록 최첨단 공정에서는 여전히 격차가 있지만, 대규모 모델을 운영할 수 있는 "충분히 쓸 만한" 시스템을 만드는 방향으로 전략을 조정하고 있다.

이 지점에서 중요한 사실 하나가 드러난다. AI 패권 경쟁에서 절대적인 성능 1등이 항상 결정적인 승리를 보장하지는 않는다는 점이다. 일정 수준 이상의 성능과 충분한 데이터, 그리고 대규모 배포 능력이 결합되면, 실질적인 산업 적용에서는 경쟁력이 생긴다. 즉, 중국이 최첨단 GPU를 당장 확보하지 못하더라도, 자체 설계한 중간급 가속기와 대규모 클러스터로 실용적 AI 시스템을 운영하는 시나리오는 충분히 가능하다.

그래서 엔비디아의 진짜 고민은 단순한 수출 규제가 아니다. 문제는 중국 시장을 잃는 것이 아니라, 중국이 독립적인 AI 플랫폼을 구축하는 것을 얼마나 늦출 수 있느냐에 있다. 엔비디아 플랫폼이 유지되는 한, CUDA 생태계와 개발자 락인 효과는 계속 작동한다. 하지만 일정 시점을 넘어 중국 생태계가 자체 소프트웨어 스택과 하드웨어 조합으로 전환하게 되면, 그때는 다시 되돌리기 어려운 분기점이 형성된다.

이 상황에서 미국 정부의 전략과 엔비디아의 사업 전략은 완전히 일치하지 않는다. 정부는 기술 확산을 최대한 억제하려 하고, 기업은 시장 점유율을 유지하려 한다. 정부는 장기적인 국가 안보를 보고, 기업은 분기 실적과 생태계 지속성을 동시에 고려해야 한다. 이 간극 속에서 로우-컷 전략은 일종의 절충안이지만, 언제든 정책 방향이 바뀌면 무력화될 수 있는 불안정한 균형 위에 서 있다.

결국 지금의 AI 산업은 자유무역 기반 기술 경쟁 시대에서, 전략 산업 통제 시대로 이동하고 있다. 과거에는 더 좋은 제품을 만들면 시장이 열렸지만, 이제는 어떤 나라에, 어떤 성능으로, 어떤 수량을 공급할 수 있는지가 정치적으로 결정된다. 기술 로드맵은 더 이상 엔지니어와 시장만의 문제가 아니라, 외교 정책과 안보 전략의 일부가 되었다.

이 변화는 장기적으로 글로벌 AI 산업의 효율성을 떨어뜨릴 가능성이 높다. 중복 투자, 비호환 생태계, 지역별 기술 블록화는 비용을 증가시키고 혁신 속도를 늦춘다. 하지만 역설적으로, 이러한 분절 구조는 각 국가와 진영 내부에서는 더 강한 기술 집중과 자원 동원을 가능하게 만들기도 한다. 즉, 세계 전체의 효율은 떨어지지만, 각 진영 내부의 경쟁은 오히려 더 치열해지는 구조다.

엔비디아는 이 복잡한 지형 한가운데에서 줄타기를 하고 있다. 한쪽에서는 미국 정부의 규제를 충실히 따르며 전략적 신뢰를 유지해야 하고, 다른 한쪽에서는 글로벌 AI 플랫폼 기업으로서 생태계를 유지해야 한다. 로우-컷 전략은 이 양쪽 요구를 동시에 만족시키려는 현실적 선택이지만, 동시에 엔비디아가 더 이상 순수한 기술 기업이 아니라, 지정학의 한 축이 되었음을 상징하는 장면이기도 하다.

AI 기술이 무기가 되었다는 말은 과장이 아니다. 그 무기는 총이나 미사일처럼 눈에 보이지 않지만, 산업 경쟁력, 정보 통제, 군사 자동화, 사회 구조까지 영향을 미친다. 그리고 이 무기의 핵심 부품이 바로 AI 가속기와 데이터센터 인프라다. 지금 엔비디아의 GPU는 단순한 반도체 제품이 아니라, 국가 간 힘의 균형을 좌우하는 전략 자산으로 취급되고 있다.

그래서 이 파트의 본질은 기술 이야기가 아니다. 이 장은 AI 산업이 더 이상 글로벌 협력만으로 굴러가는 시장이 아니라, 국가 전략과 충돌하며 재편되는 전장으로 변했다는 사실을 보여준다. 그리고 그 전장의 한복판에서 기업은 기술만으로 판단할 수 없는 선택을 강요

받고 있다. 로우-컷 전략은 그 상징적인 결과물이며, 동시에 앞으로
AI 산업이 어떤 방향으로 갈 것인지를 예고하는 신호이기도 하다.

4
APEC 2025를 기점으로
우리가 준비해야 할 것들

젠슨 황은 APEC CEO Summit에서 컴퓨팅 산업이 이미 근본적인 전환점에 들어섰다고 분명히 했다. 더 이상 CPU 중심의 범용 컴퓨팅 시대가 아니라, 가속 컴퓨팅, 즉 GPU 중심의 병렬 처리 구조가 산업 전반을 재편하고 있다는 것이다. 과거에는 컴퓨터가 사람을 돕는 도구였다면, 이제는 GPU 기반 시스템이 실제 산업의 일을 수행하는 단계로 넘어가고 있다. 제조, 물류, 바이오, 로보틱스까지 '일을 하는 컴퓨터'가 현실이 되었다는 메시지다.

이 변화의 핵심에는 CUDA 플랫폼이 있다. 엔비디아는 30년 전부터 가속 컴퓨팅 구조를 준비해 왔고, CUDA와 수천 개의 라이브러리를 통해 과학, 제조, 의료, 로보틱스, 금융까지 다양한 산업을 하나의 공통 플랫폼 위에서 돌릴 수 있게 만들었다. 젠슨은 이제 산업 자체

엔비디아 DNA

가 소프트웨어 중심으로 재구성되고 있으며, AI가 산업 설계의 기본 전제가 되고 있다고 강조했다. 즉, AI는 특정 서비스가 아니라 산업 구조 그 자체를 다시 짜는 기술이라는 것이다.

그 다음 단계가 바로 시뮬레이션이다. 젠슨은 "이것은 애니메이션이 아니라 시뮬레이션"이라고 명확히 선을 그었다. 시각적으로 그럴 듯한 가상세계가 아니라, 실제 물리 법칙과 산업 공정을 반영한 디지털 트윈 환경에서 공장을 설계하고 로봇을 학습시키며 생산성을 검증하는 구조로 이동하고 있다는 설명이다. 현실에서 시행착오를 겪기 전에 가상공간에서 모든 실험을 끝내는 방식이 산업 표준이 되고 있다는 뜻이다.

이 모든 변화가 모이는 지점이 바로 AI Factory 개념이다. 젠슨은 데이터센터를 더 이상 IT 인프라가 아니라, 지능을 생산하는 공장으로 정의했다. AI Factory는 GPU, 네트워크, 스토리지, 전력, 냉각, 소프트웨어가 하나의 생산라인처럼 결합된 구조이며, 여기서 만들어지는 것이 바로 'AI 토큰', 즉 지능의 단위다. AI가 수익을 만들기 시작하면, 그 수익이 다시 더 큰 AI 인프라 투자로 이어지고, 다시 더 강력한 AI를 만들어내는 선순환 구조가 형성된다. AI는 비용이 아니라 생산 수단이 되는 순간 산업이 완전히 달라진다.

젠슨은 이 흐름 속에서 한국 기업들과의 구체적인 협력 계획도 직접 언급했다. 네이버는 대규모 GPU 기반 AI 모델과 서비스 확장을 추진하고 있으며, 삼성은 HBM 메모리와 AI 팩토리 인프라 구축에서 핵심 역할을 맡고 있다. SK 그룹은 HBM과 디지털 트윈 기반 AI 공장을 결합한 산업 AI 전략을 추진 중이고, 현대차는 자율주행과 로보틱스를 중심으로 로봇 팩토리 구축을 본격화하고 있다. 공통점은 모두가 단순한 IT 투자가 아니라, 산업 현장과 직접 연결된 AI 인프라 구축을 목표로 하고 있다는 점이다.

이 대목에서 젠슨이 강조한 메시지는 매우 분명했다. AI 경쟁은 더 이상 모델 하나의 성능 싸움이 아니라, 누가 산업과 연결된 AI 인프라를 더 빨리 구축하느냐의 경쟁이라는 것이다. 그리고 한국은 소프트웨어, 하드웨어, 제조 역량을 동시에 갖춘 몇 안 되는 국가 중 하나라는 평가를 받았다.

그래서 젠슨은 한국을 단순한 기술 소비국이 아니라, AI 산업 국가로 도약할 수 있는 위치에 있다고 표현했다. 컴퓨팅 역량, 반도체 공급망, 제조 현장, 그리고 대규모 산업 고객을 동시에 보유한 구조는 전 세계적으로 매우 드문 조합이다. 이 조건이 갖춰진 국가는 AI를 실험하는 나라가 아니라, AI로 산업을 바꾸는 나라가 될 수 있다.

결국 APEC CEO Summit에서의 젠슨 황 메시지는 한 문장으로 요약된다. AI 시대의 승부는 알고리즘이 아니라, AI Factory를 얼마나 빠르게, 얼마나 많이, 얼마나 안정적으로 구축하느냐에 달려 있다는 것이다. 그리고 한국은 지금 그 경쟁에 본격적으로 뛰어들 수 있는 거의 유일한 시점에 서 있다.

8장이 도달한 전략적 결론은 단순하다. AI 패권 경쟁은 기술 경쟁이 아니라 구조 경쟁이다. 구조 경쟁의 핵심은 동맹의 중심에 서는 것이다. 한국은 주도국이 될 수는 없지만, 핵심 노드가 될 수 있다. 이를 위해서는 표준, 공급망, 실증, 산업 적용에서 전략적 선택을 해야 한다. 이 선택은 미룰 수 없으며, 이미 진행 중이다.

동맹은 선언으로 만들어지지 않는다. 동맹은 수많은 선택의 누적 으로 굳어진다.

‖ 사고를 흔드는 질문 ‖

 "한국은 AI 패권 경쟁에서 '주도권'을 가져야 하는가, 아니면 '대체 불가능한 노드'가 되는 것이 현실적 목표인가?"

토론 포인트

- '주도권'의 정의는 무엇인가: 모델(두뇌)인가, 제조(몸)인가, 표준(언어)인가, 산업 적용(현장)인가

- 한국은 플랫폼(모델·표준)을 소유하지 못해도, 공급망의 핵심 노드로서 패권에 영향력을 가질 수 있는가

- "모든 것을 가질 수는 없지만 연결의 중심은 될 수 있다"는 전략은 구체적으로 무엇을 의미하는가

- '대체 불가능'은 기술력으로 결정되는가, 아니면 동맹 내 역할·계약·표준 참여로 결정되는가

- 한국이 가장 먼저 잃는 리스크는 기술이 아니라 "정의(define)에서 배제되는 것"이라는 주장에 동의하는가

- 한국의 생존 전략은 '자립'인가, '동맹 내 포지셔닝'인가: 이 둘은 충돌하는가, 결합 가능한가

Q2 "메모리 강국 한국은 엔비디아 생태계에서 '파트너'로만 남을 것인가, 아니면 '구조를 바꾸는 플레이어'가 될 수 있는가?"

토론 포인트

- HBM은 '혈관'인데 왜 결정권은 플랫폼(엔비디아)이 가지는가: 구조 정의권의 의미

- '파트너'는 동등한가, 아니면 **필수지만 교체 가능성을 계속 검증받는 자리**인가

- 한국 기업이 교체 불가능해지려면 성능(속도) 외에 어떤 조건이 필요한가: 공급 안정성, 공동설계, 로드맵 영향력

- 메모리 기업이 메모리만 이야기하는 순간 왜 '부품 회사'로 고정되는가

- 한국이 엔비디아를 대체하는 전략이 아니라 "엔비디아가 한국 없이 진화하기 어렵게 만드는 전략"은 현실적인가

- 국가 차원에서 메모리 산업은 기업 전략이 아니라 외교·인프라·인력까지 포함한 국가 전략이 되어야 하는가

Q 3 "AI 반도체의 승패는 '기술 1등'이 아니라 '결합과 배분의 권력'을 누가 쥐느냐로 결정되는가?"

토론 포인트

● HBM4 시대에 왜 전쟁의 중심이 공정(웨이퍼)에서 패키징(CoWoS/SoIC/3D)으로 이동하는가

● TSMC의 딜레마: 고객 중립성을 지키며 캐파(수용능력)를 배분하는가, 특정 전략 고객과 깊은 동맹으로 들어가는가

● 병목이 권력이 되는 순간: 제조사는 공급자가 아니라 '심판'이 되는가

● 로우-컷(규제 이하 성능) 전략은 단기적 완충인가, 장기적으로 중국 자립을 가속하는 촉매인가

● 규제가 '금지/허용'에서 '조건부 승인+수수료' 같은 시장 구조 설계 도구로 바뀌면 기업의 전략 공간은 넓어지는가, 줄어드는가

● 결국 이 게임에서 가장 유리한 주체는 제조사(TSMC/삼성)인가, 메모리(한국)인가, 아니면 구조를 정의하는 플랫폼(엔비디아)인가

엔비디아 DNA

9장

한국 기업의 생존 로드맵

우리는 무엇을
준비해야 하는가?

KOREA
STRATEGY

1
엔비디아의 시각에서 본 경쟁 업체들: 구글, 메타, 테슬라, 아마존을 대하는 방식

엔비디아를 이해할 때 사람들이 가장 자주 하는 착각은, 이 회사를 경쟁자를 이기는 데 집착하는 기업으로 바라본다는 점이다. 대부분의 기업은 먼저 경쟁사를 정의하고, 그 경쟁사를 어떻게 따라잡거나 넘어설 지를 고민한다. 하지만 엔비디아의 사고방식은 다르다. 엔비디아는 경쟁자를 '이겨야 할 대상'으로 보기보다, 산업 구조 안에서 반드시 함께 존재할 수밖에 없는 변수로 바라본다. 이 차이는 작아 보이지만, 실제 전략에서는 완전히 다른 결과를 만든다.

경쟁자를 적으로 규정하는 기업은 자연스럽게 제품 비교에 매달리게 된다. 성능, 가격, 출시 시기 같은 단기 지표가 전략의 중심이 된다. 반면 경쟁자를 구조적 변수로 인식하는 기업은 다른 질문을 던진다. "어떤 계산 방식이 산업의 기본 전제가 되는가? 어떤 플랫폼이 개발

엔비디아 DNA

자의 기본 언어가 되는가? 어떤 인프라가 산업의 기본 구조로 고정되는가?" 엔비디아가 지난 수십 년간 집요하게 구축해 온 것도 바로 이 지점이다. 그래서 젠슨 황은 공개석상에서 경쟁사를 직접 언급하는 일을 거의 하지 않는다. 대신 그는 늘 시장과 플랫폼, 그리고 생태계 이야기를 한다. 경쟁의 프레임 자체를 누가 정의하느냐가 더 중요하다고 보기 때문이다.

이 관점에서 보면 구글, 메타, 테슬라, 아마존 같은 빅테크 기업들이 자체 AI 칩을 만든다는 사실도 전혀 다르게 보인다. 겉으로 보면 이들은 모두 엔비디아 GPU를 대체하려는 경쟁자로 보이지만, 실제로 이들 칩의 목적은 근본적으로 다르다. 이들 기업이 만드는 칩은 기본적으로 대규모 서비스 운영을 위한 추론, 즉 inference 최적화가 중심이다. 설령 학습, training을 고려한 구조를 갖고 있다 하더라도, 그것을 외부 시장에 판매해 플랫폼 경쟁을 하려는 의도는 거의 없다. 목적은 명확하다. 자체 데이터센터에서, 자체 서비스에, 가장 비용 효율적으로 AI를 돌리기 위한 내부 최적화 수단이다.

이 구조를 이해하면, 빅테크의 자체 칩은 엔비디아의 비즈니스 모델을 직접적으로 위협하는 무기가 아니라는 점이 분명해진다. 엔비디아의 핵심 수익과 전략 중심은 여전히 대규모 학습, 즉 training과 초고성능 컴퓨팅 영역에 있다. 그리고 이 영역은 단일 서비스 기업의 내부 최적화로는 감당하기 어려운 규모와 복잡성을 가진다. 엔비디아는 이 영역을 산업 전체를 대상으로 하는 범용 플랫폼으로 장악하려 한다.

구글을 보면 이 구조가 가장 명확하게 드러난다. 구글은 TPU를 통해 검색, 번역, 광고, 유튜브 같은 내부 서비스의 비용 효율을 극대화하려 한다. TPU는 구글 서비스에 맞게 설계된 특수 목적 가속기이며, 외부 기업을 대상으로 판매되는 플랫폼이 아니다. 구글이 TPU를 만든 이유는 엔비디아 전략을 부정하기 위해서가 아니라, AI 워크로드가 너무 커져서 내부 비용을 감당할 수 없기 때문이다. 그리고 이 사실 자체가, CPU 기반 컴퓨팅 시대가 끝났고 가속 컴퓨팅이 필수 인프라가 되었다는 점을 다시 한번 증명한다. 엔비디아의 시각에서 구글은 경쟁자라기보다, 자신들의 기술 방향이 옳았음을 반복해서 증명해 주는 존재에 가깝다.

메타 역시 마찬가지다. 메타는 광고와 추천, 콘텐츠 생성이라는 소비자 서비스 중심의 AI를 운영하는 기업이며, 자체 칩 역시 대규모 추론 워크로드를 효율적으로 처리하기 위한 목적이 강하다. 메타가 오픈소스 모델 전략을 강화할수록, 실제 서비스에 투입되는 연산량은 더 빠르게 증가한다. 그리고 그 대규모 학습과 실험 단계에서는 여전히 GPU 기반 인프라가 필수다. 엔비디아의 관점에서 메타는 경쟁자라기보다, AI 수요를 구조적으로 확대시키는 역할을 하는 기업이다. 메타는 AI를 팔아서 돈을 버는 회사가 아니라, AI를 통해 기존 비즈니스를 증폭시키는 회사이고, 이 구조는 엔비디아가 말하는 AI 팩토리 개념과 정확히 맞물린다.

테슬라는 또 다른 방향에서 같은 구조를 보여준다. 테슬라는 자율주행, 로봇, 제조 자동화를 하나의 AI 시스템으로 통합하려는 기업이다. 자체 칩과 슈퍼컴퓨터를 만드는 이유도 외부 판매가 아니라, 물리적 세계를 실시간으로 제어하기 위한 초대규모 추론과 학습을 내부에서 효율적으로 처리하기 위해서다. 테슬라는 AI를 소프트웨어 기능이 아니라 물리 시스템의 두뇌로 본다. 엔비디아는 테슬라를 GPU 시장의 경쟁자로 보기보다, Physical AI가 어디까지 확장될 수 있는지를 보여주는 고난도 실험 사례로 바라본다. 이 길은 성공하더라도 모든 기업이 따라갈 수 있는 길은 아니지만, 이 실험이 성공할수록 Physical AI 전체 시장은 더 커진다.

아마존은 엔비디아에게 가장 복합적인 변수다. 아마존은 세계 최대의 클라우드 인프라 사업자이며, 동시에 자체 AI 칩을 만들어 고객에게 다양한 가격 옵션을 제공하려 한다. 하지만 이 칩 역시 기본 목적은 추론 비용 절감과 서비스 효율 최적화다. 아마존이 자체 칩을 만든다고 해서 GPU 기반 학습 인프라를 포기하는 것은 아니다. 오히려 대규모 학습과 복잡한 워크로드에서는 여전히 엔비디아 GPU가 필수적이다. 엔비디아는 아마존을 경쟁자라기보다, 최대 고객이자 동시에 가장 까다로운 파트너로 인식한다. 그리고 이 관계는 엔비디아가 단순 칩 공급자가 아니라, 전체 AI 스택을 제공하는 플랫폼 사업자로 남아야 하는 이유를 더욱 분명하게 만든다.

결국 구글, 메타, 테슬라, 아마존을 관통하는 하나의 공통점이 있다. 이들은 모두 AI 칩을 만들어도 그것을 산업 플랫폼으로 확장하려 하지 않는다. 목적은 철저히 내부 최적화와 서비스 경쟁력 강화다. 반면 엔비디아는 특정 서비스가 아니라, 모든 산업을 대상으로 한 학습과 추론의 표준 인프라를 구축하려 한다. 그래서 엔비디아가 진짜로 두려워하는 것은 경쟁사의 칩이 아니다. 엔비디아가 경계하는 것은 자신들이 정의하지 않은 소프트웨어 스택과 개발 환경, 그리고 데이터 흐름 구조가 산업 표준으로 굳어지는 상황이다. 그래서 엔비디아는 하드웨어보다 소프트웨어에 집착하고, 제품보다 플랫폼에 집착하며, 단기 성능보다 장기 생태계에 집착한다.

이 장면에서 한국 기업이 얻어야 할 교훈은 분명하다. 경쟁자를 누구로 설정할 것인가보다 더 중요한 질문은, 우리가 어떤 구조 안에 편입되고 있는가다. 그리고 그 구조 안에서 우리는 대체 가능한 부품 공급자인가, 아니면 대체 불가능한 파트너인가. 엔비디아는 경쟁자를 이기는 기업이 아니라, 경쟁의 구조를 설계하는 기업이다. 한국 기업이 AI 시대의 생존 로드맵을 그리려면, 바로 이 관점부터 전략의 출발점으로 삼아야 한다.

그리고 이 구조 전략이 가장 극명하게 드러나는 전장이 바로 메모리, 특히 HBM이다. 왜 SK하이닉스는 단순한 공급사가 아니라 시스템 파트너가 되었고, 삼성전자는 무엇을 놓쳤으며, 지금 무엇을 되찾아야 하는가. 이제 9-2에서 그 이야기를 이어가 보자.

2
메모리 반도체의 운명: HBM 전쟁

SK하이닉스는 어떻게 '파트너'가 되었나, 삼성전자가 놓친 것과 되찾아야 할 것

메모리 반도체는 오랫동안 한국 산업의 상징이었다. DRAM과 NAND에서 한국 기업은 세계 최강자였고, 대규모 투자와 높은 수율, 원가 경쟁력을 앞세워 시장을 지배해 왔다. 이 성공 공식은 너무 오랫동안, 너무 완벽하게 작동해 왔다. 그래서 많은 사람들은 AI 시대가 와도 메모리는 결국 같은 방식으로 경쟁이 이어질 것이라 믿었다. 더 잘 만들고, 더 싸게 만들면 되는 산업이라고 생각했다. 하지만 AI 시대에 들어서면서 이 공식은 조용히, 그러나 결정적으로 깨졌다. 메모리는 여전히 중요하다. 그러나 이제 승부를 가르는 것은 메모리를 얼마나 잘 만들었는가가 아니라, 어떤 메모리이며, 어떤 방식으로 시스템 안에 결합되는가가 되었다.

HBM은 이 변화를 가장 극적으로 보여주는 기술이다. HBM은 단순히 속도가 빠른 메모리가 아니다. HBM은 AI 연산 구조 자체를 전제로 설계되는 메모리다. 기존 메모리가 칩 옆에 붙는 부품이었다면, HBM은 칩과 함께 설계되는 구조 요소다. 과거에는 로직 칩이 먼저 설계되고, 그 다음에 어떤 메모리를 붙일지를 결정했다. 하지만 HBM 시대에는 이 순서가 뒤집힌다. 메모리의 형태와 인터페이스, 전력 특성, 발열 조건이 로직 칩 설계와 패키징 구조를 동시에 규정한다. 다시 말해 메모리는 더 이상 시스템 설계의 결과물이 아니라, 시스템 설계의 출발점이 되었다.

이 변화는 메모리 기업에게 하나의 근본적인 질문을 던진다. 우리는 여전히 교체 가능한 공급자인가, 아니면 설계 단계부터 함께 들어가는 파트너인가. HBM 전쟁의 승패는 기술 격차보다 이 질문에 어떻게 답했는지에서 갈렸다.

SK하이닉스가 한 선택은 기술 경쟁을 넘어선 전략적 위치 이동이었다. HBM 초기 시장은 작고 불확실했다. 수요는 제한적이었고, 수율은 낮았으며, 대량 생산을 통해 원가를 낮출 수 있는 구조도 아니었다. 기존 DRAM 중심 관점에서 보면 HBM은 비효율적이고 위험한 선택처럼 보였을 수 있다. 그러나 SK하이닉스는 다른 질문을 던졌다. 지금 얼마나 팔리느냐가 아니라, AI 연산이 커질수록 이 구조가 필연이 되는가를 물었다. 모델이 커지고 병렬 연산이 늘어날수록, 메모리 대역폭이 가장 먼저 병목이 된다는 사실은 너무 명확했다. 그리고 그 병목을 현실적으로 해결할 수 있는 구조가 바로 HBM이었다.

그래서 SK하이닉스는 시장 점유율이 미미하던 시기에도 투자를 멈추지 않았다. 수익이 나지 않는 영역에 계속 자본과 인력을 투입하는 결정은 단기 성과 중심의 경영 구조에서는 쉽지 않은 선택이었다. 하지만 SK하이닉스는 HBM을 하나의 제품 라인이 아니라, 미래 연산 구조로 들어가기 위한 입장권으로 보았다. 기술 투자가 아니라 포지셔닝에 가까운 선택이었다. 그리고 이 선택은 자연스럽게 다음 단계로 이어졌다. 단순히 제품을 잘 만들어 파는 공급자로 남을 것인가, 아니면 연산 구조를 함께 만드는 파트너로 들어갈 것인가라는 결정이었다.

HBM은 혼자 만들 수 없다. 로직 칩 설계, 패키징 기술, 전력 공급 구조, 발열 관리까지 모두 동시에 맞물려야 한다. SK하이닉스는 이 복잡성을 피하지 않았다. 오히려 그 복잡성 안으로 들어갔다. GPU 기업, 특히 엔비디아와의 관계를 고객과 공급자의 관계로만 설정하지 않고, 설계 단계부터 맞물리는 구조를 선택했다. 제품 로드맵을 함께 조정하고, 패키징 제약을 전제로 공동 문제를 풀고, 수율과 신뢰성을 함께 끌어올리는 과정 속에서 SK하이닉스의 위치는 자연스럽게 바뀌었다. 공급자가 아니라 파트너가 된 것이다.

반면 삼성전자의 경우는 다른 길을 걸었다. 삼성전자가 HBM에서 완전히 실패했다고 말하는 것은 사실과 다르다. 삼성은 여전히 세계 최고 수준의 메모리 기술력을 보유한 기업이다. 문제는 기술이 아니라 의사결정의 구조였다. 삼성은 오랫동안 메모리 산업의 절대 강자였다. 대규모 투자, 높은 수율, 빠른 원가 절감. 이 공식은 DRAM과 NAND에서 완벽하게 작동했다. 하지만 HBM은 이 공식이 그대로 적용되지 않는 시장이었다. HBM은 규모의 경제보다 구조의 경제가 먼저 작동하는 영역이다. 초기에는 물량도 작고 수익성도 낮다. 대신 한 번 구조 안에 들어가면 장기적인 지위를 확보할 수 있다.

이 지점에서 결정적인 선택이 갈렸다. 2020년, 삼성은 그동안 유지해 오던 HBM 전담 조직을 해체했다. 당시 기준에서 HBM 시장은 여전히 작았고, 단기 수익성이 낮았으며, 기존 DRAM 라인업 대비 전략적 우선순위도 높지 않았다. 효율과 수익성을 중시하는 기존 메모리 사업 논리로 보면, 조직 재편은 합리적인 결정처럼 보였을지도 모른다. 그러나 같은 시기, SK하이닉스는 정반대의 길을 선택했다. 시장 점유율이 높지 않았음에도 불구하고, 오히려 HBM 투자를 지속했고 조직과 로드맵을 유지했다. 단기 성과가 아니라 구조 진입을 기준으로 판단했기 때문이다.

삼성이 놓친 것은 HBM 기술 자체가 아니다. 놓친 것은 구조에 들어가는 타이밍과 파트너십의 감각이다. HBM 시대에는 고객이 완성된 제품을 사가는 구조가 아니다. 고객과 함께 설계를 조정하고, 일정과 수율 문제를 함께 떠안고, 패키징과 시스템 제약까지 함께 풀어가는 구조다. 이 과정은 느리고 비효율적으로 보이며, 내부 조율 비용도 크다. 하지만 이 불편함을 감수하지 않으면 구조 안으로 들어갈 수 없다. SK하이닉스는 그 불편함을 감수했고, 삼성은 상대적으로 효율과 완성도를 더 중시했다. 그 결과 두 회사의 위치는 달라졌다. 하나는 AI 연산 구조의 일부가 되었고, 다른 하나는 여전히 강력하지만 구조의 중심에서는 다소 떨어진 위치에 서게 되었다.

삼성이 지금 되찾아야 할 것은 단순한 HBM 점유율이 아니다. 수율 몇 퍼센트의 차이도 아니다. 삼성전자가 되찾아야 할 것은 구조 안으로 다시 들어가겠다는 결단이다. 제품 완성도보다 구조 적합성을 먼저 보는 판단, 단기 수익성보다 장기 포지션을 우선하는 선택, 고객을 상대하는 조직이 아니라 파트너와 함께 문제를 푸는 조직으로의 전환. 이 변화는 기술 조직만의 문제가 아니다. 의사결정 구조, 평가 기준, 실패를 받아들이는 문화까지 함께 바뀌어야 한다.

HBM 전쟁이 한국 기업 전체에 주는 교훈도 분명하다. 이 전쟁은 단순한 메모리 경쟁이 아니다. 이 전쟁은 AI 시대에 한국 기업이 어떤 방식으로 살아남을 것인가를 보여주는 축소판이다. 기술은 충분하다. 자본도 있다. 그러나 그것만으로는 구조 안에 들어갈 수 없다. AI 시대에는 잘 만드는 기업보다, 구조 안에 들어간 기업이 살아남는다. SK하이닉스는 그 구조 안으로 먼저 들어갔고, 삼성은 지금 다시 그 문 앞에 서 있다.

메모리 반도체의 운명은 시장이 정해주지 않는다. 그 운명은 기업이 어떤 질문을 던졌는지의 누적 결과다. 얼마나 잘 만들 것인가는 과거의 질문이다. AI 시대의 질문은 다르다. 우리는 이 구조에서 어떤 존재가 될 것인가. HBM 전쟁은 이미 시작되었다. 그리고 이 질문에 답하지 않는 기업은 다음 세대 산업 지도에서 점점 보이지 않게 될 것이다.

3
네이버, 카카오, 그리고 한국 AI 스타트업의 길

거대 모델 경쟁의 생존법과 틈새시장이라는 현실적 선택

한국의 AI 논의는 우리가 미국 빅테크처럼 거대 언어 모델을 만들수 있는가를 질문한다. 질문 자체는 자연스럽다. 하지만 이 질문을 출발점으로 삼는 순간, 이미 싸움의 무대가 잘못 정해진다. 거대 모델경쟁은 기술 개발이 아니라 전면전이다. 자본이 들어가고, 데이터가들어가고, GPU 인프라가 들어가고, 무엇보다 수년 동안 수익 없이버틸 시간이 들어간다. 그리고 이 네 가지를 동시에 갖춘 기업은 전세계에 손에 꼽힌다. 그래서 중요한 질문은 할 수 있느냐가 아니라, 어디서 싸울 것이냐가 된다. 네이버, 카카오, 그리고 수많은 한국 AI스타트업은 지금 바로 그 질문 앞에 서 있다.

거대 모델 경쟁은 겉으로 보면 파라미터 숫자와 벤치마크 점수의 싸움처럼 보인다. 하지만 실제로는 산업 구조의 싸움이다. 거의 무제한에 가까운 자본, 지속적으로 축적되는 초대규모 데이터, 수만 개 단위의 GPU, 그리고 그 모든 비용을 감당하며 수년을 버틸 수 있는 시간이 필요하다. 미국 빅테크가 이 경쟁을 계속할 수 있는 이유는 AI가 그들의 주력 사업을 직접 강화하기 때문이다. 검색, 광고, 클라우드, 전자상거래, 소셜 플랫폼에서 AI는 비용을 줄이고 매출을 키우는 도구다. 그래서 그들에게 모델 투자는 연구가 아니라 사업 그 자체다.

반면 한국 기업의 구조는 다르다. 글로벌 트래픽과 데이터 규모에서 이미 한계가 있고, 내수 시장은 분명한 천장을 갖고 있다. AI에 투입할 수 있는 자본도 빅테크와 비교할 수 없다. 이 차이를 무시한 채 거대 모델 경쟁에 뛰어드는 것은 기술적 도전이 아니라 전략적 착각이 되기 쉽다. 그래서 한국 기업에게 필요한 건 미국을 따라가는 전략이 아니라, 한국이 가진 조건으로 의미 있는 위치를 차지하는 전략이다.

이 지점에서 네이버의 선택은 매우 상징적이다. 네이버는 한국 기업 중 가장 적극적으로 AI 모델 개발과 인프라에 투자해온 회사다. 특히 2020년, 네이버는 세계 최초로 엔비디아 DGX 슈퍼팟을 도입하면서 업계와 엔비디아 모두를 놀라게 했다. 당시만 해도 글로벌 빅테크가 아닌 기업이 이런 규모의 AI 슈퍼컴퓨팅 인프라를 구축하는 것은 이례적인 일이었다. 하지만 이 결정 덕분에 네이버는 2천억 개 이상의 파라미터를 가진 하이퍼클로바-X 같은 초대형 언어 모델을 직접 학습시킬 수 있는 역량을 확보하게 된다.

중요한 것은 네이버가 이 투자를 단순히 기술 과시로 하지 않았다는 점이다. 네이버의 진짜 경쟁력은 모델 크기 자체가 아니라 문맥에 있다. 한국어 검색의 뉘앙스, 한국형 콘텐츠 소비 패턴, 커뮤니티 문화, 로컬 상거래 데이터는 글로벌 모델이 쉽게 복제할 수 없는 영역이다. 네이버는 거대 모델의 최대 파라미터 경쟁보다는, 자신들이 가장 잘 이해하는 문맥을 얼마나 깊게 파고들 수 있는가에 집중해 왔다. DGX 슈퍼팟 도입과 하이퍼클로바-X는 이 전략을 실행하기 위한 수단이었지, 목표 그 자체는 아니었다. 그래서 네이버의 AI는 범용 AI라기보다 한국 사용자와 산업에 깊게 맞춰진 도메인 AI로 진화하고 있다. 화려하지는 않지만 생존 가능성이 높은 방향이다.

카카오는 또 다른 위치에 서 있다. 카카오는 검색 중심 플랫폼이 아니라 관계와 커뮤니케이션 중심 플랫폼이다. 메시징, 콘텐츠, 결제, 모빌리티까지 카카오의 서비스는 사람의 일상과 깊게 얽혀 있다. AI 관점에서 보면 카카오는 매우 강력한 데이터를 갖고 있지만, 동시에 가장 조심해야 할 데이터를 갖고 있기도 하다. 프라이버시와 규제, 사회적 영향이라는 문제가 항상 따라붙기 때문이다. 그래서 카카오의 AI 전략은 거대 모델 경쟁으로 깊이 들어가기보다, 기존 서비스 경험을 정교하게 만들고 관계 구조를 보강하는 쪽으로 갈 수밖에 없다. 이는 소극적인 선택처럼 보일 수 있지만, 카카오의 강점이 기술 과시가 아니라 일상 속에 자연스럽게 스며드는 서비스 설계에 있다는 점을 생각하면 오히려 현실적인 전략이다.

스타트업으로 시선을 돌리면 상황은 더 냉정해진다. 많은 한국 AI 스타트업은 우리는 더 빠르게 움직일 수 있고 더 혁신적인 모델을 만들 수 있다고 말한다. 그 말은 틀리지 않다. 하지만 중요한 질문은 그 다음이다. 그래서 무엇을 이길 수 있는가. 거대 모델 경쟁은 스타트업에게 구조적으로 불리하다. 모델을 키울수록 비용은 폭증하고, 차별화는 오히려 희미해진다. 결국 어느 순간 빅테크 모델을 API로 쓰는 구조로 돌아가게 되고, 그때 다시 묻게 된다. 그렇다면 우리의 가치는 무엇인가.

그래서 니치 시장은 도망이 아니라 전략이 된다. 한국 AI 스타트업에게 니치는 차선책이 아니라 거의 유일하게 지속 가능한 선택지에 가깝다. 니치 시장에는 공통된 특징이 있다. 데이터가 공개돼 있지 않고, 도메인 지식이 깊으며, 사용자 수는 적지만 전환 비용이 높고, 성능보다 신뢰와 정확성이 더 중요하다. 의료, 법률, 제조, 금융, 공공 행정, 그리고 특정 산업의 운영 시스템이 그렇다. 이 영역은 기술만으로는 쉽게 들어올 수 없다. 책임 구조와 현장 이해가 더 중요하기 때문이다. 그리고 이 부분에서 한국 기업은 분명한 강점을 가진다. 한국 산업을 가장 잘 아는 주체가 결국 한국 기업이기 때문이다.

니치 전략이 모델을 포기하라는 뜻은 아니다. 중요한 것은 무엇을 직접 만들고 무엇을 활용할지를 구분하는 것이다. 거대 모델은 글로벌 플랫폼을 활용하되, 진짜 가치는 데이터 정제와 워크플로우, 도메인 로직, 그리고 고객 문제를 끝까지 책임지는 운영 구조에 둬야 한다. 이 전략에서 모델은 엔진일 뿐이고, 차별화는 엔진을 어떻게 쓰느냐에서 생긴다. 결국 승부는 파라미터가 아니라 현장에서 결정된다.

　네이버, 카카오, 그리고 수많은 AI 스타트업의 상황은 서로 다르지만 교훈은 하나로 모인다. 경쟁의 무대를 잘못 고르면 아무리 뛰어난 기술도 의미를 잃는다. 한국 기업이 해야 할 질문은 우리는 무엇을 가장 잘 알고 있는가, 그리고 그 지식은 AI로 어떻게 확장될 수 있는가, 그 영역에서 글로벌 기업이 쉽게 들어올 수 없는 이유는 무엇인가다. 거대 모델의 시대는 거대 전략을 요구하는 것처럼 보이지만, 아이러니하게도 살아남는 전략은 더 작고 더 구체적이며 더 집요한 선택이다. 네이버는 문맥을 선택했고, 카카오는 관계를 선택했으며, 한국 AI 스타트업은 니치를 선택해야 한다. 이 선택은 패배가 아니다. 자신이 설 수 있는 유일한 자리를 찾는 과정이다. 그리고 그 자리를 찾은 기업만이 AI 시대에도 끝까지 이름을 남긴다.

4
인재 전쟁

S급 엔지니어는 돈으로만 움직이지 않는다:
실리콘밸리 인재 유출의 진짜 이유와 해결책

한국 기업이 AI 시대를 이야기할 때 가장 자주 꺼내는 단어 중 하나는 인재다. 그리고 그 다음에 따라붙는 말도 늘 비슷하다. "우리는 인재가 없다, 인재를 데려오기가 너무 어렵다." 이 말은 절반은 맞고, 절반은 문제의 핵심을 비켜간다. 정확한 질문은 "왜 S급 엔지니어는 한국을 떠나는가, 그리고 더 중요한 질문은 왜 돈이 많아도 돌아오지 않는가?"다. 이 질문에 답하지 못하면 어떤 보상 정책도, 어떤 채용 캠페인도 오래 가지 못한다.

많은 기업은 인재 유출의 원인을 연봉에서 찾는다. 물론 보상은 중요하다. 하지만 보상은 조건이지 이유는 아니다. 실리콘밸리로 떠난 엔지니어들에게 물어보면 대답은 놀라울 정도로 비슷하다. 돈 때문만은 아니었다는 것이다. 그들이 말하는 진짜 이유는 자신이 하는 일이 세상의 방향과 연결되어 있다는 감각, 자신이 만드는 기술이 산업의 기준이 될 수 있다는 가능성, 그리고 자신의 아이디어가 실제로 조직의 선택을 바꿀 수 있다는 경험이다. 이 감각은 급여 명세서에는 찍히지 않지만, S급 엔지니어에게는 연봉보다 훨씬 강력한 동기다.

사람들은 실리콘밸리를 자유로운 문화의 상징처럼 이야기한다. 복장 자유, 수평 조직, 자유로운 토론 같은 장면을 떠올린다. 하지만 본질은 거기에 있지 않다. 실리콘밸리의 진짜 힘은 의미의 밀도에 있다. 왜 이 기술이 중요한지, 왜 이 문제를 지금 풀어야 하는지, 이 결정이 몇 년 뒤 어떤 산업을 만들 것인지에 대한 질문이 일상적으로 오가는 환경, 그 안에서 엔지니어는 단순한 실행자가 아니라 사고하는 주체가 된다. S급 엔지니어는 바로 이 환경을 찾아 움직인다.

한국에 S급 인재가 들어오기를 꺼리는 이유도 같은 맥락에 있다. 단순히 연봉이 낮아서가 아니다. 노동 시장의 유연성이 부족하고, 직무보다 직급이 먼저 작동하는 관료적인 조직 문화가 여전히 강하게 남아 있으며, 성과보다 연차와 관계가 의사결정에 더 큰 영향을 미치는 구조가 많다. 연구를 하려 해도 장기 과제보다는 단기 성과 지표가 우선되고, 실패는 학습보다 책임의 대상으로 먼저 해석된다. 대학과 연구기관의 경우도 크게 다르지 않다. 미국과 비교하면 교수의 급여와 복지 수준은 물론이고, 연구 자율성과 연구 인프라에서도 격차가 크다. 여기에 강성 노조 구조로 인해 조직 내 역할 재편이나 신기술 도입이 느려지는 현실까지 더해지면, 외부에서 보면 한국은 기술 실험을 하기엔 구조적으로 답답한 환경으로 비칠 수밖에 없다.

그래서 한국 기업이 인재를 잃는 이유는 기술 수준이 낮아서도 아니고, 인재를 존중하지 않아서도 아니다. 문제는 의사결정 구조에 있다. 많은 조직에서 엔지니어는 여전히 실행자로 분류된다. 방향은 위에서 정해지고, 엔지니어는 그 방향을 구현하는 역할을 맡는다. 이 구조에서 S급 엔지니어는 빠르게 한계를 느낀다. 왜냐하면 이들은 묻고 싶어 하기 때문이다. 이 방향이 맞는가, 다른 선택지는 없는가, 기술적으로 더 좋은 해법은 무엇인가. 그러나 이런 질문이 환영받지 않는 순간, S급 엔지니어는 조직을 떠날 준비를 시작한다.

실패에 대한 태도에서도 차이가 드러난다. 한국에서는 실패가 여전히 관리해야 할 리스크로 인식된다. 반면 실리콘밸리에서는 실패가 학습 비용으로 취급된다. 중요한 차이는 실패를 용서하느냐의 문제가 아니라, 실패를 통해 무엇을 배웠는가를 묻느냐의 문제다. S급 엔지니어는 완벽한 환경을 원하지 않는다. 대신 실험할 수 있는 환경을 원한다. 그리고 그 실험의 결과가 조직의 다음 선택에 실제로 반영되기를 원한다. 그러나 실험이 곧 책임으로 돌아오는 구조에서는, 누구도 위험한 시도를 계속할 수 없다.

그래서 인재 전쟁은 채용의 문제가 아니다. 많은 기업이 인재 전쟁을 더 많은 리크루터와 더 공격적인 스카우트 경쟁으로 착각한다. 하지만 전쟁의 승부는 입사 이후에 갈린다. 입사 후 첫 6개월 동안 무엇을 맡기는지, 그 사람이 낸 첫 번째 세인이 어떻게 처리되는지, 기술적으로 반대 의견을 냈을 때 어떤 반응이 돌아오는지가 누적되면서, 엔지니어는 머물지 떠날지를 결정한다. 인재 전쟁의 본질은 유치가 아니라 유지다.

S급 엔지니어가 머무는 조직에는 공통된 특징이 있다. 엔지니어가 전략 논의에 참여하고, 기술 로드맵이 사업 로드맵과 분리되지 않으며, 직급보다 문제의 크기가 우선되고, 코드보다 판단이 평가된다. 이 구조에서는 엔지니어가 단순한 자원이 아니라 공동 설계자가 된다. 그래서 떠날 이유가 줄어든다.

모든 한국 기업이 실리콘밸리가 될 수는 없다. 하지만 모든 기업이 실리콘밸리의 구조적 장점 일부를 가져올 수는 있다. 현실적인 해법은 분명하다. S급 엔지니어에게 기능이 아니라 문제를 맡겨야 한다. 기술 리더가 보고용 발표가 아니라 실제 의사결정 테이블에 앉아야 한다. 실패를 줄이려 하기보다 학습 속도를 높이는 방향으로 구조를 바꿔야 한다. 그리고 연봉보다 먼저, 이 회사에서 3년을 보내면 어떤 엔지니어가 되는지를 보여줘야 한다. 직함이 아니라 성장 곡선을 제시해야 한다.

많은 한국 출신 엔지니어가 실리콘밸리에 남는 이유는 단순하다. 그곳에서는 자신이 더 큰 문제를 풀고 있다는 감각을 얻기 때문이다. 그들이 돌아오지 않는 이유도 단순하다. 돌아왔을 때, 그 감각이 사라질 것을 알기 때문이다. 반대로 말하면, 그 감각을 제공할 수 있다면 그들은 돌아올 수 있다. 조건은 돈이 아니라 구조다. 그리고 그 구조는 기업만의 문제가 아니라, 노동 시장, 연구 환경, 대학 시스템, 산

엔비디아 DNA

업 문화가 함께 바뀌어야 가능한 문제다.

인재 전쟁은 돈의 전쟁이 아니다. 기술의 전쟁도 아니다. 인재 전쟁은 의미와 구조의 전쟁이다. S급 엔지니어는 가장 비싼 인력이 아니라, 가장 까다로운 질문을 던지는 사람이다. 그리고 그 질문을 받아들일 수 있는 조직만이 AI 시대에 살아남는다. 사람을 붙잡는 조직만이, 결국 기술도 붙잡을 수 있다.

5
타임 투 마켓
(Time to Market)

세계에서 가장 빠른 'AI 실험실':
글로벌 테스트베드(Global PoC Center)로서의 한국

AI 경쟁을 이야기할 때 사람들은 자주 기술 격차를 먼저 떠올린다. 누가 더 좋은 GPU를 갖고 있는지, 누가 더 큰 모델을 학습시키는지가 승패를 가른다고 생각한다. 그러나 실제 산업 현장에서 경쟁력을 결정하는 요소는 훨씬 더 현실적이다. 바로 시간이다. 무엇을 가지고 있느냐보다, 얼마나 빨리 실험하고, 얼마나 빨리 적용하고, 얼마나 빨리 실패하고 다시 고칠 수 있느냐가 결과를 만든다. 이 관점에서 보면 한국은 의외로 세계에서 가장 독특한 위치에 서 있다.

엔비디아의 기술 로드맵을 가까이에서 보면 한 가지 특징이 분명하게 드러난다. 신기술은 점점 더 빠른 주기로 등장하고, 완성된 상

엔비디아 DNA

태로 시장에 나오지 않는다. GPU, 네트워크, 소프트웨어 스택, Om-niverse, 각종 AI 툴체인까지 대부분의 기술은 함께 만들어가야 하는 상태로 출시된다. 이 말은 곧, 기술을 가장 잘 활용하는 주체는 단순한 구매자가 아니라 가장 빨리 실험하는 사용자라는 뜻이다. AI 경쟁의 중심축은 이미 이동했다. 누가 가장 강력한 기술을 보유했는 가에서, 누가 그 기술을 가장 빠르게 산업에 맞게 변형해내는가로 바뀌고 있다. 그래서 Time to Market은 더 이상 기업 내부의 운영 지표가 아니라, 국가 단위 경쟁력이 된다.

이 관점에서 한국은 매우 특별한 조건을 갖고 있다. 한국은 산업 밀도가 높다. 제조, 물류, 금융, 통신, 커머스, 콘텐츠 산업이 지리적으로도 구조적으로도 촘촘하게 연결돼 있다. 새로운 AI 기술이 나왔을 때, 이를 시험해볼 산업 현장이 멀리 떨어져 있지 않다. 동시에 여러 산업에서 실험이 가능하다. 여기에 의사결정 속도가 빠른 문화가 더해진다. 완벽한 합의를 기다리기보다, 일단 해보고 고치는 방식이 여전히 작동한다. 이는 AI 실험 환경에서는 결정적인 장점이다.

또 하나의 강점은 고도화된 디지털 인프라다. 네트워크 품질, 데이터센터 접근성, 클라우드 활용도, 그리고 사용자들의 디지털 수용도까지, 한국은 이미 AI 실험에 필요한 기본 조건을 대부분 갖추고 있다. 여기에 사용자 피드백 루프가 매우 짧다는 특성이 더해진다. 새로운 기술이 서비스로 적용되면, 반응이 빠르고 분명하게 돌아온다. 이는 PoC를 실제 사업으로 전환하는 데 있어 매우 중요한 요소다. 이 네 가지 조건을 동시에 갖춘 국가는 많지 않고, 더 중요한 것은 이 조건들이 단기간에 흉내 낼 수 있는 성질의 것이 아니라는 점이다.

이런 맥락에서 젠슨 황의 말은 우연이 아니다. 2025년 10월 말, 그가 한국을 방문했을 때 그는 한국을 두고, 한국은 AI를 매우 잘할 수 있는 나라이고, 그 이유가 세 가지라고 말했다. 첫째, 소프트웨어 역량이 뛰어나다는 것. 둘째, 이미 높은 수준의 기술력을 갖추고 있다는 것. 그리고 셋째, 가장 중요하게는 세계 최고 수준의 제조 역량을 갖고 있다는 것이다. 이 세 가지가 동시에 존재하는 국가는 많지 않다. 특히 제조 역량은 단순한 생산 능력이 아니라, 기술을 실제 제품과 공정, 서비스로 연결하는 실행력의 문제다. 젠슨이 강조한 것은 한국이 연구만 잘하는 나라가 아니라, 기술을 산업으로 구현할 수 있는 나라라는 점이었다.

엔비디아의 시각에서 좋은 테스트베드는 단순히 기술을 많이 사주는 시장이 아니다. 진짜 가치 있는 테스트베드는 최신 GPU와 소프트웨어를 즉시 받아들일 수 있고, 그 실험 결과가 실제 산업 문제를 반영하며, 실패 사례까지 포함해 학습이 빠르게 축적되고, 그 결과가 다른 국가와 산업으로 확산될 수 있는 환경이다. 이 기준에서 보면 한국은 매우 매력적인 실험장이다. 엔비디아의 최신 GPU, 네트워크, Omniverse 플랫폼이 나왔을 때, 이를 가장 먼저 산업 현장에 넣어보고, 가장 빨리 성능과 비용, 운영상의 문제를 드러낼 수 있는 환경이 바로 한국이다. 그래서 한국은 자연스럽게 글로벌 PoC 센터, 즉 글로벌 테스트베드로 기능할 수 있는 조건을 갖추게 된다.

이제 PoC는 더 이상 보여주기용 데모가 아니다. 과거의 PoC가 기술이 가능하다는 것을 증명하는 단계였다면, AI 시대의 PoC는 미래 운영 모델을 미리 돌려보는 시뮬레이션에 가깝다. 실제 데이터로 돌아가는지, 운영 비용은 감당 가능한지, 조직은 이 변화를 받아들일 준비가 되어 있는지, 법과 규제, 보안 문제는 어디에서 터지는지까지 함께 검증해야 한다. 이 질문에 답하지 못하는 PoC는 의미가 없다. 한국은 이 질문을 가장 빨리, 가장 현실적으로 던질 수 있는 나라다. 그래서 한국에서의 PoC는 단순한 실험이 아니라, 글로벌 전략의 일부가 된다.

하지만 이 위치는 저절로 유지되지 않는다. 한국 기업이 여전히 기술을 도입하는 고객의 위치에 머문다면, 글로벌 테스트베드라는 기회는 금세 사라진다. 한국 기업이 해야 할 전환은 분명하다. PoC를 비용이 아니라 전략 투자로 인식해야 하고, 완성된 기술을 기다리기보다 미완성 상태에서 함께 실험해야 하며, 실패 사례를 숨기지 말고 학습 자산으로 축적해야 하고, PoC 결과를 내부 보고서가 아니라 산업 레퍼런스로 만들어야 한다. 이 전환이 이뤄질 때, 한국 기업은 단순 사용자가 아니라 공동 설계자의 위치로 이동한다.

AI 시대에 Time to Market은 더 이상 개별 기업의 KPI가 아니다. 가장 먼저 실험하는 나라, 가장 빨리 실패하는 나라, 가장 빨리 개선하는 나라가 결국 표준에 영향을 미친다. 그리고 표준에 영향을 미치는 나라는 자연스럽게 협상력을 갖게 된다. 한국이 글로벌 AI 테스트베드로 자리 잡는다는 것은 기술을 빨리 쓰는 나라가 된다는 뜻이 아니라, AI 산업의 방향을 실제 사례로 제시하는 나라가 된다는 의미다.

한국은 모든 것을 가장 잘 만드는 나라가 아닐 수도 있다. 가장 많은 자본을 가진 나라도 아니다. 그러나 한국은 가장 빠르게 실험하고, 가장 빠르게 적용할 수 있는 나라다. AI 시대에 이 속도는 단순한 장점이 아니라 전략 무기다. 엔비디아의 최신 기술이 나올 때마다, 그 기술이 실제 산업에서 어떻게 작동하는지를 가장 먼저 증명해 보이는 나라. 그 역할을 수행할 수 있는 곳은 많지 않다. 그리고 지금 이 시점에서, 그 조건을 가장 잘 갖춘 곳이 바로 한국이다.

6
고밀도 데이터의 힘

아파트 주거 문화와 높은 인구 밀도는
로봇·자율주행 AI 학습의 최적 환경이다

여기서 통하면 전 세계에서 통한다

AI 학습의 성패를 가르는 요소로 가장 자주 언급되는 것은 데이터의 양이다. 더 많은 데이터, 더 다양한 데이터, 더 오래 축적된 데이터가 좋은 모델을 만든다는 인식은 어느 정도 사실이다. 그러나 AI가 물리적 세계로 들어오는 순간, 즉 로봇과 자율주행이라는 영역에 발을 들이는 순간, 데이터의 기준은 달라진다. 이때 중요한 것은 단순한 양이 아니라 밀도다. 단위 공간과 단위 시간 안에 얼마나 많은 사건과 상호작용이 발생하는지가 학습의 난이도와 가치를 동시에 결정한다. 사람이 얼마나 자주 움직이고, 얼마니 복 잡하게 얽히며, 얼마나 다양한 예외 상황을 만들어내는가가 곧 AI의 실력을 끌어올리는 재료가 된다.

이 관점에서 보면 한국은 매우 독특한 나라다. 한국의 아파트 주거 문화, 높은 인구 밀도, 복합적인 도시 동선은 로봇과 자율주행 AI에게 세계에서 가장 가혹한 시험장이자, 동시에 가장 가치 있는 학습 환경을 제공한다. 자율주행이나 로봇 기술을 이야기할 때 많은 사람들은 센서 성능이나 연산 능력을 먼저 떠올린다. 하지만 실제 현장에서 가장 큰 난제는 언제나 사람이다. 사람은 규칙적으로 움직이지 않고, 예측 가능하지도 않으며, 같은 상황에서도 서로 다른 선택을 한다. 차선이 명확한 고속도로, 사람이 거의 없는 산업 단지, 동선이 단순한 신도시는 AI에게 상대적으로 쉬운 환경이다. 반면 사람들이 촘촘히 얽혀 움직이고, 규칙과 관행이 뒤섞이며, 공식적인 표지판보다 암묵적인 룰이 더 강하게 작동하는 공간은 AI에게 가장 어려운 환경이다.

한국의 도시, 특히 아파트 단지를 중심으로 한 주거 환경은 바로 이런 특성을 극단적으로 갖고 있다. 보행자와 차량이 물리적으로 매우 가까이 공존하고, 어린이와 노약자, 반려동물 같은 예측하기 어려운 변수가 항상 존재하며, 공식 규칙과 비공식 관행이 동시에 작동하고, 하루 중 시간대에 따라 공간의 성격이 급격히 바뀐다. 이 환경은 로봇과 자율주행 AI에게 최악의 시나리오가 일상적으로 반복되는 공간에 가깝다.

아파트 단지는 단순한 주거 공간이 아니라 압축된 도시다. 주차장과 도로, 횡단보도와 엘리베이터, 출입 통제 시스템과 택배 동선, 상가와 학교, 놀이터까지 도시의 거의 모든 요소가 매우 좁은 공간 안에 동시에 존재한다. 그리고 그 사이를 수많은 사람이 매일 반복적으로 오간다. 로봇과 자율주행 AI 입장에서 보면 아파트 단지는 하나의 축소된 도시 시뮬레이터와 같다. 하지만 결정적인 차이가 있다. 이곳은 가상이 아니라 실제 사람과 실제 위험이 존재하는 현실 공간이라는 점이다. AI가 이 환경에서 안정적으로 작동한다는 것은 기술이 좋다는 수준을 넘어, 이미 전 세계에서 가장 까다로운 조건을 통과했다는 의미가 된다.

AI 학습에서 진짜 가치는 평균적인 상황에 있지 않다. 진짜 가치는 예외 상황에 있다. 갑자기 뛰어드는 아이, 비 오는 날 미끄러지는 보행자, 규칙을 무시하고 끼어드는 전동 킥보드, 공사로 인해 하루아침에 바뀌는 동선 같은 사건들이 사고를 결정짓는 핵심 변수다. 이런 상황은 빈도는 낮지만, 안전과 신뢰를 좌우한다. 그리고 이런 예외 상황이 자주 발생할수록 AI는 더 빠르게 성숙한다. 한국의 고밀도 환경은 이 예외 상황을 일상적으로 만들어낸다. AI에게는 고통스러운 환경이지만, 학습 측면에서는 가장 효율적인 환경이다. 그래서 여기서 학습한 모델은 사람 수가 적고 공간이 넓은 환경에서는 오히려 훨씬 안정적으로 작동한다. 여기서 통하면 전 세계에서 통한다는 말은 감탄사가 아니라 학습 난이도의 비대칭성에서 나온 논리적 결론에 가깝다.

밀도는 데이터의 질도 바꾼다. 데이터의 질은 흔히 정제 수준이나

라벨 정확도로 설명되지만, 로봇과 자율주행 AI에서는 또 다른 차원의 질이 존재한다. 바로 상호작용의 복잡성이다. 고밀도 환경에서는 단일 객체를 인식하는 것만으로는 충분하지 않다. 사람과 사람, 사람과 차량, 차량과 차량 사이의 미묘한 관계를 동시에 이해해야 한다. 이 과정에서 AI는 단순한 인식 모델을 넘어 상황 이해 모델로 진화한다. 한국의 주거 환경은 이러한 복합 상호작용이 매우 높은 빈도로 발생한다. 이는 데이터셋을 단순히 키우는 방식으로는 얻을 수 없는 학습 효과다. 이 환경에서 훈련된 AI는 자연스럽게 더 보수적이고, 더 정교한 판단 기준을 갖게 된다.

이 논리는 자율주행에만 국한되지 않는다. 서비스 로봇, 물류 로봇, 청소 로봇, 안내 로봇처럼 물리적 공간에서 움직이는 모든 로봇에 동일하게 적용된다. 아파트 단지에서 로봇이 제대로 작동하려면 좁은 공간에서 사람을 방해하지 않고 이동해야 하고, 예측 불가능한 행동에 즉각 대응해야 하며, 실패했을 때 스스로 복구하거나 도움을 요청할 수 있어야 한다. 이 조건은 전 세계 어디에서나 요구되지만, 한국에서는 훨씬 더 엄격하게 시험된다. 한국에서 로봇이 쓸 만하다는 평가를 받기 시작하면, 그 로봇은 이미 글로벌 기준을 상당 부분 충족했을 가능성이 높다.

중요한 점은 이 고밀도 환경이 정부 정책이나 기업 전략으로 만들어진 것이 아니라는 사실이다. 한국 사회가 선택해 온 도시화 방식, 주거 문화, 생활 리듬의 결과다. 다시 말해 이 환경은 인위적으로 복제하기 어렵다. 미국의 교외형 주택 구조, 유럽의 저밀도 도시, 신흥국의 비공식 주거 환경은 각각 다른 특성을 갖는다. 그러나 한국처럼 높은 밀도와 높은 규칙 의존도가 동시에 존재하는 환경은 매우 드물다. 이 점에서 한국의 고밀도 환경은 하나의 자연적 학습 자산이다. 문제는 이 자산을 전략적으로 활용하느냐, 아니면 단순한 불편으로만 인식하느냐다.

여기서 중요한 전환이 하나 필요하다. 고밀도 데이터는 더 이상 기업 단위의 경쟁력이 아니라 국가 단위의 전략 자산이 될 수 있다. 로봇과 자율주행 테스트를 위한 규제 샌드박스, 실제 주거 환경에서의 단계적 실증, 실패 데이터를 축적하고 공유하는 구조가 갖춰질 때 한국은 단순한 기술 수입국이 아니라 글로벌 로봇과 자율주행 AI의 실험장이 된다. 그리고 실험장이 되는 국가는 자연스럽게 기술 발전의 방향에 영향을 미치게 된다.

한국의 높은 인구 밀도와 아파트 문화는 오랫동안 사회적 문제로만 인식돼 왔다. 그러나 AI 시대에 이 밀도는 전혀 다른 의미를 갖는다. 이 밀도는 AI에게 가장 어려운 문제를 던지고, 그 문제를 가장 빠르게 풀도록 강제하는 환경이다. 여기서 살아남은 AI는 다른 어디에서도 살아남는다. 고밀도 데이터는 한국이 의도적으로 만든 전략 자산은 아니다. 그러나 AI 시대에 이 자산을 전략으로 전환할 수 있는지는 지금의 선택에 달려 있다. 한국은 이미 세계에서 가장 까다로운 시험장을 갖고 있다. 이제 남은 질문은 하나다. 이 시험장을 단순한 생활 공간으로 둘 것인가, 아니면 세계 최고의 AI를 길러내는 훈련장으로 사용할 것인가다.

7
메시지

**우리는 단순 소비 시장이 아니다: 엔비디아 신기술의 성패를
판가름하는 '가장 빠른 실험실'로서 협상력을 가져야 한다**

한국이 글로벌 기술 기업과 대화할 때 가장 자주 범하는 실수는
스스로를 구매자로 규정하는 데서 시작된다. 우리는 기술을 도입하
는 나라이고, 플랫폼을 가져다 쓰는 시장이며, 완성된 제품을 소비하
는 고객이라는 인식이 오랫동안 굳어져 왔다. 이 인식은 편하다. 책임
도 적고, 위험도 줄어든다. 그러나 AI 시대에 이 인식은 곧 전략적 패
배로 이어진다. 완성된 제품을 구매하는 시장은 가격과 조건을 놓고
흥정할 수는 있어도, 기술의 방향에 대해서는 발언권이 없다. 어떤
구조가 표준이 될지, 어떤 기능이 산업의 기본값이 될지에 대해 소비
자는 늘 사후적으로 반응할 뿐이다. AI 기술이 미완성 상태로 빠르

게 시장에 등장하는 지금의 구조에서는 이 격차가 더 커진다. 소비자는 기다리거나 따라갈 수밖에 없고, 그 사이 기술의 방향은 이미 정해진다.

반면 실험실은 다르다. 실험실은 기술이 완성되기 전부터 개입하고, 한계를 드러내며, 비용과 운영의 문제를 조기에 노출시킨다. 이 과정에서 실험실은 자연스럽게 공동 설계자의 위치로 이동한다. 협상력은 바로 이 지점에서 만들어진다. 그래서 중요한 질문은 우리가 얼마나 많이 사느냐가 아니라, 우리가 얼마나 빨리 검증하느냐다.

엔비디아의 관점에서 좋은 시장은 GPU를 많이 사주는 시장만을 의미하지 않는다. 이 기술이 실제 산업에서 작동하는지, 성능 향상이 어느 지점에서 멈추는지, 비용 대비 효과가 언제부터 급격히 나빠지는지, 운영과 유지보수에서 어떤 문제가 발생하는지를 빠르게 보여주는 시장이 더 중요하다. 이런 질문에 답을 줄 수 있는 시장은 많지 않다. 그런데 한국은 이 점에서 매우 특이한 위치에 있다. 산업 밀도가 높고, 디지털 인프라가 촘촘하며, 사용자 피드백이 빠르다. 새로운 기술이 나왔을 때 이를 실제 서비스와 현장에 밀어 넣고 결과를 확인하는 데 걸리는 시간이 매우 짧다. 엔비디아 입장에서 보면 한국은 파일럿 테스트 국가가 아니라, 글로벌 런칭 이전의 결정적 검증 단계가 될 수 있는 곳이다.

그래서 최근 몇 년 사이 하나의 변화가 나타나기 시작했다. 글로벌 AI 기업의 리더들이 한국을 단순한 시장이 아니라 실험장, 그리고 구현장으로 보기 시작한 것이다. 샘 알트만이 한국을 찾아와 기업과 정부를 만나고, 젠슨 황이 15년만에 한국을 방문해 반도체와 제조 생태계를 강조하며 협력을 이야기하고, 마이크로소프트와 구글 같은 기업의 최고경영진이 한국을 중요한 전략 파트너로 언급하는 장면은 우연이 아니다. 이들은 한국을, 매출을 올리는 소비 시장이 아니라, 새로운 기술이 실제 산업에서 통하는지를 검증할 수 있는 고속 실험 환경으로 보고 있다. 다시 말해, 한국은 점점 글로벌 AI 기술을 현실에 적용하는 첫 번째 무대가 되고 있다.

AI 기술의 성패는 스펙 시트에서 결정되지 않는다. 실제 산업 환경에서 얼마나 빠르게 문제를 드러내고, 그 문제를 얼마나 빨리 수정할 수 있는가에 의해 결정된다. 가장 빠른 실험실은 기술의 환상을 깨주고, 과장된 기대를 현실로 끌어내리며, 쓸 수 있는 영역과 쓸 수 없는 영역을 구분해 준다. 이 과정은 불편하다. 실패를 숨길 수 없고, 문제를 공개해야 한다. 그러나 바로 이 불편함이 기술 기업에게는 가장 가치 있는 자산이다. 한국이 이 역할을 수행할 수 있다는 것은, 한국이 단순한 고객이 아니라 기술의 성패에 영향을 미치는 변수로 작동할 수 있다는 의미다.

한국은 시장이 작다는 말을 자주 한다. 그러나 AI 시대에 시장의 크기는 매출 규모보다 학습 속도로 평가된다. 작은 시장이라도 빠르게 검증할 수 있다면 의미가 있고, 완벽하지 않아도 빠르게 실패할 수 있다면 충분히 가치가 있다. 이 기준에서 보면 한국은 결코 작은 시장이 아니다. 오히려 가장 밀도 높은 실험 환경을 가진 시장이다. 그래서 이제 한국이 가져야 할 메시지는 명확하다. 우리는 단순 소비

엔비디아 DNA

시장이 아니다. 우리는 당신들의 기술을 가장 먼저 현실에 부딪히게 만드는 곳이다. 여기서 통과하지 못한 기술은, 어디에서도 문제를 겪게 될 것이다. 이 말은 도발이 아니라 사실에 기반한 자기 정의다.

한국은 이미 조건을 갖추고 있다. 빠른 네트워크, 높은 밀도, 다양한 산업, 빠른 사용자 반응, 그리고 무엇보다 기술을 실제 제품과 서비스로 연결해 온 제조와 운영의 경험이 있다. 이 조건을 소비자로 쓰느냐, 실험실로 쓰느냐는 전적으로 선택의 문제다. AI 시대에 가장 강력한 협상력은 돈도 아니고 규모도 아니다. 당신의 기술이 현실에서 통하는지를 가장 먼저 증명해 줄 수 있다는 능력이다. 한국이 이 능력을 자각하는 순간, 한국은 더 이상 기술을 기다리는 나라가 아니라 기술의 방향을 함께 결정하는 나라가 된다.

그래서 9장은 하나의 질문에서 출발한다. AI 시대에 한국 기업은 과연 어떤 위치에 서야 살아남을 수 있는가. 이 장이 묻는 것은 무엇을 만들 것인가보다, 어디에 설 것인가다. 기술의 우열이 아니라 구조 속에서의 위치가 생존을 결정하는 시대가 되었기 때문이다. 엔비디아의 시각에서 경쟁의 본질을 다시 정의하고, HBM 전쟁을 통해 구조 안으로 들어간 기업과 그렇지 못한 기업의 운명이 어떻게 갈렸는지를 확인하고, 네이버와 카카오, 그리고 스타트업들이 왜 거대 모델 전쟁이 아닌 자신만의 전장을 선택해야 하는지를 살펴보고, 인재 전쟁이 채용이 아니라 조직 구조의 문제라는 사실을 짚으며, 한국이 세계에서 가장 빠른 AI 실험실이 될 수 있는 이유와 고밀도 생활 환경이 물리적 AI 학습에 어떤 의미를 갖는지를 차례로 따라오다 보면,

결국 하나의 결론에 도달하게 된다.

AI 시대에 한국 기업의 생존 전략은 더 잘 만드는 것이 아니라, 더 정확한 자리를 차지하는 것이다. 한국은 규모로 승부할 수는 없지만, 속도와 밀도, 그리고 현실 검증 능력으로는 누구보다 강하다. 이 강점을 소비로 쓰느냐, 전략으로 쓰느냐의 차이가 10년 뒤 한국 기업의 위치를 결정하게 된다. 이 장은 선언이 아니라 방향 제시다. 이제 남은 것은 실행이다.

‖ 사고를 흔드는 질문 ‖

 "한국 기업은 AI 시대에 '고객'으로 남을 것인가, 아니면 '공동 실험자(공동 설계자)**'로 역할을 바꿀 것인가?"**

토론 포인트

- AI 경쟁의 무게중심이 "누가 더 큰 모델"에서 "누가 더 빨리 현장 적용"으로 이동했다면, 한국의 강점은 무엇인가

- '구매자'와 '공동 실험자'의 차이는 단순 태도인가, 아니면 계약 구조·데이터 공유·리스크 분담의 문제인가

- PoC가 "데모"가 아니라 "미래 운영모델 시뮬레이션"이라면, 한국 기업은 무엇을 증명해야 하는가(비용/운영/규제/보안)

- 공동 실험자로 올라서면 얻는 협상력은 무엇이고, 잃는 위험은 무엇인가(실패 공개, 책임, 내부 저항)

- 한국이 '글로벌 테스트베드'가 되려면 기업/정부가 반드시 바꿔야 하는 1~2가지 구조는 무엇인가

"엔비디아는 왜 경쟁자를 '이겨야 할 적'이 아니라 '산업 구조의 변수'로 보는가? 우리 회사는 경쟁을 어떻게 정의하고 있는가?"

토론 포인트

- 경쟁사를 적으로 보면 '제품 비교'에 매달리고, 구조 변수로 보면 '표준·플랫폼·생태계'를 설계한다는 차이

- 구글/메타/테슬라/아마존의 자체 칩은 '플랫폼 전쟁'인가, '내부 최적화(추론 비용 절감)'인가

- 엔비디아가 진짜로 두려워하는 것은 칩 성능이 아니라 **자신이 정의하지 않은 소프트웨어 스택/개발 환경이 표준이 되는 것**이라는 주장에 동의하는가

- 한국 기업이 "경쟁자가 누군가"보다 먼저 물어야 할 질문: "우리는 어떤 구조에 편입되고 있는가?"

- 산업에서 승부를 가르는 기준이 성능이 아니라 운영(전력/열/비용/신뢰성)으로 바뀌면 경쟁 프레임은 어떻게 재정의되는가

"HBM 전쟁의 승패는 기술 격차인가, '구조 안으로 들어가는 결단(파트너십·공동설계)'의 차이인가?"

토론 포인트

- HBM은 '부품'이 아니라 시스템 설계의 출발점이 되었는가: 인터페이스/전력/발열이 로직·패키징까지 규정하는 구조

- SK하이닉스가 '공급사'에서 '파트너'가 된 전환점은 성능이 아니라 공동 문제 해결(로드맵/수율/패키징 제약)이었는가

- 삼성의 문제를 기술이 아니라 "의사결정 구조(단기 효율 vs 장기 포지션)"로 보는 관점에 동의하는가

- 파트너십은 동등함이 아니라 "필수지만 교체 가능성"을 전제로 한다면, 교체 불가능해지려면 무엇이 필요한가(로드맵 영향력, 공급 안정, 공동 설계)

- 우리 조직은 지금 '제품 완성도'와 '구조 적합성' 중 무엇을 먼저 평가하는가

Q4

"AI 시대의 승부는 기술이 아니라 '시간(Time to Market)과 인재/데이터 밀도'인가? 한국은 이 강점을 전략으로 전환하고 있는가?"

토론 포인트

- 한국이 '세계에서 가장 빠른 AI 실험실'이 될 수 있는 조건(산업 밀도, 디지털 인프라, 피드백 루프, 실행 속도)은 무엇인가

- 속도가 경쟁력이라면, '완벽주의/보고 문화/책임 회피'는 어떤 방식으로 속도를 갉아먹는가

- S급 인재가 돈보다 중시하는 것은 "의미의 밀도/의사결정 참여/실험 가능성"이라는 주장에 동의하는가

- 고밀도 도시/아파트 문화가 로봇·자율주행 학습에 유리하다는 논리는 설득력 있는가(예외 상황의 빈도, 상호작용 복잡성)

- "여기서 통하면 전 세계에서 통한다"를 현실로 만들려면, 규제 샌드박스/데이터 체계/실증 인프라 중 무엇부터 바꿔야 하는가

엔비디아 DNA

LEADERSHIP:

AI 시대,
리더의 자격

10장

리더의 새로운 의무

기술을 아는 CEO가
죄가 되지 않는 세상

EXECUTIVE
LEADERSHIP

1
CEO의 기술 무지(Ignorance)는 이제 죄다

회사의 임원은 더 이상 기능 조직의 대표가 아니다. 이 말은 선언이 아니라 현실에 대한 진단이다. 과거의 임원은 각자의 영역을 책임지는 전문가였다. 영업 임원은 영업을 잘하면 됐고, 재무 임원은 숫자를, 생산 임원은 공정을 책임지면 충분했다. 기술은 지원 부서의 문제였고, IT는 비용 센터에 가까웠다. 임원 회의에서 기술은 보고 대상이었지, 토론의 중심은 아니었다.

그러나 AI가 등장하면서 이 전제는 완전히 붕괴되었다. 기술은 더 이상 뒤에서 받쳐주는 도구가 아니라, 비즈니스 구조 자체를 규정하는 요소가 되었다. 무엇을 만들 것인가보다, 어떻게 판단하고 어떻게 실행할 것인가가 더 중요해졌고, 그 판단과 실행의 상당 부분이 이제는 알고리즘과 데이터 위에서 이뤄진다. 이 변화는 일부 산업만의 이야기가 아니라, 모든 산업에 동시에 일어나고 있는 구조적 전환이다.

이 변화를 가장 먼저, 그리고 가장 집요하게 받아들인 CEO가 있다. 엔비디아의 젠슨 황이다. 젠슨 황은 대단한 기술전문가지만, 스스로를 기술자가 아니라 문제 해결자라고 정의해 왔다. 그는 코드를 직접 짜지 않고, 알고리즘의 수식을 설명하지도 않는다. 그러나 그는 누구보다도 기술이 무엇을 가능하게 하고, 무엇을 불가능하게 만드는지를 집요하게 파고든다. 그리고 그 이해를 바탕으로 경영 판단을 내린다. 기술을 모르는 CEO가 아니라, 기술이 만드는 구조를 이해하는 CEO라는 점에서 그는 전통적인 비기술 CEO와는 정반대에 서 있다.

AI 시대의 임원에게 요구되는 모습은 바로 이 지점에 있다. AI가 모든 비즈니스에 필수가 되었다는 말은 더 이상 수사가 아니다. 젠슨 황은 수년 전부터 "AI는 모든 산업의 기본 언어가 될 것"이라고 반복해서 말해 왔다. 그는 AI를 특정 제품군의 경쟁력으로 보지 않았다. AI를 모든 비즈니스가 반드시 사용하는 범용 인프라로 정의했다. 이 관점이 있었기에 엔비디아는 단순한 GPU 회사에서 AI 인프라 회사로 변모할 수 있었다.

내가 재직할때 많이 들었던 질문, 즉 젠슨 황이 임원들에게 가장 자주 던지는 질문은 이렇다. "이 기술이 엔비디아의 핵심 믿음, 즉 Core Belief에 부합하는가?" 이 질문은 기술적인 질문처럼 들리지만, 실제로는 철저한 경영 질문이다. 그는 개별 기술의 성능이나 단기 경쟁력보다, 그 기술이 회사가 오랫동안 지켜온 방향성과 일치하는지를 먼저 본다. 가속 컴퓨팅이 세상을 바꾼다는 믿음, 소프트웨어와 하드웨어를 함께 설계해야 한다는 믿음. 젠슨 황의 판단 기준은 언제나 이 핵심 믿음 위에 놓여 있다.

GPU가 그래픽을 넘어 범용 병렬 컴퓨팅으로 확장될 수 있다고 판단했을 때도, CUDA에 막대한 투자를 지속했을 때도, AI 학습과 추론이라는 워크로드가 폭발할 것이라고 베팅했을 때도, 그는 항상 같은 질문을 던졌다. 이 선택이 당장의 매출을 늘리느냐보다, 이 선택이 엔비디아가 믿어 온 방향을 더 강하게 만들고 있는가를 본 것이다. 기술이 아니라, 회사의 정체성이 기준이었다.

그런데 많은 기업이 이 지점에서 무너진다. 이유는 단순하다. AI를 여전히 '기술 도입'의 문제로 보기 때문이다. 그러나 AI는 기술 도입이 아니라 경영 시스템 전환이다. AI는 조직의 의사결정 구조 자체를 바꾼다. 과거에는 경험과 직관을 바탕으로 보고서를 검토하고, 회의를 거쳐 느리게 결정을 내렸다. 지금은 데이터와 모델을 통해 실시간 인사이트를 얻고, 빠르게 실험하고, 빠르게 실패하고, 다시 학습하는 구조로 이동하고 있다. 즉, 결정의 방식이 바뀌고 있는 것이다.

여기서 CEO가 AI를 이해하지 못하면, 거의 예외 없이 같은 문제가 반복된다. 프로젝트는 파일럿 단계에서 멈춘다. PoC는 성공했다고 보고되지만, 전사 확산은 이뤄지지 않는다. 현업은 AI를 IT 부서의 일로 인식하고, 실제 업무 방식은 바뀌지 않는다. 그러니 성과도 나오지 않는다. 리스크는 사후 대응이 된다. 개인정보, 보안, 저작권, 편향 문제가 터지고 나서야 대응한다. 투자 판단도 흔들린다. 모델에 투자해야 하는지, 인프라에 투자해야 하는지, 데이터에 투자해야 하는지 우선순위가 꼬이고, 결국 모든 곳에 조금씩 쓰다 아무 곳에서도 경쟁력을 만들지 못한다. 이 모든 문제의 근본 원인은 기술이 아니라 리더십이다.

이 관점은 임원 전체에게 동일하게 요구된다. 젠슨 황은 엔비디아 내부에서 AI를 '연구 조직의 성과'로만 취급하지 않는다. 영업, 마케팅, 운영, 재무, 공급망 임원 모두가 AI를 이해해야 한다고 요구한다. 실제로 엔비디아의 임원 회의에서 기술은 배경 설명으로 끝나지 않는다. 기술은 항상 전략 논의의 출발점이다. 나는 이부분이 항상 어려웠다. 어떤 시장을 공략할 것인가, 어떤 고객을 우선할 것인가, 어떤 제품 로드맵을 가져갈 것인가의 첫 질문이 언제나 워크로드와 연산 구조에서 시작된다.

이 차이는 매우 중요하다. AI를 이해하지 못하는 임원은, 더 이상 전략을 논할 수 없게 된다. 젠슨 황은 "CEO는 기술을 몰라도 된다"는 오래된 통념을 공개적으로 부정해 왔다. 그는 기술을 이해하지 못한 리더는 미래를 결정할 자격이 없다고 말한다. 여기서 말하는 기술 이해란 구현 능력이 아니다. 코딩을 할 수 있느냐가 아니라, 기술이 강요하는 선택을 이해하는 능력이다. GPU 중심 구조로 갈 것인가, CPU 중심 구조에 머물 것인가. 가속 컴퓨팅을 전제로 시스템을 다시 설계할 것인가, 기존 구조에 AI를 덧붙일 것인가. 이 선택은 기술 선택이 아니라, 회사의 운명을 가르는 경영 선택이다.

그래서 젠슨 황은 AI를 IT 프로젝트로 다루는 것을 극도로 경계한다. 그는 AI를 파일럿이나 PoC로 소비하는 조직은 결코 AI를 전략으로 만들 수 없다고 본다. AI는 단순한 도구가 아니라 경영 시스템이며, 의사결정 시스템이기 때문이다. 어떤 판단을 자동화할 것인지, 어떤 판단을 인간에게 남길 것인지, 실패의 책임을 어디까지 감당할 것인지는 모두 CEO와 임원진이 결정해야 할 문제다. 기술을 모른채 이 결정들을 내린다는 것은, 사실상 책임을 회피하는 것과 다르지 않다.

이 지점에서 젠슨 황의 리더십이 특히 두드러진다. 그는 AI를 '전문가에게 맡길 영역'으로 분리하지 않는다. 오히려 임원 전체가 기술논의에 참여하도록 강제한다. 매 분기 QBI분기 비즈니스 혁신 회의에서 2일간 집중적으로 논의한다. 엔비디아의 내부 문화에서 기술을 이해하지 못하는 임원은 더 이상 설 자리가 없다. 이는 기술 독재가 아니라, 책임 구조에 대한 철학이다. 기술이 전략을 규정하는 시대에, 기술을 이해하지 못하는 임원은 책임을 질 수 없기 때문이다.

이러한 철학은 엔비디아의 조직 구조에도 그대로 반영되어 있다. AI는 특정 부서의 소유물이 아니다. 엔비디아에서는 모든 임원이 각자의 영역에서 AI Leader로 기능한다. 영업 임원은 AI 워크로드가 고객의 비용 구조와 투자 구조를 어떻게 바꾸는지를 이해해야 하고, 운영 임원은 AI가 공급망과 생산 계획에 어떤 변화를 가져오는지를 이해해야 한다. 재무 임원 역시 AI 인프라 투자가 단기 비용이 아니라 장기 경쟁력이라는 사실을 이해하고 자본 배분을 설계해야 한다.

젠슨 황이 CAIO와 같은 역할을 중요하게 보는 이유도 여기에 있다. CAIO는 단순한 기술 직책이 아니다. 그는 AI를 경영의 언어로 번역하는 사람이다. 기술과 전략, 기술과 조직, 기술과 책임을 연결하는 접점이다. 이 역할이 없는 조직에서는 AI가 각 부서에서 각자 다른 방향으로 사용된다. 비용은 늘어나고, 효과는 분산되며, 실패의 책임은 사라진다.

젠슨 황은 이런 조직을 가장 위험한 조직이라고 본다. 겉보기에는 AI를 적극적으로 도입한 것처럼 보이지만, 실제로는 AI가 전략이 되지 못하기 때문이다. AI는 본래 조직을 하나의 판단 체계로 묶는 기술이다. 그러나 리더십이 부재하면, AI는 오히려 조직을 분열시키는 요인이 된다.

그래서 AI 시대에 임원 전원이 AI Leader가 되어야 한다. AI는 특정 기술이 아니라, 회사의 사고 방식 자체를 바꾸는 기술이기 때문이다. 단 한 명의 임원이라도 이 변화를 이해하지 못하면, 조직 전체는 과거의 속도로 움직이게 된다. 젠슨 황은 이 점을 누구보다도 명확히 이해하고 있다.

그는 종종 이렇게 말한다. "우리는 더 빨리 일해야 한다. 하지만 더 중요한 것은, 올바른 방향으로 가고 있는지다." 이 문장은 엔비디아의 속도와 방향을 동시에 설명한다. AI 시대의 리더십은 속도만으로 완성되지 않는다. 방향을 이해하지 못한 속도는 위험하다. 그리고 그 방향을 이해하는 출발점은 언제나 기술이며, 동시에 회사가 무엇을 믿고 있는가에 대한 질문이다.

AI 시대의 임원은 더 이상 관리자일 수 없다. 그는 판단 구조의 설계자다. 어떤 기준을 알고리즘에 반영할 것인지, 어떤 책임을 인간에게 남길 것인지, 그 결과를 누가 감당할 것인지까지 설계해야 한다. 이것이 바로 젠슨 황이 실천으로 보여준 AI Leader의 모습이다.

결국 회사의 임원 모두가 AI Leader가 되어야 하는 이유는 단순하다. AI는 더 이상 주변 기술이 아니라, 회사 그 자체가 되고 있기 때문이다. 젠슨 황이 이끄는 엔비디아는 이 사실을 누구보다 빨리 받아들였고, 그 결과는 지금의 위치로 나타났다.

AI 시대의 리더십은 더 이상 선택의 문제가 아니다. 자격의 문제다.

2
리더의 새로운 역량

산업화 시대의 리더는 '답을 아는 사람'이었다. 더 정확히 말하면, 답을 빨리 내릴 수 있는 사람이었다. 불확실성이 상대적으로 낮았고, 변화의 속도도 지금보다 훨씬 느렸던 시절에는 이 방식이 합리적이었다. 시장은 반복되었고, 기술은 점진적으로 개선되었으며, 과거의 성공은 미래의 예측에 충분한 근거가 되었다. 경험은 축적될수록 힘이 되었고, 그 경험을 바탕으로 빠르게 결론을 내리는 리더는 유능하다고 평가받았다.

이 시기의 리더십은 명확했다. 질문은 짧았고, 답은 단단해야 했다. 조직은 그 답을 중심으로 움직였고, 강한 확신을 가진 리더는 조직에 안정감을 주었다. "이 방향이 맞다"는 선언은 곧 전략이었고, 전략은 실행으로 직결되었다. 답을 망설이는 리더는 우유부단하다고 평가받

왔고, 빠른 판단은 곧 리더의 미덕이었다.

그러나 AI가 등장하면서 이 리더십 공식은 더 이상 작동하지 않기 시작했다. 그 이유는 단순히 기술이 복잡해졌기 때문이 아니다. 환경이 리더에게 요구하는 역할 자체가 바뀌었기 때문이다. AI 시대의 가장 큰 특징은 불확실성 그 자체가 아니라, 불확실성이 생성되고 증폭되는 속도다. 어제의 최적해여러 선택지 중에서 가장 좋다고 판단되는 해답가 오늘의 제약이 되고, 지난 분기의 성공 전략이 다음 분기에는 조직의 발목을 잡는 일이 반복된다.

이런 환경에서 리더가 "내가 답을 안다"고 말하는 순간, 조직은 위험해진다. 그 답은 대부분 과거의 성공 조건을 전제로 한 답이기 때문이다. AI는 과거와 전혀 다른 방식으로 작동한다. 데이터가 바뀌면 결과가 바뀌고, 모델이 바뀌면 판단이 바뀐다. 동일한 문제라도 어떤 데이터를 쓰느냐에 따라 전혀 다른 결론에 도달할 수 있다. 즉, 고정된 정답은 존재하지 않는다.

그럼에도 불구하고 리더가 과거의 직관과 경험을 기준으로 답을 내리기 시작하면, 조직은 새로운 가능성을 탐색하기도 전에 스스로 문을 닫아버린다. 이 순간 AI는 도입되었지만, 조직은 여전히 과거의 사고 방식으로 움직이게 된다. 그래서 AI 시대에 가장 위험한 리더는 틀린 답을 내리는 리더가 아니라, 답이 이미 있다고 믿는 리더다.

많은 조직이 AI를 도입하면서 가장 크게 착각하는 지점이 여기에 있다. AI가 들어오면 정답이 더 빨리 나올 것이라고 믿는다. 더 정확한 예측, 더 똑똑한 판단, 더 빠른 결론을 기대한다. 그러나 실제로 AI

가 가장 잘하는 일은 정답을 만들어내는 것이 아니다. AI가 탁월한 점은 가설을 빠르게 시험하는 능력이다.

AI는 끊임없이 묻는다. 이 가설이 맞는가. 이 선택이 더 나은 결과를 만드는가. 이 기준을 바꾸면 무엇이 달라지는가. AI는 이 질문에 대해 실험하고, 수치로 결과를 보여준다. 성공과 실패를 감정이 아니라 데이터로 드러낸다. 즉, AI는 리더에게 답을 주는 존재가 아니라, 질문을 요구하는 존재다.

이 지점에서 리더의 역할은 근본적으로 바뀐다. 리더는 더 이상 "이게 답이다"라고 선언하는 사람이 아니다. 리더는 "우리가 지금 검증해야 할 질문은 무엇인가"를 정의하는 사람이 된다. 그리고 그 질문이 끝까지 검증될 수 있도록 조직을 움직이는 사람이다.

AI 시대의 전략은 문서 한 장으로 완성되지 않는다. 전략은 하나의 결론이 아니라, 연속적인 질문의 흐름으로 구성된다. 우리가 해결하려는 문제는 무엇인가. 이 문제를 데이터로 정의할 수 있는가. 이 판단을 자동화해도 되는가. 인간의 개입은 어느 지점에서 필요한가. 실패를 감당할 수 있는 범위는 어디까지인가. 이 질문들이 정교하게 연결될수록 전략은 살아 움직인다.

반대로 질문이 부정확하면, AI는 아무리 정교해도 엉뚱한 방향으로 작동한다. 잘못 정의된 문제는 가장 뛰어난 모델로도 해결할 수 없다. 그래서 AI 시대의 전략 실패는 대부분 기술 부족이 아니라 질문 부족에서 시작된다. 기술은 이미 충분히 강력하다. 문제는 그것을 어디에, 어떤 방식으로 쓰느냐다.

리더가 던지는 질문은 단순한 대화가 아니다. 그 질문은 조직 전체의 사고 방식을 규정한다. 리더가 "이거 되나?"라는 질문을 반복하면, 조직은 시도하기보다 회피하는 방향으로 움직인다. "얼마나 빨리 돈이 되나?"라는 질문이 먼저 나오면, 실험은 사라지고 단기 성과만 남는다. "이걸 자동화하면 누가 책임지나?"라는 질문만 남으면, 아무도 결정을 하지 않게 된다.

반대로 리더가 다른 질문을 던지기 시작하면 조직은 완전히 달라진다. 이 가설을 2주 안에 검증하려면 무엇이 필요한가. 실패했을 때 우리가 잃는 것은 무엇이고, 얻는 것은 무엇인가. 이 판단을 사람이 계속해야 할 이유는 무엇인가. 이 질문들은 조직에 새로운 사고의 프레임을 제공한다. AI 시대의 리더십이란, 바로 이 사고의 프레임을 설계하는 능력이다.

그러나 질문을 던지는 것보다 더 어려운 것이 있다. 바로 검증을 허용하는 용기다. 검증은 종종 리더의 직관을 부정한다. 검증 결과는 때때로 리더의 판단이 틀렸음을 명확히 드러낸다. 이 순간 많은 리더는 본능적으로 방어한다. 데이터가 아직 부족하다고 말하고, 현장은 다르다고 주장하며, 지금은 시기가 아니라고 판단을 미룬다.

하지만 AI 시대에 이 방어는 치명적이다. AI는 리더의 권위를 강화해 주지 않는다. AI는 현실을 더 빨리 드러낼 뿐이다. 검증을 두려워하는 리더는 AI를 도입해도 결국 다시 직관으로 돌아가게 된다. 이 조직은 AI를 써도 AI처럼 생각하지 못하는 조직이 된다. 그래서 AI 시대의 리더십에서 가장 강력한 한 문장은 "나는 아직 모른다"이다.

이 말은 무능의 선언이 아니고 오히려 검증의 출발점이다. 나는 아직 모르지만, 알아내기 위한 질문은 던질 수 있다. 그리고 그 답을 빠르게 검증할 수 있다. 이 태도를 가진 리더 아래에서는 조직이 움직인다. 왜냐하면 이 조직에서는 정답보다 학습 속도가 더 중요해지기 때문이다.

그렇다면 리더는 언제 답을 내려야 하는가? AI 시대에도 리더가 결정을 내려야 할 순간은 분명히 존재한다. 그 순간은 단 하나다. 충분한 검증이 끝났을 때다. AI 시대의 리더는 답을 늦게 내리는 사람이 아니다. 답을 내리기 전까지 검증을 끝까지 밀어붙이는 사람이다. 이 차이는 미묘해 보이지만, 결과는 극단적으로 다르다. 이제 리더십의 정의는 새롭게 내려져야 한다. AI 시대의 리더는 가장 많은 답을 가진 사람이 아니다. 가장 중요한 질문을 던질 수 있는 사람이다. 그리고 그 질문이 끝까지 검증되도록 조직을 설계하는 사람이다. 이 리더십은 카리스마보다 인내를 요구하고, 확신보다 겸손을 요구하며, 속도보다 방향 감각을 요구한다.

AI 이전 시대에 리더의 무기는 경험이었다. 하지만 AI 시대에 리더의 무기는 질문이다. 정답을 내리는 리더는 AI보다 느리고, AI보다 좁은 시야를 가질 수밖에 없다. 그러나 질문하고 검증하는 리더는 AI를 도구로 삼아 조직 전체의 사고 능력을 확장한다. 이것이 AI 시대 리더에게 요구되는 새로운 역량이다.

엔비디아 DNA

3
스티브 잡스 vs. 젠슨 황

위대한 CEO를 이야기할 때 사람들은 흔히 카리스마, 통찰, 결단력을 떠올린다. 누가 더 강력한 비전을 가졌는지, 누가 더 극적인 결정을 내렸는지, 누가 더 많은 사람을 매료시켰는지를 이야기한다. 그러나 시간이 지나고 산업의 결과가 드러난 뒤에야 비로소 보이는 차이가 있다. 그것은 성격도, 말솜씨도, 리더십 스타일도 아니다. 진짜 차이는 집착의 방향이다.

천재적인 CEO들은 공통적으로 집착적이다. 평균적인 결과에 만족하지 않고, 타협을 실패로 간주하며, 조직의 피로보다 성취의 완성도를 우선한다. 문제는 집착 그 자체가 아니다. 문제는 무엇에 집착했는가, 그리고 그 집착이 어떤 산업 구조를 만들어냈는가다. 이 질문에 답할 때, 스티브 잡스와 젠슨 황은 극적으로 대비된다.

이 비교는 누가 더 위대한가를 가리기 위한 것이 아니다. 그 질문은 의미가 없다. 이 비교의 목적은 하나다. 산업 패러다임이 바뀔 때, 성취에 집착하는 방식은 어떻게 달라지는가를 보여주는 것이다. 그리고 그 변화의 한가운데에, 잡스형 성취와 젠슨 황형 성취가 놓여 있다.

스티브 잡스와 젠슨 황은 거의 모든 면에서 다르다. 성장 배경도 다르고, 다룬 산업도 다르며, 성격과 리더십 스타일 역시 다르다. 그러나 두 사람에게는 명확한 공통점이 있다. 그들은 "이 정도면 충분하다"라는 말을 거부했다. 평균적인 결과를 참을 수 없었고, 미완성에 대한 불편함을 조직 전체에 강요했다. 이 집착은 종종 폭력적으로 보였고, 비인간적으로 평가되기도 했다. 그러나 바로 이 집착이 산업을 움직였다.

차이는 그 집착이 향한 지점이다. 스티브 잡스의 집착은 언제나 눈에 보이는 결과물로 수렴했다. 디자인, 사용자 경험, 제품의 완성도. 잡스에게 성취란, 사람이 제품을 만지는 순간 느끼는 감정의 총합이었다. 그는 기술을 사랑했지만, 기술 그 자체에는 관심이 없었다. 기술은 언제나 완벽한 사용자 경험을 만들기 위한 수단이었다. 내부 구조가 아무리 복잡해도 사용자는 단순해야 했다. 성능이 아무리 뛰어나도 디자인이 마음에 들지 않으면 의미가 없었다. 기능이 많아도 직관적이지 않으면 실패였다. 잡스에게 타협은 곧 실패였다. 그래서 그는 하드웨어, 소프트웨어, 서비스까지 모두 통제되는 닫힌 세계, 하나의 완결된 우주를 만들어냈다.

이 구조 안에서 애플은 인간과 기술의 관계를 재정의했다. 기술은 더 이상 전문가의 영역이 아니라, 누구나 자연스럽게 사용하는 일상의 도구가 되었다. 이것은 분명 위대한 성취였다. 잡스의 집착은 기술을 인간의 감각으로 번역하는 데서 정점을 찍었다. 그러나 이 성취는 매우 특정한 조건을 요구했다. 중앙집중적 의사결정, 창업자의 절대적인 미적 기준, 그리고 비교적 완만한 기술 변화 속도. 이 조건이 맞아떨어졌기에 애플은 위대해질 수 있었다. 하지만 이 모델은 구조적으로 확장성의 한계를 갖는다. 모든 제품이 예술 작품처럼 완성되어야 하기 때문이다. 잡스형 성취는 작품 중심의 성취였다. 하나의 제품이 하나의 완결된 세계가 되어야 했다.

반면 젠슨 황의 집착은 전혀 다른 방향을 향한다. 그는 완성된 결과물에 집착하지 않는다. 오히려 과정의 구조에 집착한다. 젠슨 황에게 성취란 하나의 완벽한 제품이 아니다. 성취란 다음 혁신이 얼마나 빠르게 가능해지는가다. 그는 하나의 완벽한 답을 만들려 하지 않는다. 대신 수많은 불완전한 시도들이 폭발적으로 쌓일 수 있는 구조를 만든다. CUDA라는 플랫폼, 개발자 생태계, GPU에서 시스템으로, 시스템에서 데이터센터로, 데이터센터에서 AI Factory로 이어지는 연산 구조. 이 모든 것은 하나의 제품을 위한 것이 아니라, 실험의 속도를 가속하기 위한 구조다.

젠슨 황의 집착은 항상 질문의 형태로 나타난다. "이 기술은 다음 실험을 더 빠르게 만드는가?" "이 선택은 혁신의 속도를 가속하는가, 아니면 늦추는가?"

스티브 잡스가 완성을 목표로 했다면, 젠슨 황은 가속acceleration을 목표로 한다. 더 많은 실험, 더 빠른 반복, 더 큰 스케일. 그는 제품에 집착하지 않는다. 그는 속도 곡선에 집착한다. 그래서 그의 리더십 아래에서 엔비디아는 하나의 히트 상품을 만드는 회사가 아니라, 히트를 계속 만들어내는 기계가 된다.

이 차이는 AI 시대에 결정적인 의미를 갖는다. AI 시대에는 하나의 완벽한 답보다, 끝없이 더 나은 답으로 수렴하는 구조가 훨씬 강력하기 때문이다. 모델은 끊임없이 바뀌고, 데이터는 계속 늘어나며, 성능의 기준은 매년 새롭게 정의된다. 이 환경에서 완성을 기다리는 전략은 언제나 늦는다.

잡스의 집착은 애플을 위대한 소비자 기술 기업으로 만들었다. 젠슨 황의 집착은 엔비디아를 산업 전체의 기반 기업으로 만들었다. 애플은 제품으로 세상을 바꿨고, 엔비디아는 세상이 혁신하는 방식을 바꿨다. 이 차이는 리더의 능력 차이가 아니다. 시대가 요구하는 성취의 형태가 달라졌기 때문이다.

AI 시대의 기술은 너무 빠르게 변한다. 완성도를 기다리면 이미 늦는다. 이 시대에 중요한 질문은 "이게 완벽한가"가 아니다. "이게 다음 실험을 얼마나 빠르게 가능하게 하는가"다. 이 환경에서는 잡스형 리더십이 구조적으로 작동하기 어렵다. 모든 것을 통제하고, 완성된 결과만을 내놓는 방식은 AI의 속도를 따라갈 수 없다. 반면 젠슨 황형 집착은 AI 시대에 최적화되어 있다. 불완전한 상태에서도 시장에 내놓고, 고객과 함께 실험하며, 생태계를 통해 진화를 가속한다. 이 방

식은 불안정해 보이지만, 장기적으로는 압도적인 격차를 만든다. 왜
냐하면 학습 속도 자체가 경쟁력이 되기 때문이다. 그래서 AI 시대의
리더에게 가장 중요한 질문은 이것이다. "나는 완성에 집착하는가, 아
니면 진화에 집착하는가."

AI 시대의 성취는 더 이상 하나의 작품이 아니다. 성취는 속도 곡
선이다. 조직이 얼마나 빠르게 학습하고, 얼마나 지속적으로 진화하
는가가 성취의 기준이 된다. 이 시대의 리더는 아름다운 답을 만드는
사람이라기보다, 끝없이 더 나은 답이 나오도록 구조를 강제하는 사
람에 가깝다.

이것이 스티브 잡스와 젠슨 황을 비교해야 하는 이유다. 누가 더
위대한가를 판단하기 위해서가 아니라, 어떤 집착이 지금의 시대를
움직이는가를 이해하기 위해서다. 그리고 AI 시대는 분명히 말하고
있다. 이제 성취는 작품이 아니라, 진화의 속도라고. 이것이 AI 시대
리더십의 본질이다.

4
AI 도입의 심리적 안전감

AI 도입이 실패하는 조직에는 비슷한 장면이 반복된다. 기술은 이미 도입되었고 예산도 쓰였으며 교육도 진행되었다. 전사 공지에는 'AI 활용 확대'라는 문구가 들어가고, 몇몇 부서에서는 시범 프로젝트도 돌아간다. 보고서에는 "AI 기반 자동화 적용" 같은 표현이 등장하고, 경영진은 어느 정도 진척이 있다고 믿는다. 그런데 시간이 지나면 현실은 다르다. 실제 업무 현장에서 AI는 거의 쓰이지 않는다. 회의에서는 "활용률이 낮다"는 말이 반복되고, 현업은 "업무가 바빠서"라고 말하며, IT는 "현업이 협조하지 않는다"고 답한다. 그리고 경영진은 같은 질문을 던진다. "왜 안 쓰는 거지? 도구도 깔아줬고 교육도 했는데."

대부분의 조직은 여기서 방향을 잘못 잡는다. 더 많은 교육과 더 많은 도구, 더 강한 지시로 문제를 해결하려 한다. 그러나 문제의 핵심은 기술이나 교육이 아니다. 사람들은 AI를 몰라서 쓰지 않는 것이 아니라, 두렵기 때문에 쓰지 않는다. AI 도입의 첫 번째 실패 원인은 심리적 안전감의 부재다. 직원의 마음속에서 AI는 생산성을 높여주는 도구가 아니라, 평가와 대체로 이어질 수 있는 위협으로 인식된다. 내 일이 사라질까, 실수하면 책임은 누가 지는가, AI 덕분에 성과가 나면 내 능력은 평가 절하되는 것 아닌가, 이런 질문들은 기술에 대한 것이 아니라 생존에 대한 질문이다.

사람은 위협을 느끼는 순간 학습하지 않는다. 대신 방어한다. 그리고 이 방어는 조직에서 가장 조용한 저항으로 나타난다. 회의에서는 동의하고, 교육에도 참석하고, 파일럿에도 참여하지만 실제 업무에서는 쓰지 않는다. 그래서 AI 도입은 표면적으로는 아무도 반대하지 않았지만, 실제로는 아무도 움직이지 않는 상태에서 조용히 실패한다.

두 번째 실패 항목은 AI를 프로젝트로 취급하고 실제 업무 구조는 바꾸지 않는 것이다. PoC는 성공했지만 승인 절차, 책임 구조, KPI는 그대로 남아 있다. 그러니 바쁠 때는 AI가 가장 먼저 포기되는 도구가 된다. AI가 진짜 도입되려면 시스템만이 아니라 일의 구조 자체가 바뀌어야 한다. 이건 IT 부서의 일이 아니라 경영 시스템의 문제다.

세 번째 실패 항목은 현업과 IT, 혹은 AI 조직이 분리된 채로 운영되는 구조다. 현업은 "우리 일을 잘 모른다"고 말하고, AI 조직은 "데이터를 안 준다"고 말한다. 이렇게 되면 협업이 아니라 분업이 되고, 데이터와 프로세스, 책임이 분리되어 실제 성과로 이어지지 않는다.

AI는 조직이 함께 움직일 때만 작동한다.

네 번째 실패 항목은 AI를 성과 평가의 무기로 사용하는 순간 조직이 갈라지는 현상이다. 누가 AI를 더 잘 쓰는지가 평가에 반영되기 시작하면, 한쪽은 AI를 과장해 쓰고 리스크를 숨기고, 다른 한쪽은 아예 AI를 쓰지 않게 된다. 도입 초기의 실패는 필연적인데, 이 시기에 평가와 연결하면 직원은 AI를 숨기거나 회피한다. 결국 조직은 AI를 도입했지만 아무도 쓰지 않는 상태가 된다.

다섯 번째 실패 항목은 외부 전문가에게 모든 것을 맡기고 내부 역량과 책임 구조를 만들지 않는 것이다. 초기에는 외부 도움이 필요하지만, 핵심 운영까지 외부에 맡기면 내부에는 아무것도 남지 않는다. 비용은 늘어나고, 문제 발생 시 책임은 흐려지며, 조직은 스스로 방향을 수정할 능력을 잃는다. 이때 AI는 경쟁력이 아니라 외주 서비스가 된다.

이 다섯 가지 실패는 서로 연결되어 있다. 심리적 안전감이 없으면 사람들은 AI를 쓰지 않고, 업무 구조가 바뀌지 않으면 PoC에서 멈추며, 조직이 분리되어 있으면 협업이 안 되고, 평가가 위협이 되면 실험은 사라지고, 내부 역량이 없으면 변화는 외부에 의존하게 된다. 그리고 이 모든 문제의 출발점에는 리더십이 있다.

심리적 안전감은 제도나 슬로건으로 만들어지지 않는다. 오직 리더의 행동으로 만들어진다. 직원들은 리더의 말이 아니라 리더의 반응을 본다. 실패했을 때 누가 불려가는지, 문제가 생겼을 때 책임이 어디로 향하는지, 실수가 개인의 문제로 처리되는지 시스템의 문제로 다뤄지는지를 본다. 조직은 공지문으로 움직이지 않는다. 조직은 장면으로 움직인다.

그래서 AI 도입을 성공시키는 리더는 아이러니하게도 AI 앞에서 가장 먼저 완벽하지 않은 모습을 보이는 사람이다. 이 결과가 왜 이렇게 나왔는지 나도 모르겠다고 말하고, 이건 실험이며 실패해도 괜찮다고 말한다. 우리의 목표는 완벽한 결과가 아니라 더 빨리 배우는 것이라고 반복한다. 이 신호가 있어야 직원은 두려움 없이 시도한다.

AI를 성공적으로 도입한 조직에는 공통된 언어 변화가 있다. 이게 맞다에서 이걸 실험해보자로, 이건 실패다에서 이건 학습이다로, 누가 잘못했나에서 어디서 가정이 틀렸나로 바뀐다. 언어가 바뀌면 행동이 바뀌고, 행동이 바뀌면 학습 속도가 달라진다. AI는 실험 위에서 자라고, 실험은 혁신 위에서만 가능하다.

결국 AI 도입의 성공 조건은 기술이 아니라 인간 쪽에 있다. 모델 성능이 좋아도 사람들이 쓰지 않으면 아무 의미가 없다. 시스템이 훌륭해도 직원이 숨기면 조직은 배우지 못한다. AI 도입은 AI 설치가 아니라 인간의 심리 구조 설계다. 사람들이 AI를 위협으로 느끼는가, 실험 도구로 느끼는가는 전적으로 리더십의 결과다.

리더가 AI를 성과 압박의 도구로 쓰면 직원은 AI를 위협으로 느낀다. 리더가 AI를 학습과 실험의 도구로 만들면 직원은 AI를 자신의 도구로 받아들인다. 결국 리더가 무엇을 강조하고 무엇을 처벌하는지가 조직의 감정을 만든다. AI는 계산할 수 있지만 두려움은 이해하지 못한다. 두려움 위에 세워진 조직에서 AI는 결코 뿌리내리지 못한다.

그래서 AI를 성공적으로 도입한 조직은 기술적으로 가장 앞선 조직이 아니라, 심리적으로 가장 안전한 조직이다. 그리고 AI 시대 리더의 또 하나의 의무는 분명하다. 사람들이 두려움 없이 AI를 쓰게 만드는 것. 이 의무를 이해하지 못하는 리더에게 AI는 언제나 실패한 프로젝트로 남을 것이다. AI 시대의 리더십은 기술을 도입하는 능력이 아니라, 사람이 변화를 견딜 수 있도록 환경을 설계하는 능력에서 완성된다.

5
비상 상황 리더십

기업의 기업의 진짜 리더십은 평상시에는 잘 보이지 않는다. 평상시에는 대부분의 선택이 정답처럼 보이기 때문이다. 실적이 좋을 때는 누구나 멋진 말을 할 수 있고, 성장기에는 어느 방향으로 가도 성과가 따라온다. 그래서 조직은 그 시기의 리더십을 과대평가한다. 결단이 좋았다, 통찰이 있었다, 타이밍이 완벽했다는 말들이 따라붙는다. 하지만 그 대부분은 결과를 보고 나서 붙인 설명일 뿐이다. 진짜 리더십은 결과가 보장되지 않을 때, 방향이 흔들릴 때, 그리고 무엇보다 수년간 준비해 온 전략이 한순간에 무너졌을 때 드러난다.

비상 상황은 늘 비슷한 방식으로 조직을 공격한다. 먼저 숫자가 무너진다. 매출, 수주, 주가 같은 지표늘이 흔들리면 조직은 근거를 잃는다. 그 다음에는 시간이 사라진다. 위기 상황에서 조직은 가장 먼저 생각할 시간을 잃는다. 모든 결정이 빠르게 내려져야 하고, 그 속도 자체가 또 다른 압박이 된다. 그리고 마지막으로 사람들의 확신이 갉아먹힌다. 확신이 흔들리는 순간 조직은 방향을 잃고, 방향을 잃으면 속도가 떨어지며, 속도가 떨어지면 경쟁자에게 따라잡힌다. 위기에서 무너지는 기업은 대개 제품이나 기술이 약해서가 아니라, 확신을 유지하는 구조가 없어서 무너진다.

이 점에서 엔비디아가 겪었던 Arm 인수 무산은 단순한 M&A 실패가 아니었다. 그것은 당시 기준으로 엔비디아 역사에서 가장 큰 전략적 베팅이었다. 그리고 이 흐름은 거기서 끝나지 않았다. 이후 2025년 12월, 엔비디아는 200억 달러에 GROQ을 인수하며 또 한 번의 초대형 베팅을 단행한다. 즉, Arm 인수 시도는 일회성 사건이 아니라, 젠슨 황이 지속적으로 '컴퓨팅 구조 전체를 장악하려는 전략'을 추구해 왔다는 연속선 위의 선택이었다.

Arm은 CPU 생태계의 핵심이며, 모바일과 임베디드 영역에서는 사실상 표준에 가까운 아키텍처를 제공한다. 데이터센터, 엣지, 자동차, 로봇까지 확장 가능한 범용적 기반이다. 인수가 성사됐다면 엔비디아는 GPU 중심 가속 컴퓨팅의 지배력 위에 CPU 생태계까지 함께 품는 구조를 만들 수 있었다. 그래서 사람들은 이렇게 생각했다. "이제 엔비디아의 전략은 CPU까지 통합되는구나, 데이터센터의 표준이 바뀌겠구나, AI 컴퓨팅의 판 자체가 다시 짜이겠구나."

그런데 그 거대한 시나리오가 멈췄다. 규제와 정치, 산업 생태계의

엔비디아 DNA

반발, 이해관계자의 충돌, 복잡한 승인 절차가 한꺼번에 얽히며 거래는 무산됐다. 그리고 그 순간, 대부분의 기업은 두 가지 반응 중 하나로 떨어진다. 하나는 비전을 축소하는 것이다. "이건 너무 큰 그림이었어, 현실적으로 가능한 범위로 돌아가자." 다른 하나는 방향을 급격히 바꾸는 것이다. "이 길이 막혔으니 다른 길로 가자, 전략을 다시 짜자."

겉보기에는 둘 다 합리적으로 보인다. 하지만 이 두 반응에는 공통점이 있다. 외부 사건이 내부의 방향을 결정하게 만든다는 점이다. 이 순간부터 기업의 비전은 내부 원칙이 아니라 외부 결과에 의해 흔들리기 시작한다. 그리고 이런 조직은 다음 위기에서 훨씬 더 쉽게 무너진다. 한 번 방향을 외부 요인에 맡기기 시작하면, 조직은 그 습관을 버리지 못하기 때문이다.

젠슨 황이 다른 선택을 한 지점은 바로 여기다. 그는 거래 실패라는 사건과 우리가 가는 방향을 분리했다. 비상 상황에서 리더가 가장 먼저 해야 할 일은 새로운 계획을 만드는 것이 아니다. 많은 리더는 위기일수록 대안을 빨리 내놓아야 한다고 생각한다. 그래야 리더처럼 보이기 때문이다. 하지만 대안을 만들기 시작했다는 사실 자체가 조직에는 이런 신호로 전달된다. '우리가 믿던 방향이 흔들렸다.' 방향이 흔들렸다고 느끼는 순간 조직은 실행을 멈춘다. 실행을 멈추면 회복은 늦어진다.

젠슨 황이 택한 순서는 반대였다. 먼저 비전이 여전히 유효한지부터 확인했고, 그 다음에 경로를 바꿨다. 가속 컴퓨팅이 미래라는 전제는 깨졌는가, 데이터센터가 AI 중심으로 재편된다 는 흐름은 바뀌었는가, 연산이 경쟁력이 된다는 구조는 흔들렸는가, 우리가 구축해 온 개발자 생태계와 플랫폼 전략은 무너졌는가. 이 질문들에 대한 답이 아니라면, 결론은 하나로 모인다. 거래는 실패했지만, 비전은 실패하지 않았다. 인수는 수단이었고, 비전은 목적이었다.

그래서 엔비디아는 방향을 바꾸지 않았다. 대신 경로를 바꿨다. CPU를 소유하지 못했다면, CPU를 직접 설계하고 시스템 안으로 끌어들이는 방식으로 간 것이다. 이 흐름은 Grace CPU로 시작됐고, 이후 차세대 플랫폼인 Vera Rubin 세대에서는 엔비디아가 만든 자체 CPU를 탑재하는 결정으로 이어졌다. 결국 인수를 통해 통합하려 했던 그림을, 내부 설계와 플랫폼 전략으로 다시 구현한 셈이다. 외부 사건 때문에 목적을 버린 것이 아니라, 목적을 지키기 위해 수단을 바꾼 것이다.

그리고 이 전략은 거기서 멈추지 않았다. 2025년 12월 GROQ 인수는 또 다른 형태의 통합 전략이었다. GPU, 네트워크, 시스템 소프트웨어를 넘어, 초저지연 추론 아키텍처와 컴파일러 스택까지 흡수함으로써, 엔비디아는 학습과 추론 전 구간의 컴퓨팅 구조를 다시 한번 자기 손 안으로 끌어당겼다. Arm 인수 실패 이후에도, 엔비디아는 오히려 더 강한 형태로 수직 통합 전략을 이어간 것이다.

위기에서 대부분의 조직은 실패를 감정적으로 소비한다. 책임을 찾고, 변명을 만들고, 내부 정치가 시작되며, 누군가는 희생양이 된다. 이런 조직에서 첨단 기술 전략은 더 취약해진다. 첨단 기술 전략은 본질적으로 실험 위에서 굴러가는데, 감정적 소비가 강한 조직은 실

엔비디아 DNA

험을 두려워하기 때문이다. 실험이 멈추면 혁신도 멈춘다.

반면 젠슨 황은 실패를 감정이 아니라 데이터로 다룬다. 이 경로는 막혔다, 그러나 목표는 여전히 맞다, 그렇다면 다음 경로를 실험한다, 더 빠르게 반복한다. 이 태도는 조직의 언어를 바꾼다. 실패했으니 끝났다가 아니라, 실패했으니 다음을 하자가 된다. 위기는 방향을 바꾸는 이유가 아니라, 학습 속도를 높이는 계기가 된다.

그래서 비상 상황 리더십의 본질은 용기가 아니라 구조다. 위기에서 중심을 지키는 리더는 감정이 강한 사람이 아니라, 비전을 구조로 만들어 둔 사람이다. 비전이 문장이 아니라 시스템으로 작동할 때, 위기는 회사의 중심을 흔들지 못한다. 그리고 이 구조는 CEO 한 사람의 태도로만 유지되지 않는다. 임원진 전체가 같은 논리와 같은 언어를 공유해야 하고, 중간 리더들이 현장에서 불안을 진정시키며 실행을 유지해야 한다. 위기에서 조직은 한 명의 리더가 아니라, 분산된 리더십 구조로 버틴다.

AI 시대에는 이 비상 상황 리더십이 더 중요해진다. 실패는 더 잦고, 변화는 더 빠르며, 외부 변수는 더 크기 때문이다. 이때 기업이 매번 흔들린다면 어떤 혁신도 끝까지 가져갈 수 없다. AI 시대의 승자는 한 번의 성공으로 결정되지 않는다. 실패 이후에도 같은 방향으로 다시 달릴 수 있는 조직이 승자가 된다.

그래서 위기에서 리더에게 묻는 질문은 결국 하나로 수렴한다. 당신은 계획을 관리하는 사람인가, 비전을 관리하는 사람인가. 그리고 그 질문에 어떻게 답하느냐에 따라, 기업의 미래가 확연히 달라진다.

∥ 사고를 흔드는 질문 ∥

 "AI 시대에 CEO의 기술 무지는 왜 더 이상 '모르는 상태'가 아니라 '경영 리스크'가 되는가?"

토론 포인트

- 기술을 모른 채 내리는 투자·리스크·우선순위 결정은 누구에게 책임이 전가되는가

- AI가 'IT 프로젝트'가 아니라 '의사결정 시스템'이라면, 최종 책임자는 누구여야 하는가

- 기술 구조(CPU vs GPU, 학습 vs 추론, 클라우드 vs 온프렘)를 이해하지 못한 상태에서 전략을 세울 수 있는가

- 기술 이해 없는 리더십이 반복적으로 만드는 현상(PoC에서 멈춤, 전사 확산 실패, ROI 불명확)은 왜 발생하는가

- CEO의 기술 이해는 개인 역량 문제인가, 아니면 이사회·임원 구조의 설계 문제인가

"CAIO는 '한 명의 임원'인가, 아니면 조직 전체의 판단 구조를 바꾸는 장치인가?"

토론 포인트

- CAIO가 없을 때 발생하는 전형적 증상(부서별 각자 도입, 데이터 분절, 책임 공백)은 왜 반복되는가

- AI 전략에서 가장 어려운 결정은 기술 선택인가, 아니면 무엇을 자동화하고 무엇을 인간에게 남길지의 경계 설정인가

- CAIO가 기술 전문가가 아니라 '경영 언어로 번역하는 역할'이라면, 현재 그 역할은 누가 수행하고 있는가

- AI 우선순위(모델/데이터/인프라/업무 재설계)는 어떤 기준으로 정해져야 하는가

- CAIO를 두는 것이 조직 권한 구조와 KPI에 어떤 변화를 요구하는가

Q3 **"AI 시대 리더십의 핵심 역량은 '답을 내리는 능력'인가, '질문을 설계하고 검증을 끝까지 밀어붙이는 능력'인가?"**

토론 포인트

- '내가 답을 안다'는 리더십이 왜 AI 환경에서는 조직의 학습을 멈추게 하는가

- AI가 잘하는 일은 정답 도출이 아니라 가설 검증이라면, 전략은 왜 '결론'이 아니라 '질문 흐름'이 되는가

- 우리 조직의 전략 회의는 답을 정하는 자리인가, 실험할 질문을 정하는 자리인가

- 검증 결과가 리더의 직관을 부정할 때, 조직은 실제로 어떤 선택을 하는가

- 빠른 결단과 충분한 검증 사이의 균형은 누가, 어떤 기준으로 판단해야 하는가

"AI 도입의 성패는 기술 수준이 아니라 '심리적 안전감과 책임 구조'에서 갈리는가?"

토론 포인트

- 직원들이 AI를 '생산성 도구'가 아니라 '평가·대체의 신호'로 인식하는 순간 어떤 행동이 나타나는가

- 실패가 개인 책임으로 귀결되는 조직에서 실험이 지속될 수 있는가

- PoC는 성공했는데 현업 사용이 늘지 않는 조직의 공통 구조적 원인은 무엇인가

- AI 활용을 성과 평가와 연결할 때 발생하는 왜곡된 행동(과장, 회피, 책임 전가)은 무엇인가

- 리더의 어떤 행동과 메시지가 심리적 안전감을 실제로 만들어내는가

11장

AI 시대의 리더십

당신은 '지시자'인가
'질문자'인가?

WORK
REVOLUTION

1
CAIO(최고 AI 책임자)의 자격:
엔지니어와 대화가 통하는
경영자가 되는 법

AI 시대의 리더십은 더 이상 보고서와 KPI만으로 설명되지 않는다. 지금 기업에서 가장 중요한 질문은 "우리가 AI를 도입했는가"가 아니라, "AI가 실제로 조직 안에서 굴러가고 있는가"다. 그리고 이 질문에 답을 해야 하는 사람이 바로 CAIO, 최고 AI 책임자다. 이름만 보면 또 하나의 기술 임원처럼 보이지만, 실제 역할은 훨씬 복잡하고 무겁다. CAIO는 기술 책임자이면서 동시에 경영 책임자이고, 전략가이면서 동시에 조직 조율자다. 무엇보다 중요한 것은, 이 사람이 엔지니어와 대화가 통하는 경영자여야 한다는 점이다.

이제는 국내에서도 CAIO의 중요성이 빠르게 확산되고 있다. 단순히 직함을 만드는 수준을 넘어서, 실제로 CAIO를 양성하기 위한 교육 프로그램과 리더십 과정들이 여러 기관과 대학, 연구소를 중심으로 만들어지고 있다. 참고로 저자 역시 2025년에 KAIST에서 주관하는 CAIO 프로그램에 참여해, 실제적인 CAIO의 역할과 역량이 무엇인지 체계적으로 배우고, 다양한 산업에서 AI를 추진하는 분들과 네트워킹을 하면서 매우 의미 있는 경험을 하고 있다. 이 과정에서 느낀 것은, CAIO라는 역할은 책으로만 이해해서는 절대 몸에 붙지 않는다는 점이다. 기술, 조직, 규제, 사업을 동시에 고민하는 사람들과의 토론과 사례 공유 속에서 비로소 현실적인 감각이 생긴다. 그래서 독자 여러분들에게도 가능하다면 유사한 프로그램에 참여해 역량을 키우고 관계를 넓히는 것을 적극적으로 권하고 싶다. AI 전략은 혼자 고민해서 완성되는 것이 아니라, 결국 사람과 사람 사이에서 만들어진다.

많은 기업이 AI를 도입하면서 가장 먼저 하는 일은 솔루션을 고르고, 모델을 선택하고, PoC를 돌려보는 것이다. 하지만 대부분의 프로젝트는 그 지점에서 멈춘다. 기술적으로는 가능하다는 것을 확인했지만, 조직 안에서 누가 책임지고 운영할 것인지, 기존 프로세스와 어떻게 연결할 것인지, 데이터는 누가 관리할 것인지, 오류가 났을 때 누가 의사결정을 할 것인지가 정리되지 않기 때문이다. 이때부터 AI는 기술 문제가 아니라 조직 문제로 변한다. 그리고 이 조직 문제를 풀 책임이 CAIO에게 있다.

CAIO의 역할은 단순히 AI 프로젝트를 많이 만드는 것이 아니다. 오히려 어떤 프로젝트를 하지 않을 것인지 결정하는 것이 더 중요하다. 모든 부서가 AI를 원하고, 모든 팀이 자동화를 요구하는 상황에서, 자원이 한정된 조직은 반드시 선택을 해야 한다. 매출에 직접 연결되는 영역인지, 고객 경험을 실질적으로 바꾸는지, 아니면 단순히 내부 효율을 조금 개선하는 수준인지, 그리고 그 효과가 지속 가능한 구조로 이어질 수 있는지, 이런 질문을 통해 우선순위를 정하는 것이 CAIO의 첫 번째 역할이다. 기술을 보는 것이 아니라, 비즈니스를 먼저 보고 기술을 배치하는 사람, 그게 CAIO다.

하지만 전략만 안다고 CAIO가 되는 것은 아니다. 진짜 어려운 지점은 실행이다. AI 프로젝트는 아이디어 단계에서는 늘 멋지다. 문제는 실제로 모델을 설계하고, 데이터를 모으고, 기존 시스템과 연동하고, 운영 환경에서 안정적으로 돌아가게 만드는 순간부터다. 이 과정에는 수많은 기술적 결정이 들어간다. 어떤 아키텍처를 쓸 것인지, 어떤 모델이 적합한지, 데이터 파이프라인은 어떻게 구성할지, MLOps는 어떤 방식으로 구축할지, 그리고 장애가 발생했을 때 어떻게 대응할지까지. 이 모든 대화가 엔지니어들 사이에서 오간다. CAIO가 이 대화의 언어를 이해하지 못하면, 전략은 공허한 슬로건으로 남고 실행은 현장에 떠넘겨진다.

그래서 CAIO는 반드시 기술을 이해해야 한다. 모든 코드를 직접 짤 필요는 없지만, 어떤 선택이 어떤 결과를 낳는지는 알아야 한다. 모델 정확도를 조금 더 올리기 위해 데이터 수집 비용이 얼마나 늘어나는지, 실시간 추론을 하려면 인프라 비용이 얼마나 올라가는지, 규제를 맞추기 위해 어떤 구조적 제약이 생기는지, 이런 트레이드오프를 이해하지 못하면 경영 판단은 항상 현실과 어긋나게 된다. 엔지니어가 "이건 구조적으로 어렵습니다"라고 말했을 때, 그것이 변명인지 진짜 기술적 한계인지 구분할 수 있어야 한다. 그게 엔지니어와 대화가 통하는 경영자의 기본 조건이다.

동시에 CAIO는 경영자의 언어도 사용해야 한다. 엔지니어는 성능과 정확도를 이야기하지만, 경영진은 비용과 수익, 리스크를 본다. CAIO는 기술 언어를 비즈니스 언어로 번역하는 사람이다. 이 모델을 쓰면 응답 시간이 얼마나 줄어들고, 그로 인해 고객 이탈률이 얼마나 낮아지며, 그것이 매출에 어떤 영향을 미치는지를 설명해야 한다. AI가 왜 필요한지를 기술이 아니라 사업의 관점에서 말할 수 있어야 한다. 이 번역 역할이 실패하면 AI는 항상 비용 센터로만 인식되고, 결국 투자 우선순위에서 밀려난다.

CAIO의 또 하나의 중요한 역할은 거버넌스와 윤리다. AI는 단순한 자동화 도구가 아니다. 잘못 설계되면 편향을 강화하고, 개인정보를 침해하고, 법적 문제를 일으킬 수 있다. 그래서 CAIO는 모델 성능만큼이나 운영 원칙을 중요하게 다뤄야 한다. 어떤 데이터는 쓰지 말아야 하는지, 모델이 어떤 결정을 내렸는지 설명할 수 있는 구조인지, 문제가 발생했을 때 책임은 어디에 있는지, 이런 기준을 조직 차원에서 명확히 만들어야 한다. 이는 법무팀이나 보안팀에 맡길 문제처럼 보이지만, 실제로는 AI 구조 자체와 깊이 연결돼 있기 때문에 CAIO가 중심에 서지 않으면 제대로 작동하지 않는다.

특히 글로벌 기업일수록 규제는 더 복잡해진다. GDPR 같은 데이터 보호 규정, 산업별 규제, 국가별 법률이 동시에 적용된다. CAIO는

엔비디아 DNA

기술 설계 단계에서부터 이 규제 조건을 반영해야 한다. 사후에 맞추려고 하면 시스템을 다시 짜야 하는 상황이 벌어진다. 그래서 CAIO는 기술, 법, 비즈니스 세 영역을 동시에 이해하는 드문 유형의 리더가 된다. 이 조합이 어렵기 때문에 CAIO는 쉽게 양성되지 않는다. 그래서 앞서 말했듯이, 이제는 개인의 경험에만 맡길 수 없고, 조직과 사회 차원에서 CAIO를 체계적으로 육성하려는 움직임이 시작된 것이다.

조직 안에서의 역할도 쉽지 않다. AI는 한 부서의 일이 아니다. 영업, 마케팅, 생산, 고객 서비스, 재무, 인사까지 모든 영역에 영향을 준다. 그래서 CAIO는 CTO, CIO, CFO, CMO 등 모든 C레벨과 지속적으로 협업해야 한다. 때로는 권한 충돌도 생긴다. 기술은 CTO의 영역처럼 보이고, 데이터는 CIO의 영역처럼 보이며, 비용은 CFO가 관리한다. 그 사이에서 CAIO는 AI라는 공통 언어를 중심으로 조직을 묶어야 한다. 이 과정에서 필요한 것은 권력이 아니라 신뢰다. 각 임원이 CAIO를 기술 담당자가 아니라 전략 파트너로 인식해야만 협력이 가능해진다.

또 하나 중요한 역할은 조직의 AI 활용 역량을 끌어올리는 것이다. AI는 일부 전문가만 쓰는 도구가 아니다. 실제로 성과를 내려면 현업 직원들이 AI를 이해하고 일상적인 업무에 활용해야 한다. 그래서 CAIO는 교육 프로그램, 워크숍, 내부 커뮤니케이션을 통해 AI 리터러시를 높이는 책임도 진다. 사람들이 AI를 두려워하지 않고, 도구로 인식하도록 만드는 문화 작업이다. 기술을 도입하는 것보다, 사람들이 쓰게 만드는 것이 훨씬 어렵다. 그리고 이 부분이 실패하면 아무리 좋은 모델도 조직 안에서 잠들어 있게 된다.

외부 파트너십 역시 CAIO의 중요한 무기다. 모든 기술을 내부에서 개발할 수는 없다. 클라우드 기업, 스타트업, 연구기관과 협력해 새로운 기술을 빠르게 실험하고 도입해야 한다. 특히 생성형 AI, 강화학습, 엣지 AI 같은 빠르게 진화하는 분야에서는 외부 생태계와의 연결이 곧 경쟁력이 된다. CAIO는 기술 트렌드를 읽는 동시에, 어떤 파트너와 어떤 형태로 협력할 것인지 전략적으로 판단해야 한다. 단순히 최신 기술을 쓰는 것이 아니라, 우리 비즈니스 구조에 맞는 기술을 선택하는 것이 핵심이다.

그리고 마지막으로, CAIO는 성과를 증명해야 한다. AI는 화려한 데모로는 오래 버티지 못한다. 정확도, ROI, 실제 사용률, 운영 안정성, 리스크 발생 빈도 같은 지표를 통해 지속적으로 효과를 측정하고 보고해야 한다. 이 데이터는 다시 전략 수정으로 이어진다. 무엇이 효과가 있었고, 무엇이 실패했는지, 어디에 더 투자해야 하는지, 이런 판단이 반복되면서 조직의 AI 전략은 성숙해진다. CAIO는 이 순환 구조를 설계하고 유지하는 사람이다.

이 모든 역할을 종합해 보면, CAIO는 더 이상 기술 임원이 아니다. 오히려 새로운 유형의 경영자라고 보는 것이 맞다. 기술을 이해하지만 기술에 갇히지 않고, 전략을 이야기하지만 현실을 모르는 이상론자가 되지도 않는다. 조직과 사람, 규제와 시장, 기술과 비즈니스를 동시에 바라보는 자리, 그게 CAIO다. 그래서 이 역할은 단기간에 만들어지기 어렵고, 단순한 직책 신설로 해결되지도 않는다. 진짜 CAIO는 직함이 아니라 역량으로 증명된다.

결국 "엔지니어와 대화가 통하는 경영자"라는 말은 단순히 기술 용어를 안다는 뜻이 아니다. 문제를 같은 구조로 이해하고, 같은 제약 조건 안에서 판단할 수 있다는 의미다. 엔지니어가 보는 현실과 경영자가 보는 현실을 하나의 그림으로 연결할 수 있을 때, 그 조직의 AI는 비로소 굴러가기 시작한다. 그리고 그 연결의 중심에 서 있는 사람이 바로 CAIO다.

AI 시대의 리더십은 더 이상 지시하는 리더십이 아니다. 질문하고, 조율하고, 구조를 만드는 리더십이다. 무엇을 만들 것인가보다, 어떻게 조직이 움직이게 할 것인가가 더 중요해졌다. 그래서 CAIO는 명령하는 사람이 아니라 설계하는 사람이고, 통제하는 사람이 아니라 연결하는 사람이다. 기술이 아니라 사람과 구조를 통해 AI를 움직이게 만드는 리더, 그게 AI 시대가 요구하는 새로운 경영자의 모습이다.

2
프롬프트 엔지니어링을 넘어
'오케스트레이션'으로

내가 처음 프롬프트 엔지니어링을 접했을 때 감정은 "와, 이게 되네" 였다. 한 줄의 지시문을 바꿨을 뿐인데 보고서가 만들어지고, 코드가 나오고, 이메일이 정리되고, 아이디어가 구조화된다. 사람의 언어가 곧 소프트웨어가 되는 경험을 하게 된다. 그래서 조직은 곧바로 '프롬프트 잘 쓰는 사람'을 찾기 시작한다. 교육이 열리고, 템플릿이 돌고, 각 부서는 자기만의 프롬프트 레시피를 만들고 공유한다. 그 시점까지는 AI 도입이 순조로운 것처럼 보인다. 하지만 시간이 조금만 지나면 다른 질문이 튀어나온다. "왜 이번엔 결과가 이래?" "지난주엔 잘 됐는데, 오늘은 왜 흐트러졌지?" "이걸 실무 프로세스에 넣을 수 있을까?" 그리고 그 질문의 끝에서 사람들은 알게 된다. 프롬프트는 분명 강력하지만, 프롬프트만으로는 조직을 움직일 수 없다는 사실을.

프롬프트 중심의 AI 활용은 본질적으로 '개인'에게 최적화되어 있다. 내가 잘 쓰면 내가 빨라진다. 내가 시행착오를 겪으면 내 프롬프트가 좋아진다. 문제는 기업은 개인의 천재성으로 굴러가지 않는다는 점이다. 기업은 반복성과 재현성으로 굴러간다. 어떤 사람만 잘하는 것이 아니라 누구나 일정 품질을 낼 수 있어야 하고, 오늘 잘 된 것이 내일도 잘 되어야 하고, 팀이 바뀌어도 결과가 흔들리지 않아야 한다. AI가 조직의 생산성을 바꾸려면 결국 "개인의 프롬프트 기술"이 아니라 "조직의 운영체계"가 필요해진다. 여기서 등장하는 개념이 오케스트레이션이다. 오케스트레이션은 프롬프트를 버리는 것이 아니다. 프롬프트를 포함한 모든 AI 구성요소를 하나의 시스템으로 조율해, 결과를 예측 가능하게 만드는 방식이다.

이 차이를 가장 쉽게 이해하려면 음악을 떠올리면 된다. 한 명의 뛰어난 연주자가 있다고 해서 오케스트라가 되는 것은 아니다. 오케스트라는 각 악기가 자기 역할을 제때 수행하고, 서로의 소리를 듣고, 전체 곡의 흐름에 맞춰 합주할 때 비로소 완성된다. AI도 마찬가지다. 하나의 모델이 아무리 뛰어나도 그것만으로는 복잡한 업무를 끝까지 밀어붙이기 어렵다. 고객 상담을 예로 들면, 답변을 잘하는 모델 하나로 끝나지 않는다. 고객 정보를 불러와야 하고, 정책을 조회해야 하고, 주문 상태를 확인해야 하고, 예외 처리와 보안 검증이 있어야 하고, 마지막에는 기록을 남기고 후속 조치를 자동화해야 한다. 이 과정은 모델 하나가 '말을 잘하는 것'으로 해결되지 않는다. 여러 데이터 소스와 도구, 시스템, 워크플로우가 묶여야 한다. 그 묶음을 가능하게 하는 설계가 오케스트레이션이다.

그래서 오케스트레이션을 이야기할 때, 많은 사람들이 워크플로우 자동화와 혼동한다. 워크플로우 자동화는 특정 작업을 자동으로 돌리는 것이다. 예를 들어 "문의 들어오면 요약하고 티켓 생성해라" 같은 단계적 자동화가 여기에 해당한다. 반면 오케스트레이션은 그보다 한 단계 위에서 전체 생태계를 관리한다. 어떤 모델을 어떤 상황에서 쓸지, 데이터는 어디서 어떻게 가져올지, 도구 호출의 순서는 어떻게 할지, 실패하면 어디서 되돌아갈지, 사람이 개입해야 할 지점은 어디인지, 컴플라이언스와 보안은 어떤 기준으로 통과시킬지, 그리고 결과를 어떻게 모니터링하고 개선할지까지 포함한다. 쉽게 말해 자동화는 '일을 시키는 것'이고, 오케스트레이션은 '일이 굴러가도록 시스템을 운영하는 것'이다. 기업이 AI로 진짜 가치를 만들려면, 자동화를 많이 만드는 것이 아니라 오케스트레이션을 제대로 설계해야 한다.

이 흐름은 코딩 영역에서도 동일하게 나타난다. AI 코딩의 첫 시대는 단순했다. 개발자가 모델에게 물어보고, 답을 받아서 에디터에 복사해 붙여넣었다. 이것만으로도 생산성은 올라갔다. 하지만 한계는 빨리 드러난다. 저장소 구조가 바뀌거나, 라이브러리 버전이 바뀌거나, 모델이 업데이트되면 결과가 다르게 나온다. 개발자마다 자기만의 긴 프롬프트를 들고 다니는데, 그 프롬프트는 시간이 지날수록 낡고 부정확해진다. 그러다 보니 프롬프트가 조금만 틀어져도 코드 품질이 급격히 떨어지고, 오히려 디버깅 시간이 늘어나서 생산성 이득이 사라진다. 현장에서 흔히 말하는 'AI 슬롭'이 여기서 생긴다. 얼핏 그럴싸하지만 기준이 없고, 구조가 흐릿하고, 수정할수록 더 복잡해지는 코드가 쌓이기 시작한다.

두 번째 시대는 에이전트의 등장이다. 이제 모델에게 도구를 쥐여준다. 파일을 읽고 쓸 수 있고, 검색할 수 있고, 테스트를 돌릴 수 있고, PR도 올릴 수 있다. 복사/붙여넣기 루프가 사라지니 확실히 편해진다. 하지만 또 다른 문제가 생긴다. 에이전트는 '일을 한다'는 면에서 진화했지만, 여전히 즉흥적이라는 점은 변하지 않는다. 목표를 주면 자기 방식대로 해석해서 달려가는데, 품질이 들쭉날쭉하다. 어떤 날은 천재처럼 코드를 짜고, 어떤 날은 엉뚱한 구조로 만들어 놓는다. 마치 프리랜서에게 "이거 만들어줘" 하고 맡겼을 때, 결과가 사람마다 천차만별인 것과 비슷하다. 한 번은 잘 되는데, 두 번째는 흔들린다. 기업이 원하는 것은 이런 불확실성이 아니다. 기업은 '재현되는 품질'을 원한다. 그래서 세 번째 시대가 필요해진다. 여러 에이전트를 '조율'하는 오케스트레이션의 시대다.

오케스트레이션된 에이전트는 분위기나 감으로 움직이지 않는다. 시스템을 따른다. 단계가 있고, 검증이 있고, 기준이 있고, 실패 시 되돌아가는 루프가 있다. 오케스트레이션이 없는 실행은 매번 주사위 던지기다. 반대로 오케스트레이션이 들어가면, 에이전트는 '즉흥 연주자'에서 '악보를 읽는 연주자'로 바뀐다. 그리고 그 악보가 바로 워크플로우다.

워크플로우가 왜 중요한지 가장 뚜렷하게 보여주는 예가 스펙 기반 개발, 즉 SDD다. SDD의 핵심은 간단하다. 코드를 만지기 전에 요구사항을 먼저 정리하고, 그 다음 기술 명세를 만들고, 구현 계획을 세운 뒤, 그 계획에 따라 구현한다. 이 과정이 옛날부터 있었던 개발 상식이라고 말할 수도 있지만, AI 시대에 이 방식이 다시 떠오른 이유가 있다. AI 에이전트는 똑똑하지만 동시에 성급하다. 바로 코드를 만지려 하고, 답을 내놓으려 한다. 그러다 보니 요구사항을 대충 이해하고 구현부터 들어가서, 나중에 방향이 틀어지면 전체를 다시 뜯어고친다. SDD는 그 성급함을 막는 제동장치다. 요구사항→명세→계획을 강제로 통과시키면, 에이전트는 순차적으로 사고할 수밖에 없다. 그리고 사람이 각 단계를 리뷰하고 승인하면, 드래프트가 줄어든다. 사람과 에이전트가 같은 문서를 '단일 진실'로 공유하니, "나는 이렇게 이해했는데요" 같은 엇갈림이 사라진다. 계획이 잠기면 구현은 더 빨라진다. 구현은 발견이 아니라 실행이 되기 때문이다.

여기서 중요한 전제가 하나 있다. 워크플로우는 문서 템플릿이 아니다. 리뷰가 없는 워크플로우는 그냥 형식이다. AI 시대의 SDD가 성과를 내는 조건은 "사람이 정말로 단계별로 리뷰하고, 단계 준수를 강제하는가"에 달려 있다. 이게 바로 오케스트레이션의 본질이다. 오케스트레이션은 도구가 아니라 운영 방식이다. 사람이 어디에 개입하고, 무엇을 승인하고, 무엇을 자동화하며, 어떤 기준으로 통과시키는지, 그 구조가 시스템으로 구현되어야 한다.

그리고 오케스트레이션은 SDD 하나로 끝나지 않는다. 업무는 다양하고, 모든 일을 무겁게 할 수는 없다. 그래서 워크플로우는 목적에 따라 여러 형태로 분화된다. 답이 뻔한 작은 수정은 빠르게 처리해야 한다. 반대로 영향이 큰 기능 개발은 구조를 단단하게 잡아야 한다. 버그 수정은 원인 분석과 재발 방지 검증이 중요하다. 즉 업무마다 다른 '레시피'가 필요하고, 오케스트레이션은 그 레시피를 선택하고 실행하는 방식으로 진화한다. "한 방 프롬프트"를 던지는 대신, 단계와 체크포인트가 있는 레시피를 주는 것, 그게 오케스트레이션이 현장에 들어오는 가장 현실적인 형태다.

하지만 여기서도 한 단계 더 나아가야 한다. 워크플로우만으로 품질이 완성되지는 않는다. 고품질 AI 출력은 워크플로우에 더해 검증, 병렬화, 모델 다양성 같은 조율 패턴이 함께 들어가야 한다. 예를 들어 직렬 검증은 매우 단순하지만 강력하다. '만드는 에이전트'가 작업을 완료하면, '검증하는 에이전트'가 뒤에서 비평하고 테스트하고 벤치마킹한다. 특히 다른 모델을 리뷰어로 쓰면 사각지대가 줄어든다. 한 모델이 놓치는 오류를 다른 모델이 잡아낼 수 있기 때문이다. 사람으로 치면 한 사람이 만든 문서를 다른 사람이 교정하는 것과 같다. 이 과정이 자동화로 들어가면 품질은 안정된다.

속도를 위한 병렬화도 마찬가지다. UI 다듬는 작업, API 연결 작업, 테스트 작성 작업은 동시에 진행될 수 있다. 사람이 이 병렬 작업을 관리하려면 커뮤니케이션 비용이 급격히 올라간다. 하지만 오케스트레이션이 들어가면 에이전트들이 역할을 나누고 동시에 실행한 뒤 결과를 병합한다. 사람은 중간에서 관리하고 조율할 필요가 줄어든다. 속도가 생기고, 무엇보다 사람의 뇌가 '관리'가 아니라 '판단'에 쓰인다.

품질을 위한 병렬화도 있다. 같은 과제를 서로 다른 에이전트에게 동시에 맡기고, 서로 다른 모델로 여러 답을 만든 뒤 비교한다. 프롬프트 룰렛을 줄이는 방식이다. 한 번 던져서 맞추는 것이 아니라, 여러 개를 뽑아 가장 좋은 것을 고르는 구조다. 기업 환경에서는 이 방식이 훨씬 합리적이다. 왜냐하면 실패의 비용이 프롬프트 한 번 더 쓰는 비용보다 훨씬 크기 때문이다. 오케스트레이션은 이 판단을 시스템으로 구현한다. 어떤 과제는 단일 실행으로 충분하고, 어떤 과제는 다중 실행과 비교가 필요하다. 이런 선택을 운영체계로 만드는 것이다.

이 지점에서 오케스트레이션은 결국 'AI를 쓰는 기술'이 아니라 'AI를 운영하는 능력'이 된다. 프롬프트는 입력 기술이다. 오케스트레이션은 운영 기술이다. 프롬프트가 개인의 역량이라면, 오케스트레이션은 조직의 역량이다. 그리고 조직의 역량은 곧 경쟁력이 된다. 왜냐하면 AI 시대의 승부는 누가 더 똑똑한 모델을 쓰느냐가 아니라, 누가 더 빠르고 안정적으로 반복 생산하느냐로 이동하기 때문이다.

오케스트레이션이 기업에 가져오는 효과는 매우 현실적이다. 첫째, 운영 효율이 올라간다. 사람이 하던 연결 작업과 조율 작업이 자동화되면서, 속도와 정확도와 비용이 동시에 개선된다. 둘째, 성능이 좋아진다. 단일 모델이 해결하기 어려운 복합 문제를 여러 구성요소가 협업해 해결하면서 결과의 품질이 올라간다. 셋째, 확장성이 생긴다. AI

가 특정 팀의 장난감이 아니라 전사 시스템으로 확장된다. 넷째, 리스크가 관리된다. 중앙 모니터링과 컴플라이언스 체계가 들어가면, AI가 조직 안에서 안전하게 굴러간다. 결국 오케스트레이션은 'AI를 크게 쓰는 방법'이다.

물론 오케스트레이션은 쉽지 않다. 기술적으로 복잡하고, 표준이 부족하고, 통합이 어렵다. 보안과 개인정보 이슈도 커진다. 지연시간 문제도 있다. 여러 모델과 시스템이 얽히면 실시간성이 떨어질 수 있다. 그리고 무엇보다 사람의 문제가 남는다. 역량 격차가 있고, 변화 저항이 있고, 책임 구조가 불명확하면 시스템은 굴러가지 않는다. 그래서 오케스트레이션은 파일럿으로 시작하는 것이 맞다. 작은 업무 하나를 선택해 통합하고, 자동화하고, 모니터링하고, 피드백 루프를 돌려서 개선해 나가는 방식이 현실적이다. 데이터 품질과 접근권한을 먼저 정리하고, 모듈형으로 설계해 교체 가능성을 열어두고, 팀의 역량을 키우면서 단계적으로 확장해야 한다.

결국 프롬프트 엔지니어링은 끝이 아니라 입구다. 프롬프트는 AI와 대화하는 법을 가르쳐주지만, 오케스트레이션은 AI가 '일'하게 만드는 법을 가르쳐준다. 프롬프트가 '말을 잘 시키는 기술'이라면, 오케스트레이션은 '말이 결과로 이어지도록 전체 시스템을 설계하는 기술'이다. 그리고 기업이 원하는 것은 말이 아니라 결과다. 오늘 한 번 잘 나온 답이 아니라, 내일도 모레도 같은 품질로 반복되는 결과다. 그 반복 가능성을 만드는 것이 오케스트레이션이고, 그 순간부터 AI는 유행이 아니라 생산 시스템이 된다.

그래서 11-2의 결론은 하나다. 프롬프트를 잘 쓰는 사람이 중요한 시대는 분명 있었다. 하지만 앞으로 조직이 진짜 경쟁력을 가지는 지점은 "프롬프트를 잘 쓰는 사람"이 아니라 "오케스트레이션을 설계하는 조직"이다. AI를 도입했다고 말하는 회사는 많아질 것이다. 그러나 AI가 실제로 굴러가며, 품질과 속도를 동시에 확보하고, 리스크를 통제하고, 전사적으로 확장 가능한 운영체계를 가진 회사는 그렇게 많지 않을 것이다. 그 차이를 만드는 것이 오케스트레이션이다. 이제 AI의 승부는 프롬프트가 아니라 오케스트레이션에서 갈린다.

‖ 사고를 흔드는 질문 ‖

 "CAIO는 기술 책임자인가, 아니면 '조직의 판단 구조'를 설계하는 경영자인가?"

토론 포인트

- AI 프로젝트가 PoC에서 멈추는 이유는 기술 부족인가, 책임 구조 부재인가

- CAIO가 없다면 '무엇을 자동화하고 무엇을 인간에게 남길지' 누가 결정하는가

- 모델·데이터·인프라 중 어디에 먼저 투자할 지의 우선순위는 어떤 기준으로 정해져야 하는가

- CAIO의 권한이 CTO/CIO/CFO와 겹칠 때, 충돌을 조정하는 메커니즘은 존재하는가

- CAIO를 임명하는 것과, CAIO가 실제로 작동하는 조직 구조를 만드는 것의 차이는 무엇인가

"엔지니어와 대화가 통하지 않는 경영자는 왜 AI 전략을 실행 단계에서 잃어버리는가?"

토론 포인트

- '구조적으로 어렵다'는 엔지니어의 말이 기술 한계인지, 리소스 문제인지 구분할 수 있는가

- 모델 성능 향상과 인프라 비용 증가 사이의 트레이드오프를 경영 판단에 반영하고 있는가

- 기술 의사결정이 현장에 위임될 때 발생하는 전략-실행 괴리는 왜 반복되는가

- 경영진의 이해 부족이 AI 프로젝트를 '현장 실험'으로만 남겨두는 구조적 원인은 무엇인가

- 기술 언어를 비즈니스 언어로 번역하지 못할 때 AI는 왜 항상 비용 센터로 인식되는가

Q3 "프롬프트를 잘 쓰는 개인과, 오케스트레이션을 갖춘 조직 중 누가 더 오래 경쟁력을 유지하는가?"

토론 포인트

- 프롬프트 중심 활용이 왜 개인 생산성은 높이지만 조직 생산성은 바꾸지 못하는가

- 결과의 '재현성'이 기업 AI에서 가장 중요한 이유는 무엇인가

- 에이전트가 즉흥적으로 일할 때 발생하는 품질 리스크는 어떻게 구조적으로 통제할 수 있는가

- 워크플로우·검증·병렬화가 결합될 때 AI는 어떻게 '도구'에서 '운영 시스템'으로 바뀌는가

- 우리 조직의 AI는 사람의 감각에 의존하고 있는가, 시스템의 규칙에 의해 운영되고 있는가

"AI 시대의 리더는 일을 '지시'하는 사람인가, 일이 굴러가게 할 '구조를 설계'하는 사람인가?"

토론 포인트

- 리더의 역할이 '결과 관리'에서 '학습 속도 관리'로 바뀌고 있다는 주장에 동의하는가

- 질문을 던지는 리더십이 실제로 조직의 실행력을 높이는 메커니즘은 무엇인가

- 단계별 검증과 승인 구조가 없는 자동화는 왜 실패 확률을 키우는가

- 사람의 개입 지점을 설계하지 않은 AI 시스템이 조직에 혼란을 주는 이유는 무엇인가

- 우리 조직에서 가장 부족한 것은 더 좋은 모델인가, 더 명확한 운영 구조인가

12장

젠슨 황에게 직접 배운 7가지 교훈

INSIGHT

1
"당신은 틀렸을 가능성이 높다":
지적 겸손(Intellectual Humility)의 가치

    젠슨 황과 함께 일하면서 가장 자주, 그리고 가장 강하게 들었던 메시지는 의외로 단순했다. "당신은 틀렸을 가능성이 높다."

    AI 시대의 리더십에서 가장 중요한 한 가지를 꼽으라면, 나는 주저 없이 이렇게 말한다. "우리는 지적 정직성을 유지해야 한다." 이 문장은 태도에 대한 말처럼 들리지만, 실제로는 조직을 움직이는 가장 현실적인 운영 규칙에 가깝다. 멋있게 들리라고 붙인 구호가 아니라, 매일 의사결정을 어떻게 할 것인가를 정하는 기준이다. 젠슨 황이 말하는 지적 정직성은 '겸손하자'는 도덕 교훈이 아니라, 틀릴 가능성을 전제로 깔고 조직을 굴리는 방법론이다.

    젠슨의 사고방식은 항상 같은 출발점에서 시작한다. 이유와 제 1의 원리, 그러니까 가능한 한 근본적인 원리까지 거슬러 올라가서 미래를 추론한다는 것이다. 트렌드가 아니라 구조를 보고, 유행이 아니라 물리 법칙과 계산 구조, 데이터의 본질을 기준으로 판단한다. 그리고 그렇게 해서 하나의 믿음을 만든다. 여기까지는 많은 전략가들도 한다. 하지만 진짜 갈림길은 그 다음이다. 그렇게 만들어진 믿음을 가지고, 말만 하는 사람이 될 것인가, 아니면 실제로 실행하는 사람이 될 것인가를 선택해야 하는 순간이 온다. 젠슨은 항상 후자를 택해왔다. 생각만 하고 멈추는 것이 아니라, 조직과 자원을 실제로 그 방향으로 밀어붙이는 것이다.

그런데 실행을 시작하는 순간부터 더 어려운 문제가 생긴다. 세상이 가만히 있지 않기 때문이다. 기술도 바뀌고, 시장도 바뀌고, 경쟁자의 전략도 바뀌고, 규제와 공급망도 계속 변한다. 그래서 젠슨은 이렇게 말한다. 그는 매일 자신이 세운 전제를 다시 점검한다고. 처음에 세웠던 가정이 여전히 유효한지, 논리 고리가 하나라도 흔들리지 않았는지를 끊임없이 확인한다. 그리고 만약 하나라도 바뀌었다고 판단되면, 그 순간 바로 조정한다. 다음 분기까지 기다리지 않고, 다음 전략 워크숍까지 미루지 않고, 바로 바꾼다. 실패에 대한 피드백 루프가 매우 빠르다는 말은, 그만큼 방향 전환이 일상적인 경영 행위라는 뜻이다. 계속 조정하면서 게임 안에 남는 것, 그게 생존 전략이다.

문제는 대부분의 리더가 이걸 머리로는 이해하지만, 실제로는 잘 못 한다는 데 있다. 왜냐하면 사람들은 자신이 내렸던 결정과, 과거에 했던 말과, 이미 쌓아 올린 정체성에 자신을 묶어두기 때문이다.

특히 CEO처럼 회사의 방향을 수백 번, 수천 번 말해 온 사람에게는 이게 더 어렵다. 조직 앞에서, 투자자 앞에서, 미디어 앞에서 반복해서 말한 전략이 있는데, 어느 날 "그 판단이 틀렸다"고 말하는 것은 생각보다 훨씬 큰 용기가 필요하다. 그래서 많은 리더는 이미 현실이 바뀌었음을 느끼면서도, 말과 체면 때문에 방향을 바꾸지 못한다. 그리고 그 순간부터 전략은 더 이상 현실을 반영하지 못하고, 조직은 관성으로 움직이기 시작한다.

젠슨은 이 지점을 아주 솔직하게 짚는다. 그는 자신이 이 부분에 대해 충분히 훈련되어 왔다고 말한다. 틀렸다고 판단하면 주저하지 않고 바로 조정하는 연습을 계속해 왔다는 것이다. 그리고 그 행동을 가능하게 만드는 핵심 문장이 바로 이것이다. "우리는 지적 정직성을 유지해야 한다." 이 문장은 결국 이렇게 해석된다. 필요한 조정을 알고 있으면서도 하지 않는다면, 그것은 더 이상 정보의 문제가 아니라 성격과 자존심의 문제라는 뜻이다. 그 순간 리더는 더 이상 조직을 이끄는 사람이 아니라, 조직의 진행을 막는 장애물이 된다. 그래서 그는 그런 상태에 오래 머물지 않으려고 의식적으로 자신을 밀어낸다고 말한다.

여기서 젠슨의 리더십 철학이 더 분명해진다. 그는 리더의 임무를 '항상 맞는 것'이라고 보지 않는다. 오히려 그는 단호하게 말한다. 리더의 임무는 다른 사람들이 성공하게 돕는 것이라고. 이 두 문장은 비슷해 보이지만 전혀 다르다. 항상 맞으려는 리더는 자신의 판단을 지키는 데 에너지를 쓴다. 하지만 팀이 성공하도록 돕는 리더는, 자신

　　　　　　　엔비디아 DNA

의 판단을 언제든 수정할 준비가 되어 있다. 중요한 것은 내가 맞았는지가 아니라, 조직이 이기고 있는지이기 때문이다.

이 프레임이 만들어지면 조직의 분위기도 달라진다. 팀이 리더가 진심으로 자기들의 성공을 원한다는 것을 알게 되면, 사람들은 리더의 성공도 함께 원하게 된다. 그래서 리더가 생각을 바꿔도, 사람들은 거기에 집착하지 않는다. "전에 왜 그렇게 말했느냐"고 따지기보다, "이번엔 이 방향이 맞는 것 같다"고 받아들인다. 방향 전환이 배신이나 혼란으로 느껴지지 않고, 업데이트처럼 받아들여지는 조직이 된다. 이런 환경에서는 취약함을 드러내는 것도, 실수를 인정하는 것도, 방향을 바꾸는 것도 모두 가능해진다. 그리고 바로 그 지점에서 조직은 빨라진다.

결국 젠슨이 말하는 지적 정직성은 한 문장으로 요약하면 이렇다. 매일 전제를 재검증하고, 논리 고리가 흔들리면 즉시 조정하고, 그 과정에서 자아와 정체성을 결정에 묶어두지 않는 것. 이 세 가지가 하나의 세트로 움직일 때, 겸손은 미덕이 아니라 실행 시스템이 된다. 그리고 이 시스템이 돌아가는 조직만이 AI처럼 빠르고 불확실한 기술 환경에서 살아남을 수 있다.

그래서 "당신은 틀렸을 가능성이 높다"는 말은 리더를 약하게 만들기 위한 문장이 아니다. 오히려 조직을 더 강하게 만들기 위한 출발점이다. 내가 틀릴 수 있다는 사실을 인정하는 순간, 현실을 더 정확하게 볼 수 있고, 데이터를 더 솔직하게 들을 수 있고, 현장의 신호를 더 빠르게 받아들일 수 있다. 그리고 그 순간부터 리더십은 고집이 아니라 조정 능력이 된다. 젠슨이 말하는 지적 정직성은 바로 이 지점에서, AI 시대 리더십의 가장 현실적인 무기가 된다.

2
결정적 순간에
'판돈'을 올리는 용기

모든 오래가는 회사는 결국 하나의 베팅에서 시작된다고 생각한다. 안전한 선택도 아니고, 모두가 고개를 끄덕이는 결정도 아니다. 처음에는 무모해 보이고, 때로는 이해조차 받지 못하지만, 시간이 지나고 나서야 "그때 그 선택이 모든 걸 바꿨다"는 평가를 받게 되는 그런 베팅이다. 젠슨 황에게 그 베팅은 GPU였다. 처음 엔비디아는 게이머를 위한 그래픽 칩 회사에 불과했다. 그 시절에는 PC 게임도 지금처럼 거대한 시장이 아니었고, 그래픽 카드는 어디까지나 보조 부품이었다. 컴퓨팅의 중심은 언제나 CPU였고, 누구도 그래픽 칩이 미래의 핵심이 될 거라고 생각하지 않았다.

하지만 젠슨은 다르게 보았다. RIVA258의 성공 후, 젠슨은 GPU가 병렬 처리, 즉 수많은 연산을 동시에 처리하는 구조기 언젠가는

지능을 다루는 데 결정적인 역할을 하게 될 거라고 믿었다. GPU는 단지 화면을 빠르게 그리는 장치가 아니라, HPC, 신경망과 같은 계산 구조를 처리하는 데 적합할 것이라고 생각했다. 당시로서는 거의 아무도 관심 갖지 않던 방향이었다. 시장도 없었고, 수요도 명확하지 않았고, 소프트웨어 생태계도 전혀 준비되어 있지 않았다. 그럼에도 불구하고 그는 그 방향으로 회사를 밀어붙였다. 대부분의 CEO가 기존 시장을 더 잘 공략하는 전략을 택할 때, 그는 아직 존재하지 않는 시장을 전제로 회사를 재설계했다. 이 지점에서 이미 승부는 시작되고 있었다.

이 선택이 의미 있는 이유는 단지 방향이 맞았기 때문이 아니다. 더 중요한 건, 그 선택이 얼마나 오래 유지되었느냐이다. GPU에 대한 베팅은 단발성 결정이 아니었다. 수십 년 동안 반복해서 강화되고 확장되며, 게임에서 과학 계산으로, 과학 계산에서 데이터센터로, 데이터센터에서 AI로 이어지는 긴 사슬을 만들었다. 그리고 그 과정은 한 번도 쉽지 않았다. 실패도 많았고, 경쟁도 치열했고, 재무적으로 가장 위험한 순간도 여러 번 있었다. 그때마다 젠슨은 판돈을 낮추기보다 오히려 올렸다. 후퇴하기보다 더 깊이 들어갔다. 이게 바로 '결정적 순간에 판돈을 올리는 용기'의 본질이다.

많은 사람들이 용기를 오해한다. 용기를 무모함이나 과감한 도박과 동일시한다. 하지만 젠슨의 베팅은 충동적인 선택이 아니라, 철저하게 계산된 신념에 가까웠다. 그는 유행을 따라가지 않았고, 단기 수익을 쫓지도 않았다. 대신 연산 비용이 계속 낮아질 것이라는 물리적

엔비디아 DNA

추세, 데이터가 폭발적으로 늘어날 것이라는 구조적 변화, 그리고 지능형 소프트웨어가 결국 모든 산업을 바꿀 것이라는 방향성을 근거로 판단했다. 그래서 엔비디아가 게임을 넘어 데이터센터, 자율주행, 로보틱스, 바이오 영역까지 확장할 때도 그것은 시장의 소음을 쫓은 결과가 아니라, 처음부터 이어져 온 논리의 연장이었다.

동시에 그는 무작정 사업 영역을 넓히지 않았다. 엔비디아는 모든 산업에 얇게 발을 걸치는 대신, 자신들이 구조적으로 강점을 가질 수 있는 영역에 깊게 파고들었다. 하드웨어, 시스템, 소프트웨어, 개발자 생태계까지 한꺼번에 묶어내는 방식으로 승부를 걸었다. 그래서 젠슨의 플레이북은 단순히 '크게 베팅하라'가 아니라, '집중해서 베팅하라'에 가깝다. 이는, 넓게 퍼지는 용기가 아니라, 한 방향으로 깊이 내려가는 용기다. 저자도 한국시장을 공략할 때 본사로부터 여러 고객을 넓게 공략하는 것이 아니라 1-2곳을 선택하여 집중적으로 공략하라는 지침을 받았다.

이 용기는 조직 구조에서도 그대로 드러난다. 엔비디아의 조직은 전통적인 피라미드 구조와 거리가 멀다. 위계는 얇고, 책임은 개인에게 직접 연결된다. 엔지니어가 문제를 처음부터 끝까지 책임지니, 성과가 부족하면 숨을 곳이 없다. 대신 정치도 적고, 결정도 빠르며, 피드백 루프는 짧다. 젠슨은 회사를 거대한 회로처럼 설계한다. 전류가 빠르게 흐르도록, 불필요한 저항이 쌓이지 않도록 구조 자체를 만들었다. 이런 구조가 가능하려면 리더 역시 위험을 감수해야 한다. 통제 대신 신뢰를 선택해야 하고, 중앙집권 대신 현장 권한을 허용해야 한다. 이것 또한 일종의 베팅이다.

그리고 이 모든 베팅을 가능하게 만드는 핵심 에너지는 혁신에 대한 집착이다. 엔비디아에서 혁신은 선택이 아니다. 그것은 생존 조건이다. GPU는 단지 더 빠른 칩이 아니라, 메모리 구조, 패키징, 인터커넥트, 소프트웨어 스택, 개발자 도구까지 포함한 전체 시스템으로 진화해 왔다.

또 하나 중요한 베팅은 생태계였다. 엔비디아는 소비자 시장의 스타로 남는 대신, 하이퍼스케일러들의 내부로 들어갔다. 마이크로소프트, 아마존, 구글, 메타와 함께 AI 인프라를 설계하는 파트너가 되었다. 이 선택은 단순한 고객 확보가 아니라, 서로의 운명이 얽히는 구조를 만드는 일이었다. 결국 이 모든 전략과 구조, 기술의 바탕에는 젠슨 황이라는 한 사람이 남는다. 그는 떠나지 않았고, 속도를 늦추지 않았으며, 천재성보다 끈질김을 더 믿는다. 그가 창업가들에게 자주 하는 조언은 '일 속에 살아라. 변동성을 견뎌라. 그리고 남들보다 더 오래, 더 힘든 일을 하라.'다. 그에게 회복탄력성은 경영 이론이 아니라 생존 전략이다. 블랙웰 GPU 같은 제품은 하루아침에 나온 결과물이 아니라, 30년 동안 축적된 실패와 수정, 그리고 다시 시도한 흔적의 총합이다.

그래서 엔비디아의 성공은 반도체 산업의 이야기만이 아니다. 이것은 어떤 산업에서도 적용 가능한 지속 기업의 설계도에 가깝다. 미래가 분명해질 때까지 기다리지 말고, 안개 속으로 먼저 들어갈 것. 실행이 굴러가게 만드는 구조와 문화를 설계할 것. 경쟁사가 아니라

엔비디아 DNA

물리적 한계와 싸울 것. 대담하되 분산하지 말고, 깊게 베팅할 것. 책임을 개인에게 연결하고 정치를 줄일 것. 그리고 무엇보다, 혁신을 일상이 아니라 의무로 만들 것.

젠슨 황의 엔비디아는 이를 증명하고 있다. 회사는 오래갈 수 있고, 동시에 선두에 설 수도 있다. 단, 물리의 한계, 시장의 불확실성, 인간의 인내심이 동시에 시험 받는 지점에서 계속 일할 각오가 되어 있다면 말이다. 이것은 칩의 이야기가 아니라 자세의 이야기다. 매일을 미래와의 단거리 경주처럼 살아가는 태도, 그 태도가 결국 회사를 살리고, 산업을 바꾸고, 역사를 새로 만든다. 그리고 그 출발점에는 언제나 하나의 질문이 있다. 지금 이 순간, 우리는 판돈을 올릴 준비가 되어 있는가?

3
'보이는 것'과 '진짜 보이는 것'의 차이: AI 트렌드 속 진짜 신호 읽기

기술 산업에서 가장 위험한 순간은 변화가 없을 때가 아니다. 변화가 너무 많이 보일 때다. 변화가 없으면 사람은 느긋해진다. 적어도 무엇이 문제인지, 무엇이 안정적인지 구분할 수 있기 때문이다. 그러나 변화가 과잉으로 쏟아지기 시작하면, 조직은 역설적으로 시야를 잃는다. 정보가 많아질수록 통찰이 늘어나는 것이 아니라, 오히려 판단이 마비된다. AI 산업은 지금 그 상태에 있다. 매일 새로운 모델이 등장하고, 새로운 서비스가 쏟아지며, 새로운 키워드가 만들어진다. 생성형 AI, 멀티모달, 에이전트, 피지컬 AI, 온디바이스 AI, 소버린 AI까지. 이 모든 것이 동시에 이야기된다. 그리고 대부분의 조직은 이 모든 말을 "신호"라고 착각한다.

그 착각은 이렇게 시작된다. "지금 우리는 무엇을 보고 있는가?"

대답은 대개 단순하다. 보이는 것을 보고 있다. 눈에 띄는 것, 기사 제목이 되는 것, 컨퍼런스에서 반복되는 것, 투자 보고서의 첫 장을 장식하는 것. 그러나 젠슨 황과의 대화, 그리고 엔비디아 내부의 의사결정 과정을 가까이서 경험하며 분명해진 사실이 있다. 그는 트렌드를 거의 말하지 않는다. 대신 그는 신호를 말한다. 엔비디아에서는 이것을 EIOFS**Early Indicator Of Future Success**라고 부른다. 그리고 그 신호는 대부분 '덜 보이는 것'에서 시작한다. 이 장이 다루려는 것은 바로 그 차이다. 보이는 것과 진짜 보이는 것. 그리고 AI 트렌드의 소음 속에서 진짜 신호를 읽는 방법이다.

트렌드는 소음이고, 신호는 구조다. 트렌드는 눈에 잘 띈다. 사람들의 주목을 끌기 위해 만들어진다. 그것은 기사의 제목이 되고, 행사장의 슬로건이 되고, 투자 발표의 키워드가 된다. 트렌드는 말을 많이 한다. 과장도 하고, 반복도 하고, 단정도 한다. 반면 신호는 조용하다. 숫자로 나타나지 않거나, 있어도 해석하기 어렵다. 그래서 대부분의 조직은 신호를 보지 못한다. 아니, 보지 못하는 것이 아니라 보려고 하지 않는다. 신호는 불편하기 때문이다. 신호는 즉시 "성과"로 번역되지 않는다. 즉시 "예산"으로 바뀌지 않는다. 즉시 "결재"로 이어지지 않는다. 그래서 신호는 조직의 언어로 말하지 않는다. 신호는 구조의 언어로 말한다.

젠슨 황이 종종 했던 말이 있다. "중요한 변화는 항상 지루하게 시작한다." 이 말은 멋진 격언이 아니다. 실제로 엔비디아의 가장 중요한 방향 전환들은 처음에는 지루했다. CUDA는 초기에 대중의 관심을 받지 못했다. GPU 가속 컴퓨팅은 한동안 '특수한 영역'의 도구처럼 보였다. 데이터센터 중심 전략은 오래도록 사람들의 상상력을 자극하지 못했다. AI 팩토리라는 개념도 처음에는 낯설고 과장처럼 들렸다. 그러나 구조적으로는 분명한 신호를 내고 있었다. 누군가 밤새 코드를 붙잡고 있었고, 소수의 사용자들이 문서가 부족해도 포기하지 않았고, 커뮤니티가 스스로 문제를 해결하며 확장되고 있었다. 그것은 트렌드가 아니었다. 신호였다. 다만 조용했을 뿐이다.

'보이는 것'의 함정은 대부분 여기서 생긴다. 사람들은 결과를 원인으로 착각한다. 어떤 모델이 유명해진다. 어떤 서비스가 폭발적으로 성장한다. 어떤 기업의 주가가 급등한다. 사람들은 그 현상을 보고 "이게 미래다"라고 말한다. 그러나 그 현상은 종종 미래가 아니라 '현재의 반사광'이다. 이미 쌓여 있던 구조가 어느 순간 표면으로 올라온 결과일 뿐이다. 젠슨 황이 하는 접근은 정반대다. 그는 결과를 보자마자 원인을 묻는다. "이 현상을 만든 원인은 무엇인가?" "이 결과가 사라져도 남는 구조는 무엇인가?" AI 모델은 바뀔 수 있다. 서비스도 바뀐다. 기업도 바뀐다. 하지만 연산 구조, 데이터 흐름, 비용 곡선은 쉽게 바뀌지 않는다. 그가 보는 것은 늘 이 아래에 깔린 층이다. 바로 구조다.

진짜 신호는 대부분 '불편함'에서 시작된다. 중요한 기술 신호는 처음부터 편리하게 다가오지 않는다. 너무 비싸다. 너무 느리다. 너무 복잡하다. 당장 쓸 데가 없어 보인다. GPU 가속 컴퓨팅이 처음 등장했을 때 대부분의 반응이 그랬다. 딥러닝 역시 마찬가지였다. 느리고,

414

비효율적이고, 실용성이 없어 보였다. 그러나 젠슨 황은 이런 반응을 위험 신호로 보지 않는다. 오히려 관찰해야 할 신호로 본다. 왜냐하면 불편함은 종종 기존 질서와 충돌하고 있다는 증거이기 때문이다.

AI 트렌드를 읽을 때 젠슨 황이 하지 않는 질문이 있다. 이 질문들은 겉보기엔 합리적이지만, 구조적 전환기에는 오히려 판단을 흐린다. 그는 "지금 시장 규모가 얼마나 되는가"를 거의 묻지 않는다. "고객이 당장 돈을 낼 준비가 되었는가"를 핵심 질문으로 삼지 않는다. "경쟁사가 얼마나 앞서 있는가"를 첫 질문으로 던지지 않는다. 이유는 단순하다. 구조가 바뀌는 시기에는 시장 규모가 항상 작게 보인다. 당장 돈을 낼 준비가 된 고객도 소수다. 경쟁사도 대개 '비슷하게' 보인다. 이런 숫자와 표면의 비교는 결정을 늦추고, 늦어진 결정은 전환기의 경쟁에서 치명적이다. 그는 대신 전혀 다른 질문을 던진다. 트렌드를 묻지 않고 신호를 판별하는 질문이다.

트렌드를 좇는 조직의 공통점은 명확하다. 항상 늦게 들어온다. 항상 비싼 가격에 따라간다. 항상 남이 만든 판 위에서 경쟁한다. 이 조직들은 늘 바쁘다. 회의도 많고, 프로젝트도 많고, 발표도 많다. 하지만 결정적 순간에는 방향을 잃는다. 왜냐하면 그들이 본 것은 신호가 아니라 반사된 빛이었기 때문이다. 남들이 조명을 비춘 곳을 따라갔을 뿐, 구조의 변화를 읽지 못했다. 그래서 트렌드가 바뀌면 그 조직은 또 다른 트렌드로 이동한다. 움직임은 많지만 축적은 없다. AI 시대에 가장 치명적인 것은 이 '축적의 부재'다.

'진짜 보이는 것'은 눈이 아니라 구소로 본다. 젠슨 황이 보는 것은 화려한 이미지가 아니다. 그는 구조를 본다. 데이터는 어디에서 생성되는가. 연산은 어디에서 병목이 생기는가. 비용은 어디에서 급증하는가. 인간의 개입은 어디에서 필요한가. 그리고 그 개입이 기술로 대체될 때 무엇이 이동하는가. 이 구조를 이해하면 트렌드의 소음은 자연스럽게 걸러진다. 모든 키워드를 따라갈 필요가 없어진다. 키워드는 변하지만 구조는 남기 때문이다.

한국 조직이 특히 어려워하는 이유는 이것과 연결된다. 한국 기업은 실행력이 빠르다. 그러나 신호를 기다리는 인내에는 약하다. 남들이 하면 안심하고, 언론이 떠들면 움직이고, 경쟁사가 시작하면 따라간다. 이 방식은 안정적이다. 그러나 AI 시대에는 구조적으로 불리하다. 진짜 신호는 항상 남들보다 먼저 나타난다. 그리고 그 순간에는 늘 외롭다. 그 외로움을 견디지 못하면, 조직은 결국 트렌드의 후발주자가 된다. 후발주자는 돈으로 따라갈 수 있는 영역에서는 따라잡을 수 있다. 그러나 누적이 필요한 영역에서는 따라잡을 수 없다. AI 시대의 핵심 경쟁력은 점점 더 누적의 영역으로 이동하고 있다. 그래서 신호를 먼저 읽는 능력은 단순한 통찰의 문제가 아니라 생존의 문제가 된다.

엔비디아 DNA

4
한국 기업이 배워야 할
'미친 실행력'의 비법

전략은 언제나 그럴듯하게 들린다. 회의실에서 만들어지는 로드맵과 비전, 그리고 숫자로 채워진 계획서는 보기에도 그럴싸하다. 하지만 실제 성과는 그 종이 위에서 만들어지지 않는다. 성과는 늘 현장에서, 실행이 반복되는 과정 속에서 만들어진다. 그래서 많은 경영자들이 결국 이렇게 말하게 된다. 전략은 방향을 정해줄 뿐이고, 승부를 가르는 것은 실행이라고. 젠슨 황 역시 여러 강연과 인터뷰에서 같은 메시지를 반복해 왔다. 그는 아이디어보다 중요한 것은 실행이며, 실행이 쌓이지 않으면 어떤 비전도 현실이 되지 않는다고 말한다. 그리고 더 중요한 것은, 한 번의 실행이 아니라 끝까지 밀어붙이는 집요한 실행이라고 강조한다.

실행력이 강한 조직의 특성은 냉확하다. 결정을 미루지 않고, 완벽한 답을 기다리기보다 일단 시도하고 수정하면서 앞으로 나아간다. 실행 과정에서 문제가 생기면 책임을 따지기보다 구조를 고치고 다시 시도한다. 목표가 달성될 때까지 반복하고, 실패를 학습 비용으로 받아들인다. 젠슨 황은 이 과정을 "게임 안에 남아 있는 것"이라고 표현한다. 방향이 맞다고 판단하면 끝까지 버티고, 변수가 바뀌면 즉시 조정하면서 계속 플레이를 이어가는 것, 그 자체가 실행력이라는 것이다. 그는 늘 말한다. 위대한 기술도, 위대한 전략도, 실행되지 않으면 아무 의미가 없다고.

엔비디아를 가까이에서 경험한 사람이라면 한 번쯤 같은 감정을 느낀다. 이 회사는 왜 이렇게까지 빨리 움직이는가, 이 정도면 무모한 것 아닌가, 이렇게까지 몰아붙여도 되는가 하는 생각이 자연스럽게 든다. 겉으로 보면 엔비디아의 실행력은 과도해 보인다. 회의는 빠르게 끝나고, 결정은 곧바로 실행으로 이어지며, 실행 과정에서 드러난 문제는 다시 회의실로 돌아오지 않는다. 현장에서 바로 수정된다. 그래서 많은 한국 기업 관계자들은 이 실행력을 '미친 실행력'이라고 표현한다.

하지만 이 실행력은 광기에서 나오지 않는다. 오히려 정반대다. 그것은 감정이 아니라 구조에서 나온다. 엔비디아의 속도는 "열심히 하자" 같은 구호로 만들어진 것이 아니라, 느리게 움직이기가 더 어렵도록 설계된 시스템의 결과다. 이 장의 목적은 실행력을 찬양하는 것이 아니다. 묻고 싶은 것은 이것이다. 왜 엔비디아의 실행력은 그렇게 보일 수밖에 없는가, 그리고 왜 한국 기업은 같은 수준의 실행력을 내기 어려운가. 답은 결국 한 단어로 수렴한다. 구조다.

　대부분의 조직은 실행력이 부족해서 실패하지 않는다. 오히려 실행을 지나치게 신중하게 관리하다가 늦는다. 한국 기업에서 실행이 느려지는 이유는 대체로 비슷하다. 결정 전에 모든 리스크를 제거하려 한다. 실행 전에 완벽한 계획을 요구한다. 실행 결과보다 보고서를 중시한다. 실패의 책임을 개인에게 묻는다. 이 네 가지가 결합되면 실행이 시작되기 전에 이미 에너지가 소진된다. 실행은 시작되지만 누구도 속도를 내지 않는다. 빠르게 움직이는 것이 곧 위험을 혼자 떠안는 행동이 되기 때문이다. "빨리 하라"는 말이 반복될수록 사람들은 더 느려진다. 느려질수록 안전해지기 때문이다. 조직이 그렇게 설계되어 있기 때문이다.

　한국 기업을 둘러싼 환경도 점점 이런 실행력을 더 강하게 요구하고 있다. 과거에는 기획력과 전략 수립 능력이 경쟁력이었지만, 지금은 전략이 공개되고 기술이 빠르게 확산되면서 차별화 요소가 실행 속도로 이동했다. 누가 더 빨리 실험하고, 더 빨리 실패하고, 더 빨리 개선하느냐가 승패를 가른다. 그래서 실행력에 창의성을 더해야 한다는 말이 나온다. 위에서 정한 계획을 그대로 따르는 실행이 아니라, 현장에서 문제를 발견하고 즉시 개선안을 만들어 다시 실행하는 순환 구조, 조직 전체가 동시에 움직이는 실행 문화가 필요해진 것이다.

　최근 엔비디아와 한국 기업 간 협력이 확대되는 흐름 역시 실행력의 중요성을 더 선명하게 보여준다. GPU와 AI 인프라가 공급되는 순간, 경쟁은 기술 보유 여부가 아니라 적용 속도로 이동한다. 누가 더 빨리 공정에 적용하고, 서비스에 연결하고, 새로운 비즈니스 모델로 전환하느냐가 관건이다. 젠슨 황은 여러 자리에서 AI는 도구일 뿐이고, 이 도구를 얼마나 빨리, 얼마나 깊게 현장에 적용하느냐가 기업의 성패를 가른다고 강조한다. 인프라가 준비된 이후에는 망설임 자체가 가장 큰 비용이 된다는 것이다. 그래서 과감한 투자 결정과 동시에 즉각적인 실행이 따라오지 않으면, 기회는 빠르게 다른 곳으로 이동한다.

결국 한국 기업이 배워야 할 '미친 실행력'의 핵심은 속도와 집요함이다. 방향이 정해졌다면 주저하지 않고 움직이고, 문제가 생기면 핑계 대신 구조를 고치며, 성과가 나올 때까지 반복하는 태도다. 젠슨 황이 말하듯, 위대한 회사는 늘 완벽해서 성공하는 것이 아니라, 끝까지 실행해서 살아남는다. 전략은 언제든 수정할 수 있지만, 실행을 멈추는 순간 조직은 정체된다. 실행이 문화가 되면, 전략은 자연스럽게 행동으로 이어지고, 행동은 다시 전략을 진화시킨다. 그리고 바로 이 반복이 쌓일 때, 기업은 남들이 따라오기 힘든 속도로 다음 단계로 넘어가게 된다. 이것이 젠슨 황이 몸으로 보여준 실행력의 본질이고, 지금 한국 기업이 가장 절실하게 배워야 할 경쟁력이다.

5
내가 엔비디아를 떠나면서도
'영원한 친구'라고 말하는 이유

회사를 떠난다는 것은 보통 관계의 종료를 의미한다. 직함이 사라지고, 명함이 바뀌고, 회의실에서 마주치던 얼굴들이 점점 멀어진다. 대부분의 경우 퇴사는 깔끔한 작별이 아니라, 서서히 희미해지는 연결의 과정이다. 그래서 많은 사람들은 회사를 떠난 뒤 이렇게 말한다. "좋은 경험이었다." "배울 만큼 배웠다." "이제는 각자의 길이다." 이 말들은 틀리지 않다. 다만 흔한 결론이다. 관계를 정리하는 가장 무난한 방식이기도 하다.

그런데 나는 엔비디아를 떠나면서 전혀 다른 말을 했다. "나는 엔비디아와 영원한 친구로 같이 있을 것이다." 처음 이 말을 꺼냈을 때, 사람들은 그것을 감정적인 수사로 받아들일 수도 있었다. 미화된 회상, 혹은 '좋게 마무리하기 위한' 멘트처럼 들릴 수도 있다. 그러나 나는 그 문장을 예의로 사용하지 않았다. 그 문장은 내가 엔비디아라는 조직 안에서 경험한 관계의 성격이, 일반적인 고용 관계와는 전혀 달랐기 때문에 가능했던 선언이다. 그리고 시간이 지나면서 그 말이 오히려 더 정확해졌다.

엔비디아에서 보낸 시간 동안 가장 크게 달라진 것은 직무나 직책이 아니었다. 달라진 것은 세상을 바라보는 방식이었다. 기술을 보는 관점, 실패를 해석하는 방식, 조직을 운영하는 논리, 리더십을 정의하는 기준. 이런 것들은 퇴사와 함께 반납할 수 있는 것이 아니다. 한번 체화된 사고방식은 개인의 일부가 된다. 엔비디아는 단순히 일을 시키는 회사가 아니라 사고방식을 훈련시키는 곳이었다. 그래서 나는 회사를 떠났지만, 엔비디아가 내게 심어준 사고의 프레임은 여전히 함께 움직이고 있다. 지금 나는 AI관련 컨설팅 회사를 운영하고 있다. 판단을 내릴 때, 내가 무엇을 먼저 의심하고 무엇을 먼저 확인하는지, 내가 어떤 속도로 실행하고 어떤 방식으로 책임을 정의하는지, 그 모든 것에 엔비디아의 흔적이 남아 있다.

젠슨 황은 사람을 직책으로 기억하지 않는다. 그는 사람을 기여의 맥락으로 기억한다. 어떤 문제를 어떻게 풀었는지, 어떤 순간에 어떤 판단을 했는지, 어떤 기준을 끝까지 지켰는지. 이 기억 방식은 관계의 질을 바꾼다. 내가 네이버와 삼성에 관련된 여러가지를 젠슨과 상의를 했을 때 그와의 관계는, 상사와 부하의 관계가 아니라, 같은 문제를 두고 함께 고민했던 동료의 관계에 더 가까웠다고 생각한다. 그런 관계에서는 퇴사가 배신이 되지 않고 단절이 되지 않는다. 단지 역할이 바뀌는 것이다. 회사 안에서 하던 역할이 회사 밖에서의 역할로 이동할 뿐이다. 같은 문제에 대한 기여는 계속될 수 있다. 엔비디아의 언어로 말하면, "우리는 같은 방향에서 계속 일할 수 있다"는 것이다.

이해관계가 아니라 신뢰가 남는다는 점은 '영원한 친구'라는 표현의 핵심이다. 많은 기업 관계는 이해관계 위에 세워진다. 거래가 끝나면 연락이 끊기고, 이해관계가 사라지면 관계도 사라진다. 그러나 최소한 나에게 있어 엔비디아는 달랐다. 그 관계는 신뢰 위에 세워졌다. 문제를 숨기지 않았다는 신뢰, 실패를 공유했다는 신뢰, 책임을 회피하지 않았다는 신뢰. 이 신뢰는 계약이 끝나도 남는다. 그래서 나는 엔비디아를 떠났지만, 언제든 다시 기술과 시장과 전략에 대해 같은 눈높이에서 대화할 수 있다. 이게 실제 의미의 '친구'다. 친한 척하는 관계가 아니라, 같은 기준으로 현실을 볼 수 있는 관계. 서로의 언어를 통역 없이 이해할 수 있는 관계. 그리고 무엇보다, 서로의 약점을 이용하지 않을 것이라는 확신이 있는 관계다.

좋은 조직은 사람에게 경력을 남긴다. 위대한 조직은 사람에게 기준을 남긴다. 엔비디아는 내게 기준을 남겼다. 이 기준은 이후 어떤 조직, 어떤 프로젝트를 하더라도 계속 작동한다. 그래서 엔비디아는 과거의 회사가 아니라, 현재에도 영향을 미치는 존재가 된다. 내 삶에서 엔비디아는 "예전에 다녔던 회사"가 아니라 "지금도 나를 교정하는 기준"이다.

여기에서 한국 기업에 던지는 메시지가 생긴다. 한국 기업들은 종종 이렇게 말한다. "인재가 떠난다." "로열티가 없다." 그러나 질문을 바꿔야 한다. "우리 기업은 떠난 뒤에도 다시 이야기하고 싶은 조직인가." "역할이 사라져도 관계가 남는 조직인가." "사고방식과 기준을 남기는 조직인가." 이 질문에 '예'라고 답할 수 있을 때, 조직은 비로소 사람에게 친구로 남는다. 조직이 사람을 붙잡으려는 방식은 두 가지가 있다. 첫째는 보상과 계약으로 붙잡는 방식이고, 둘째는 의미와 기준으로 붙잡는 방식이다. 첫 번째는 시간이 지나면 끝난다. 두 번째는 떠난 뒤에도 남는다. 엔비디아가 내게 남긴 방식은 두 번째였다.

그래서 나는 엔비디아를 떠났지만, 엔비디아가 내게 남긴 것들을 여전히 갖고 산다. 사고방식, 기준, 문제를 보는 눈, 지적 정직함, 실행의 속도. 이것들은 지금도 나의 선택과 판단에 영향을 준다. 그래서 나는 엔비디아를 과거의 직장이 아니라 영원한 친구라고 부른다. 좋은 회사는 사람을 붙잡지 않는다. 대신 사람이 떠난 뒤에도 스스로 다시 돌아보고 싶게 만든다. 그리고 그 '다시 돌아보고 싶음'은 감정이 아니라 기준에서 나온다. 이것이 엔비디아가 보여준 가장 깊은 리더십이었고, 내가 떠나면서도 엔비디아를 친구라고 말할 수 있었던 이유다.

6
AI는 두려움이 아니라,
우리가 올라타야 할 가장 빠른 말이다

새로운 기술이 등장할 때마다 인간은 늘 같은 질문을 던져왔다. "이 기술이 우리의 자리를 빼앗는 것은 아닐까." "이 변화는 너무 빠른 것 아닌가." "우리는 준비되지 않은 것 아닌가." AI를 둘러싼 두려움 역시 이 오래된 질문의 연장선에 있다. 일자리가 사라질 것이라는 공포, 인간의 판단이 대체될 것이라는 불안, 통제 불가능한 존재가 될 것이라는 상상. 그러나 이 질문들은 본질을 비껴간다. 문제는 AI가 빠르다는 것이 아니다. 우리가 여전히 걷고 있다는 사실이다.

젠슨 황이 AI를 이야기할 때 그는 거의 두려움을 말하지 않는다. 대신 속도를 말한다. 그는 기술을 '도구'라고 부르는 대신 '동력'이라고 부른다. 어떤 것은 쓰고 끝나지만, 어떤 것은 한번 올라타면 삶의 속도 자체를 바꾼다. AI는 후자다. 그래서 나는 마지막 제언을 이렇게 정리하고 싶다. AI는 두려움이 아니라, 우리가 올라타야 할 가장 빠른 말이다. 말은 이미 달리고 있다. 중요한 것은 말이 안전한지 아닌지가 아니라, 우리가 언제 고삐를 잡을 것인가다.

기술은 언제나 공포가 아니라 증폭기였다. 역사에서 기술은 한 번도 인간을 완전히 대체한 적이 없다. 대신 인간이 할 수 있는 일을 더 크게, 더 빠르게, 더 넓게 만들었다. 증기기관은 근력을 증폭했고, 전기는 생산 속도를 증폭했고, 컴퓨터는 계산 능력을 증폭했다. AI는 무엇을 증폭하는가. AI는 사고의 속도를 증폭한다. 그리고 여기서부터 AI는 이전 기술들과 다르게 느껴진다. 팔과 다리를 돕는 기술이 아니라, 생각과 판단의 흐름에 직접 연결되기 때문이다. 그래서 AI는 두려움의 대상이 된다. 그러나 그 두려움은 기술의 본질이 아니라 속도를 감당하지 못하는 상태에서 발생한다. 기술이 무서운 것이 아니라, 변화가 무서운 것이다. 더 정확히는, 변화에 늦을까 봐 무서운 것이다.

AI를 두려워하는 사람들의 공통점은, 그들은 AI를 '대체자'로 본다는 것이다. 그들은 인간과 AI를 경쟁 관계로 설정하고, 지금의 위치를 기준으로 미래를 판단한다. 그러면 AI는 언제나 위협처럼 보인다. 왜냐하면 AI는 지금의 기준을 무너뜨리기 때문이다. 그러나 젠슨 황의 관점은 다르다. 그는 AI를, 인간을 밀어내는 존재가 아니라 인간을 더 윤택하게 해주는 수단으로 본다. AI가 들어온 세상은 인간이 사라지는 세상이 아니라, 인간의 가치가 이동하는 세상이라고 본다. 반복과 요약이 가치였던 시대에서, 질문과 판단과 책임이 가치인 시대로 이동하는 것이다.

가장 빠른 말은 기다려주지 않는다. 말에 올라탄다는 것은 단순히 "타겠다"는 의지가 아니다. 속도를 받아들이겠다는 선언이다. 말 위에서는 천천히 생각할 수 없다. 멈춰서 회의를 반복할 수도 없다. 움직이면서 판단하고, 판단하면서 방향을 조정해야 한다. AI도 마찬가지다. AI는 기다려주지 않는다. AI는 완벽한 준비를 요구하지 않는다. AI는 올라타는 순간부터 학습을 강요한다. 이 점이 많은 조직과 개인을 불안하게 만든다. 그래서 사람들은 말 옆에 서서 계속 질문한다. "정말 안전한가?" "조금 더 지켜보면 안 될까?" "다른 말은 없을까?" 그러나 가장 빠른 말은 망설이는 사람을 태우지 않는다. 말은 한번 출발하면, 뒤늦게 달려오는 사람에게 속도를 맞춰주지 않는다. 기술도 마찬가지다.

AI 시대에 개인과 조직이 선택할 수 있는 길은 단순하다. AI를 도입하지 않겠다는 선택은 현 상태를 유지하겠다는 의미가 아니다. 그것은 상대적으로 느려지겠다는 선언이다. 속도가 경쟁력이 된 시대에서 느림은 곧 퇴보다. 이 점을 이해하지 못하면 사람들은 "우리는 아직도 괜찮다"고 말한다. 그러나 실제로는 괜찮지 않다. 느리게 무너지는 중일 뿐이다. AI는 경쟁자에게 더 빠른 말이 되어주지만, 우리는 여전히 걸어서 따라가려 한다. 결과는 정해져 있다. 속도의 격차는 지식의 격차보다 더 빨리 벌어진다.

그러나 더 중요한 사실이 있다. AI는 인간의 자리를 빼앗지 않는다.

다만, 인간의 '느린 방식'을 빼앗을 뿐이다. AI가 사라지게 만드는 것은 직업이 아니라 비효율적인 방식이다. 생각하지 않고 반복하는 방식, 질문 없이 지시만 따르는 방식, 검증 없이 경험에만 의존하는 방식. 이 방식 위에 서 있는 역할은 사라질 수 있다. 하지만 AI와 함께 일할 수 있는 인간은 오히려 더 많은 기회를 갖는다.

젠슨 황이 AI를 두려워하지 않는 이유는 단순하다. 그는 AI를 통제의 대상이 아니라 동력의 원천으로 보기 때문이다. AI는 방향을 정하지 않는다. AI는 목적을 만들지 않는다. AI는 책임을 지지 않는다. 이 모든 것은 여전히 인간의 몫이다. 그래서 그는 이렇게 말하곤 한다. AI가 위험한 것이 아니라, AI를 잘못 사용하는 인간이 위험하다고. 이 말의 핵심은 AI가 만능이 아니라는 사실에 있다. AI는 힘이다. 힘은 언제나 사용자의 철학을 드러낸다. 같은 힘이라도 어떤 조직은 그것으로 혁신을 만들고, 어떤 조직은 그것으로 감시를 만들고, 어떤 조직은 그것으로 책임을 회피하려 한다. AI는 인간의 의도를 증폭한다. 그래서 두려워해야 할 것은 AI 자체가 아니라, 목적 없이 AI를 쓰는 우리의 태도다.

한국은 역사적으로 빠른 말에 올라타는 데 익숙한 사회였다. 산업화, 정보화, 모바일 혁명에서 우리는 완벽한 준비보다 빠른 실행을 선택해왔다. AI 역시 마찬가지다. 지금 필요한 것은 AI를 더 분석하는 보고서가 아니라, AI를 태운 채 달리면서 배우는 용기다. 한국은 '기술을 발명한 나라'가 아니라 '기술을 가장 빠르게 산업화한 나라'로 성장해왔다. AI는 그 강점을 다시 요구한다. 지금 중요한 것은 "우리

엔비디아 DNA

가 AI를 만들 수 있는가"보다 "우리가 AI로 산업을 다시 만들 수 있는가"다. 이 차이를 이해하면, 한국은 AI 시대에 후발주자가 아니라 실험실이 될 수 있다.

개인에게 주는 메시지도 같다. AI 시대에 가장 위험한 태도는 "나는 아직 준비되지 않았다"는 생각이다. 준비는 올라탄 뒤에 시작된다. AI는 배우고 나서 쓰는 기술이 아니다. 쓰면서 배우는 기술이다. 시작할 줄 모르면 AI에게 물어보면 된다. 어디서부터 시작해야 할지 모르면, 그 자체를 질문으로 만들면 된다. "내 일이 반복되는 구간은 어디인가." "내 조직에서 판단이 느린 구간은 어디인가." "내가 시간을 가장 많이 쓰지만 가치가 낮은 업무는 무엇인가." 질문이 생기면, AI는 이미 답을 내줄 준비가 되어 있다. 문제는 질문이 없다는 것이다. 질문이 없는 사람은 AI 앞에서 늘 두려워진다. 질문이 있는 사람은 AI를 도구로 삼는다.

완벽한 계획은 필요 없다. 엔비디아의 모든 성공은 완벽한 계획에서 나오지 않았다. 작은 실험, 불완전한 가설, 빠른 실패, 즉각적인 수정. 이 반복이 오늘의 엔비디아를 만들었다. 지금 한국 기업과 개인에게 필요한 것도 이것이다. 대규모 투자보다 작은 실험, 장기 전략보다 빠른 검증, 보고서보다 실제 결과. AI 시대의 전략은 문서가 아니라 실행 로그로 남는다. 무언가를 "완성"해놓고 출발하는 시대가 아니다. 출발하고, 달리면서, 고쳐가며 완성하는 시대다.

그리고 마지막으로, 이 책을 덮은 뒤에도 질문이 남는다면 그건 정상이다. AI 시대에는 완결된 해답 자체가 존재하지 않기 때문이다.

"우리 조직에 맞는 AI 출발점은 어디인가." "엔비디아의 기술을 현실에 어떻게 적용해야 하는가." "GPU, 데이터, 조직 중 무엇부터 손대야 하는가." 이런 질문은 혼자 끌어안고 있을 필요가 없다. AI에게 묻고, 필요하다면 사람에게도 묻고, 계속 검증하면 된다. 이 시대의 능력은 "정답을 아는 능력"이 아니라 "질문을 유지하는 능력"이다.

말은 이미 출발했다. 그리고 그 말은 우리가 준비되었는지 묻지 않는다. 다만 선택을 요구할 뿐이다. 올라탈 것인가, 아니면 바라볼 것인가. 젠슨 황에게서 배운 마지막 교훈은 이것이다. AI는 두려움의 대상이 아니다. AI는 우리가 더 멀리, 더 빠르게 가기 위해 반드시 올라타야 할 말이다. 그리고 이 말은 한 번 지나가면 다시 돌아오지 않는다. 지금이 바로 고삐를 잡아야 할 순간이다.

엔비디아 DNA

‖ 사고를 흔드는 질문 ‖

 "리더의 가장 위험한 순간은 '틀렸을 때'가 아니라 '틀릴 수 없다고 믿을 때'인가?"

토론 포인트

- "당신은 틀렸을 가능성이 높다"를 조직 운영 규칙으로 만들면 무엇이 달라지는가(회의/보고/의사결정)

- 전제(가정) 재검증이 '분기 전략'이 아니라 '일상 경영'이 되려면 어떤 리듬/장치가 필요한가

- 리더가 과거 발언/정체성에 묶일 때, 조직은 어떤 방식으로 관성에 빠지는가

- "지적 겸손"이 도덕이 아니라 실행 시스템이라면, KPI로 측정 가능한 형태는 무엇인가(업데이트 속도, 피봇 빈도, 실패 회수 등)

- 우리 조직은 틀림을 '책임'으로 처리하는가, '학습'으로 처리하는가

"우리는 '항상 맞는 리더'를 원하는가, '팀이 이기게 만드는 리더'를 원하는가?"

토론 포인트

- "내가 맞았는가"에서 "조직이 이기고 있는가"로 관점이 바뀌면 의사결정 기준이 어떻게 달라지는가

- 리더가 생각을 바꾸는 순간, 조직이 그 사실을 혼란이 아니라 '업데이트'로 받아들이려면 무엇이 선행돼야 하는가(신뢰/심리적 안전감/언어)

- 리더의 취약함(모른다/틀렸다)이 권위 하락이 아니라 신뢰 상승이 되는 조건은 무엇인가

- 팀의 성공을 돕는 리더십이 강해질수록, 내부 정치와 책임 회피는 실제로 줄어드는가

- 우리 조직에서 "바뀐 판단"은 배신으로 읽히는가, 진화로 읽히는가

"결정적 순간에 '판돈을 올릴' 용기는 전략의 문제가 아니라 '집중의 문제'인가?"

토론 포인트

● 큰 베팅은 '무모함'이 아니라 '계산된 신념'이라는 주장에 동의하는가(근거: 구조/물리/비용 곡선)

● "넓게 분산" vs "한 방향으로 깊게" 중, AI 시대에 더 높은 생존확률을 만드는 것은 무엇인가

● 판돈을 올리는 순간, 조직이 가장 먼저 흔들리는 지점은 어디인가(예산, 인재, 리스크, 내부 저항)

● '후퇴하지 않고 더 깊이 들어가는' 결정을 가능하게 하는 최소 조건은 무엇인가(코어 빌리프/로드맵/생태계)

● 우리 조직이 지금 실제로 올리고 있는 판돈은 무엇이며, 그 판돈은 "미래의 운영 구조"까지 바꾸고 있는가

"AI 트렌드의 소음 속에서, 우리 조직은 '보이는 것'을 따라가고 있는가, '구조 신호'를 읽고 있는가?"

토론 포인트

- 트렌드(키워드/기사/주가)와 신호(연산 병목/비용 곡선/데이터 흐름/워크로드)의 차이를 조직이 구분하고 있는가

- '중요한 변화는 지루하게 시작한다'는 관점에서, 지금 우리에게 지루하지만 중요한 신호는 무엇인가

- 시장 규모(TAM)·단기 매출·경쟁사 비교를 첫 질문으로 두는 방식이 전환기에는 왜 늦어지는가

- 신호는 불편함(비싸다/느리다/복잡하다)으로 시작한다는 주장에 동의하는가, 그리고 그 불편함을 버틸 설계는 있는가

- 한국 조직의 강점(속도)과 약점(인내/축적)이 동시에 작동할 때, '후발주자 루프'를 끊는 1~2개 규칙은 무엇인가

엔비디아라는 거인의 어깨에 올라타라

많은 사람들은 AI 시대를 두려움으로 바라본다. 일자리가 사라질 것이라는 공포, 기술 격차가 더 벌어질 것이라는 불안, 이미 늦어버린 것 같다는 체념이 동시에 따라온다. 그래서 AI 이야기가 나오면 사람들은 이렇게 묻는다. 우리는 어떻게 살아남아야 하느냐고, 그리고 기업은 무엇을 준비해야 하느냐고. 그러나 이 질문의 출발점 자체가 이미 잘못된 방향을 향하고 있다. AI 시대는 살아남을 방법을 찾는 시대가 아니라, 올라탈 대상을 선택하는 시대다.

지금 우리가 마주하고 있는 변화는 단순한 기술 유행이 아니다. 컴퓨터의 역사가 바뀌는 전환점이다. 메인 프레임에서 PC로, PC에서 인터넷으로, 인터넷에서 모바일로 이동했듯이, 지금은 AI 중심의 컴퓨팅 구조로 이동하고 있다. 이 변화는 되돌릴 수 없다. 그리고 이런 구조적 변화가 일어날 때마다, 언제나 새로운 승자와 새로운 기회가 만들어져 왔다. 문제는 기술 그 자체가 아니다. 어떤 플랫폼 위에 올라탈 것인지를 주도적으로 선택해야 한다.

여기서 많은 사람들이 착각하는 것이 있다. 엔비디아를 거대한 제국처럼 바라보며, 개인이나 중소기업은 이미 게임에서 밀렸다고 생각하는 것이다. 그러나 역설적으로 바로 그렇기 때문에, 지금이 오히려 기회의 시기다. 거대한 플랫폼이 등장할수록, 그 위에서 새로운 가치가 만들어질 공간도 함께 커진다. 엔비디아는 세상을 독점하는 존재가 아니라, 세상이 AI를 쓸 수 있게 만드는 인프라를 제공하는 회사다. 다시 말해, 엔비디아는 경쟁자가 아니라 도구다. 그리고 도구는, 그것을 어떻게 쓰느냐에 따라 결과가 완전히 달라진다.

과거를 돌아보면 이 구조는 늘 반복되어 왔다. PC 시대에 마이크로소프트의 운영체제 위에서 수많은 소프트웨어 회사들이 탄생했고, 인터넷 시대에 구글과 아마존의 인프라 위에서 수많은 스타트업이 성장했다. 스마트폰 시대에는 애플과 구글의 플랫폼 위에서 앱 생태계가 폭발했다. 그때도 사람들은 늘 말했다. 거대 기업이 다 가져갈 것이라고. 그러나 실제로 부를 만든 사람들은 플랫폼 그 자체가 아니라, 그 플랫폼 위에서 문제를 해결한 사람들이었다.

AI 시대도 다르지 않다. 엔비디아가 만드는 GPU, 네트워크, 소프트웨어 플랫폼은 그 자체로 돈을 버는 수단이기도 하지만, 더 중요한 것은 그 위에서 수많은 산업용 애플리케이션과 서비스가 만들어질 수 있다는 점이다. 의료, 제조, 금융, 물류, 로봇, 바이오, 에너지, 교육까지, 거의 모든 산업이 AI를 기반으로 재설계되고 있다. 이 변화는 대기업만의 문제가 아니다. 오히려 산업 현장의 문제를 가장 잘 아는 중소기업과 현업 전문가들에게 더 많은 기회를 제공한다.

그래서 두려워할 필요가 없다. 엔비디아는 적이 아니라, 사다리다. 그리고 사다리는 올라타는 사람에게만 의미가 있다. 가만히 서서 사다리를 바라보고 있으면 아무 일도 일어나지 않는다. 하지만 한 발을 올려놓는 순간, 시야가 바뀌고 가능성의 범위가 달라진다. AI 시대의 가장 큰 위험은 뒤처지는 것이 아니라, 아예 시도하지 않는 것이다.

많은 사람들은 아직도 이렇게 말한다. 나는 기술을 잘 모르기 때문에, 우리 회사는 IT 회사가 아니기 때문에, 지금 시작해도 늦었기 때문에. 그러나 역사적으로 보면, 기술 혁신의 초기 단계에서 가장 큰 성공을 거둔 사람들이 모두 기술 전문가였던 것은 아니다. 오히려 문제를 가장 잘 아는 사람들이 기술을 도구로 쓰기 시작할 때, 새로운 산업이 만들어졌다. 중요한 것은 코드를 얼마나 잘 짜느냐가 아니라, 어떤 문제를 해결하고 싶은가다. 엔비디아의 플랫폼은 그 문제를 풀기 위한 도구일 뿐이다.

AI 시대의 경쟁력은 기술을 소유하는 데서 나오지 않는다. 기술을 조합하고, 적용하고, 실제 현장에 맞게 바꾸는 능력에서 나온다. 모델은 점점 더 쉽게 쓸 수 있게 되고, 인프라는 점점 더 표준화된다. 결국 차별화는 기술 그 자체가 아니라, 그것을 어떤 맥락에서 어떻게 쓰느냐에서 만들어진다. 그래서 이 시대의 승자는 거대한 연구소가 아니라, 현장의 문제를 끈질기게 붙잡고 있는 사람들이다.

기업에게도 마찬가지다. 많은 기업이 AI를 두려워하는 이유는, 자신들이 통제할 수 없는 기술처럼 느끼기 때문이다. 그러나 AI는 외부에서 침투하는 위협이 아니라, 내부의 경쟁력을 증폭시키는 증폭기다. 잘 쓰면 생산성을 높이고, 잘못 쓰면 혼란을 키운다. 결국 문제는 기술이 아니라, 리더십과 실행력이다. 엔비디아는 기업에게 새로운 부담을 주는 존재가 아니라, 더 빠르게 실험하고 더 크게 확장할 수 있는 기반을 제공하는 존재다.

여기서 중요한 것은, 기다리지 않는 것이다. 많은 조직과 개인이 "조금 더 지켜보자"라는 태도를 취한다. 그러나 플랫폼 전환기의 특징은, 초기 학습 곡선이 나중에 따라잡기 가장 어려운 격차로 굳어진다는 점이다. 먼저 시작한 사람은 시행착오를 통해 노하우를 쌓고, 뒤늦게 시작한 사람은 이미 정해진 규칙 안에서 경쟁해야 한다. 완벽한 준비를 기다리다 시작하는 순간, 이미 가장 중요한 구간을 놓친 뒤일 수 있다.

그래서 가장 좋은 전략은 단순하다. 작게 시작하고, 빨리 배우고, 계속 확장하는 것이다. 처음부터 완벽한 AI 전략을 세우려 하지 말고, 하나의 업무, 하나의 프로세스, 하나의 문제에서 시작하면 된다. 그리고 그 실험 위에 다음 실험을 쌓아 올리면 된다. 엔비디아의 플랫폼은 바로 이런 반복을 가능하게 만들어 주는 구조로 설계되어 있다. 작은 실험이 곧바로 더 큰 시스템으로 확장될 수 있도록 말이다.

개인에게도 이 원칙은 그대로 적용된다. AI 시대의 커리어는 더 이상 한 가지 직무에 고정되지 않는다. 도메인 지식과 AI 도구를 함께 다룰 수 있는 사람이 가장 빠르게 성장한다. 개발자가 아니어도, 데이터 사이언티스트가 아니어도, 자신의 분야에서 AI를 활용해 문제를 해결할 수 있는 사람은 언제든 새로운 기회를 만들 수 있다. 중요한 것은 직함이 아니라 활용 능력이다.

그래서 이 책의 마지막 메시지는 단순하다. 두려워하지 마라. 엔비디아는 목표가 아니라 수단이다. 싸워야 할 대상이 아니라, 올라타야 할 도구다. 이 도구를 가장 잘 쓰는 사람이 결국 가장 큰 가치를 만들고, 그 가치가 곧 부로 연결된다. AI 시대의 부는 기술을 소유한 사람에게 가는 것이 아니라, 기술을 가장 잘 활용한 사람에게 간다.

우리는 지금 선택의 갈림길에 서 있다. 관망하며 두려움 속에서 시간을 보내느냐, 아니면 불완전하더라도 한 걸음을 내딛느냐. 엔비디아라는 거인은 이미 달리고 있다. 그 거인의 어깨에 올라탈 것인지, 아니면 뒤에서 먼지를 바라볼 것인지는 각자의 선택이다. 그리고 이 선택은 먼 미래의 이야기가 아니라, 지금 이 순간부터 시작된다.

AI 시대는 준비된 사람에게만 기회를 주지 않는다. 움직이는 사람에게 기회를 준다. 완벽하게 이해한 뒤 시작하는 사람보다, 시작하면서 이해해 가는 사람이 훨씬 멀리 간다. 그래서 지금 필요한 것은 더 많은 분석이 아니라, 첫 번째 실행이다. 작은 실험, 작은 성공, 그리고 그 위에 쌓이는 자신감. 그 과정 속에서 기술은 더 이상 두려운 존재가 아니라, 가장 강력한 파트너가 된다.

결국 우리는 모두 거인의 어깨 위에서 세상을 본다. 혼자서 모든 것을 만들어 낸 사람은 없다. 중요한 것은 어떤 거인의 어깨에 올라타느냐, 그리고 거기서 무엇을 만들어 내느냐. 지금 이 시대에 가장 강력한 어깨 중 하나가 바로 엔비디아다. 그 어깨 위에서 당신만의 문제를 풀고, 당신만의 가치를 만들고, 당신만의 길을 만들어 가라.

두려워하지 마라. 엔비디아는 도구일 뿐이다. 그리고 이 도구를 가장 잘 쓰는 사람이, 결국 이 시대의 기회를 가져간다.